Grundwissen
Philosophie

- Ausgangsfragen
- Schlüsselthemen
- Herausforderungen

von
Franz-Peter Burkard

hrsg. von
Richard Geisen

Ernst Klett Verlag
Stuttgart · Düsseldorf · Leipzig

Dr. Franz-Peter Burkard
Professor für Philosophie an der Universität Würzburg

Dr. Richard Geisen, Dozent in der Erwachsenenbildung, Dortmund

1. Auflage | 9 8 7 6 | 2013 2012

Die letzte Zahl bezeichnet das Jahr dieses Druckes.

© Ernst Klett Verlag GmbH, Stuttgart 1999.
Alle Rechte vorbehalten.
Internetadresse: http://www.klett.de

Redaktion: Manfred Ott
Grafik: Elmar Feuerbach
Zeichnungen: Axel Weiß, Obernbreit
Satz: Fotosatz Kaufmann, Stuttgart
Druck: Beltz Druckpartner GmbH & Co. KG, Hemsbach

ISBN 3-12-939600-4

Inhalt

I.	**Ausgangsfragen**	7
1.	**Ursprünge**	8
1.1	Staunen und Weisheit	9
1.2	Zweifel und Gewissheit	12
1.3	Kritik und Aufklärung	15
1.4	Sinnstreben und Selbstsein	19
2.	**Fragen**	23
2.1	Das sokratische Fragen	24
2.2	Die offene Frage	27
2.3	Fragen wonach?	28
3.	**Wege**	31
3.1	Die Form des Denkens	32
3.2	Dialektik	38
3.3	Zu den Sachen selbst	41
3.4	Verstehen	43
3.5	Theorien über Theorien	47
II.	**Schlüsselthemen**	50
4.	**Wahrnehmen und Erkennen**	51
4.1	Der Geist und die Sinne	52
4.2	Was können wir wissen?	56
4.3	Wahrheit	60
5.	**Sein und Sprache**	64
5.1	Die Sprache der Welt	65
5.2	Die Welt der Sprache	70
5.3	Sprachspiele	72
6.	**Mensch und Natur**	76
6.1	Die Sonderstellung des Menschen	77
6.2	Evolution	81
6.3	Zwischen Natur und Kultur	86
6.4	Körper und Seele	90
7.	**Geschichte und Geschichtlichkeit**	96
7.1	Vom Sinn der Geschichte	97
7.2	Geschichtlichkeit des Menschen	101
7.3	In Geschichten verstrickt	103
7.4	Utopien	106

8.	**Individuum und Gesellschaft**	110
8.1	Ursprung der Gesellschaft	111
8.2	Gesellschaft und Staat	114
8.3	Gleichheit und Gerechtigkeit	118

9.	**Handeln und Bewerten**	121
9.1	Moralische Regeln und Wertungen	122
9.2	Grundsätze und Gründe	125
9.3	Streben und innere Haltung	127
9.4	Pflicht und Gesinnung	131
9.5	Das Glück der Vielen	134
9.6	Der herrschaftsfreie Diskurs	137

III.	**Herausforderungen**	139

10.	**Können und Dürfen**	140
10.1	Verantwortung und Institutionen	141
10.2	GenEthik	145
10.3	Rechte der Natur	150

11.	**Moderne und Postmoderne**	154
11.1	Die Herrschaft der Systeme	155
11.2	Die Macht der Diskurse	158
11.3	Einheit und Vielheit	160

12.	**Virtuelle Welten**	163
12.1	Informationsgesellschaft	164
12.2	Die Welt im Medium	167
12.3	Lost in Cyberspace?	170

Literatur	172

Sach- und Personenregister	174

Vorwort

„Das Bleibende im Denken ist der Weg. Und Denkwege bergen in sich das Geheimnisvolle, dass wir sie vorwärts und rückwärts gehen können, dass sogar der Weg zurück uns erst vorwärts führt."
(MARTIN HEIDEGGER)

Dieses Buch möchte Leserinnen und Leser auf die Denkwege der Philosophie führen, als eine erste Orientierung in einem weiten Feld, aber vor allem als Anregung zum Selberdenken. Der Erfolg von Büchern wie „Sofies Welt" zeigt, wie breit das Interesse an Philosophie sein kann, wenn es gelingt, sie in verständlicher Weise nahe zu bringen. Dieses Interesse könnte man als eine momentane Modeerscheinung sehen; aber Philosophie selbst ist nicht aktuell oder weniger aktuell, wichtig oder weniger wichtig, sondern eine ursprüngliche Tätigkeit, die mit dem Menschsein verbunden ist. Ihre Fragen betreffen jeden, und es sind Fragen, auf die jeder trifft, wenn er sich über sich selbst und die Welt, in der er lebt, Klarheit verschaffen will.

Die Darstellung in diesem Buch ist nicht am Leitfaden der Geschichte der Philosophie aufgebaut, sondern an ihren grundlegenden Fragestellungen und den Wegen, auf denen man zu Antworten kommen kann. Dadurch soll nachvollziehbar werden, wie philosophisches Fragen anhebt, an der Sache weiterdenkt, sich kritisch prüft, um schließlich zu begründeten Ergebnissen zu kommen. Die bedeutenden Philosophen und Schulen kommen im Verlauf dieses Weges so zu Wort, dass deutlich wird, welche Bedeutung sie für das Durchdenken und die Beantwortung der Fragestellung haben. Der ständige Bezug zur Erfahrung und Lebenspraxis behält dabei immer im Blick, auf welche konkreten Probleme eine Antwort gesucht wird.

Auch wenn es sich versteht, dass auf dem zur Verfügung stehenden Raum die Breite der philosophischen Themen nicht erschöpft werden kann, so besteht doch der Anspruch, die Fragen und Methoden der Philosophie angesprochen zu haben, die ihren wesentlichen und grundlegenden Kern ausmachen. Daher versteht sich das Buch sowohl als eine Einführung in die Grundlagen und Methoden der Philosophie als auch als Nachschlagewerk zu den wichtigen Begriffen, Personen und historischen Positionen, wofür das Register hilfreich ist.

Bis ein Buch endgültige Gestalt gewinnt, haben viele Freunde und Kollegen – jeder auf seine Weise – mit Anregungen und Kritik beigetragen. Namentlich danken möchte ich dem Herausgeber Richard Geisen, Manfred Ott vom Ernst Klett Verlag und Axel Weiß für die Erstellung der drei „Labyrinth"-Grafiken. Den größten Anteil am Denkweg hat Dorothea Lüddeckens. Ihr danke ich für ihren scharfen Verstand und das Mitphilosophieren auf dem Weg.

Franz-Peter Burkard
im Oktober 1999

Lesehinweis

Dieser Titel aus der Reihe „Grundwissen" weist einige besondere Gestaltungsmerkmale auf:

- **Kurztexte in einer fortlaufenden Randspalte** beleuchten schlaglichtartig die auf der jeweiligen Seite behandelte Thematik, zum Beispiel mit
  - pointierten Nebenbemerkungen,
  - kurzen Zitaten und Aphorismen,
  - Verweisen und gedanklichen Brücken,
  - Zahlen, Daten, Fragen…

- **Beispieltexte** sind durchgehend mit dem Symbol   gekennzeichnet.

- **Wichtige Texte** sind an diesem Zeichen zu erkennen:
  Sie heben Wesentliches hervor, bündeln Vorhergehendes oder ziehen eine Schlussfolgerung.

I. Ausgangsfragen

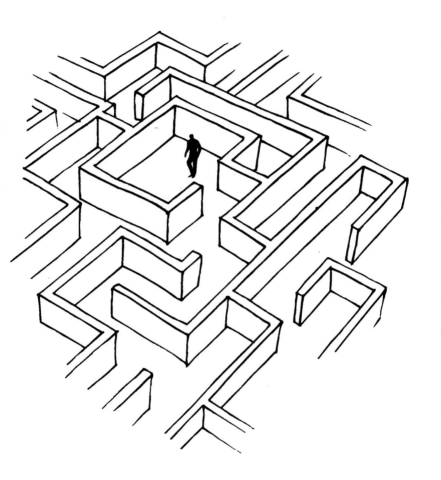

1. Ursprünge

Die Situation des Menschen beschreibt PLATON (427–347 v. Chr.) in seinem berühmten „Höhlengleichnis" so:

Die Menschen leben in einer unterirdischen, höhlenartigen Wohnstätte, die gegen das Licht zu einen weiten Ausgang hat. In dieser Höhle leben sie von Kindheit, gefesselt an Schenkeln und Nacken, so dass sie dort bleiben müssen und nur nach vorne schauen können, weil sie den Kopf wegen der Fesseln nicht herumdrehen können. Von oben her leuchtet hinter ihrem Rücken das Licht eines Feuers. Zwischen diesem Feuer und den Gefesselten führt ein Weg, an dem entlang eine niedrige Wand verläuft, ähnlich wie die Puppenspieler einen Verschlag vor den Zuschauern errichten, über dem sie ihre Kunststücke zeigen. Hinter dieser Wand tragen Menschen vielerlei Geräte vorbei, die über den Rand hinausragen, dazu auch Statuen aus Holz und Stein von Menschen und anderen Lebewesen.

Die Gefesselten sehen von sich selbst, den anderen und dem, was hinter ihnen vorbeigetragen wird, nichts anderes als die Schatten, die von dem Feuer auf die gegenüberliegende Höhlenwand geworfen werden. Diese halten sie für die Wirklichkeit.

Wenn man einen Gefangenen aber befreite und mit Gewalt wegschleppte, den schwierigen und steilen Weg hinauf, dann wäre er unwillig und würde zunächst gar nichts sehen, da er vom Feuer und im Freien von der Sonne geblendet wäre. Er müßte sich erst allmählich daran gewöhnen, das zu erkennen, dessen Schatten er vorher gesehen hat.

In diesem Gleichnis erscheint unsere Lebenssituation in einem befremdlichen Licht. Womit wir von Kindheit an vertraut sind, so wird gesagt, sei nichts als ein Schattentheater. Von der wirklichen Welt außerhalb unserer Höhle wüssten wir nichts.

Philosophie ist die Loslösung aus den Fesseln unseres gewohnten Denkens und Lebens. Mit dem Weg aus der Höhle machen wir uns auf die Suche nach dem, was bisher „hinter unserem Rücken" vor sich ging.

PLATON hat in diesem Bild eingefangen, was bis heute unser Verständnis von Philosophie prägt:

– Die Gründe dafür, warum etwas so ist, wie es uns erscheint, liegen nicht offen zu Tage. Sie zu finden heißt, sich vom Offensichtlichen zu lösen und eine andere Blickrichtung einzunehmen.

– Wir können uns unseres vermeintlichen Wissens nicht sicher sein. Daher müssen wir uns aus den Fesseln unserer Meinungen befreien und prüfen, wie wir zu ihnen kommen.

– Solange wir uns nicht selbst um Einsicht bemühen, sind wir abhängig von dem, was uns andere vorsetzen.

– Philosophische Erkenntnisse fallen uns nicht einfach zu. Es bedarf einiger Anstrengung und Übung, um die Welt mit den Augen der Philosophie zu sehen.

– Den Weg aus der Höhle muss jeder selbst gehen, niemand anderes kann es uns abnehmen. Philosophie kann nur verstehen, wer selbst philosophiert.

1.1 Staunen und Weisheit

Philosophie beginnt, wenn uns die im alltäglichen Umgang vertraute Welt fragwürdig zu werden beginnt. Wenn wir nicht einfach hinnehmen, dass die Sonne morgens auf und abends untergeht, sondern wissen wollen *warum*. Philosophieren ist eine Eigenschaft, die mit dem Menschsein ursprünglich verbunden ist, mit der Neugier, dem Wissenwollen und der Fähigkeit, über die Welt verwundert zu sein. So schreibt ARISTOTELES (384–322 v. Chr.):

„Denn **Staunen** *veranlasste zuerst wie noch heute die Menschen zum Philosophieren. ... Wer aber fragt und verwundert ist, hat das Gefühl der Unwissenheit. ... Um also der Unwissenheit zu entkommen, begannen sie zu philosophieren.“*

Die Suche nach Wissen

Ein **Philosoph** ist nach der ursprünglichen Bedeutung des Wortes ein Freund (griech. *philos*) des Wissens oder der Weisheit (griech. *sophia*). PLATON versteht dies so, dass er das Wissen noch nicht hat, sondern auf der Suche ist.

In unserem täglichen Leben nutzen wir eine Vielzahl von Kenntnissen, über die wir nicht weiter nachdenken. Sie sind so selbstverständlich, dass wir nicht danach fragen, woher wir dies eigentlich wissen und mit welchen Gründen wir etwas behaupten. Ungeprüftes Wissen ist aber nur ein Scheinwissen und deshalb hielt sich SOKRATES (470–399 v. Chr.), der als das Urbild des Philosophen gilt, nur in einem Punkt für weiser als seine Mitmenschen:

„...dass ich, was ich nicht weiß, auch nicht zu wissen glaube.“

Philosophie sucht nach begründetem **Wissen**. Um aber nicht in den Fesseln unseres „Höhlendaseins" befangen zu bleiben, dürfen wir dabei nichts als sicher voraussetzen. Philosophische **Begründung** ist daher inhaltlich **voraussetzungslos** in dem Sinne, dass sie

- sich nicht auf Tradition, Glauben oder die verbreitete Meinung berufen kann,
- keinen Bereich der Wirklichkeit aus ihren Fragen ausschließt,
- die bei der Begründung angemessene Vorgehensweise (Methode) erst selbst finden muss.

Philosophische Begründung setzt nur voraus, dass die **Vernunft** ihre Gründe in sich hat, die im Denken zu

PHILOSOPHIE MUSST DU STUDIEREN UND WENN DU NICHT MEHR GELD HÄTTEST ALS NÖTIG IST, UM EINE LAMPE UND ÖL ZU KAUFEN UND NICHT MEHR ZEIT ALS VON MITTERNACHT BIS ZUM HAHNENSCHREI

—

FRIEDRICH HÖLDERLIN

Tage treten. Diese allen Menschen gemeinsame Vernunft ist ihr Maßstab, daher ist ein überzeugender Grund nur der, den jeder vernünftig Argumentierende nachvollziehen können muss.

Erfahren und Begreifen

Der Gegenstand der Philosophie ist die gesamte Welt unserer **Erfahrung**. Von ihr gehen wir aus, wenn wir anfangen zu philosophieren, aber wir fragen letztlich auf etwas hin, das nicht direkt in dieser Erfahrung offensichtlich ist, sondern ihr zugrundeliegt.

> *Wenn wir etwa sagen, „es ist gut, anderen zu helfen, nicht zu stehlen, nicht zu lügen", dann setzt dies offensichtlich voraus, dass wir wissen, was „gut" ist. Wenn wir aber jemanden danach fragen, kann es leicht sein, dass er uns nur mit Beispielen aus der Erfahrung antwortet, wie: „niemand will, dass ihm etwas weggenommen wird", „wenn wir ständig lügen, kann man sich ja auf nichts mehr verlassen", oder auf eine Tradition Bezug nimmt: „das steht schon in den zehn Geboten".*

Damit ist aber natürlich nicht beantwortet, was „das Gute" ist, auf das wir uns in diesen Aussagen beziehen und von dessen Verständnis her wir beurteilen könnten, was gut ist und was nicht. Philosophisch fragen wir nach dem Allgemeinen, das den vielfachen Verwendungen zugrundeliegt, also nach dem, wofür sie nur ein Beispiel sind.

> *Ein weiterer Erfahrungsbereich: Wir benutzen jeden Tag irgendwelche Dinge, nehmen sie wahr, sprechen über sie. Erst wenn wir einmal fragen, wie es überhaupt möglich ist, dass wir etwas von diesen Dingen wissen, denken wir über so etwas wie Raum, Welt oder Erkenntnis nach.*

> DER PHILOSOPH IST EIN MENSCH, DER NICHT GLAUBEN WILL, WAS ER SIEHT, WEIL ER ZU SEHR DAMIT BESCHÄFTIGT IST, DARÜBER NACHZUDENKEN, WAS ER NICHT SIEHT
> —
> DE FONTANELLE

Die Philosophie gelangt so zu **Begriffen** als den Gegenständen des Denkens, mit deren Hilfe wir die Wirklichkeit „begreifen" wollen, indem wir Erfahrungen ordnen, Zusammenhänge herstellen und in der Vielfalt des einzelnen das zugrunde liegende Gemeinsame suchen.

Weisheit und Lebensform

In ihrem Ursprung ist Philosophie untrennbar mit einer dazugehörenden **Lebensweise** verbunden. Wer lernt, philosophisch zu fragen, nimmt nicht nur eine andere Sicht, sondern auch ein anderes Verhältnis zur Welt ein:

Mit dem Bild in PLATONS „Höhlengleichnis": Beim Aufstieg aus der Höhle überblicke ich einen immer größer werdenden Teil des Ganzen, aber ich entferne mich auch immer weiter von der Welt der Schatten.

Denken beinhaltet eine betrachtende Distanz zur Welt und zu sich selbst. So nimmt z. B. jeder Mensch eine gesellschaftliche Rolle ein als Lehrer, Student, Politiker, Künstler usw. Aber das Ausüben dieser Rolle ist etwas anderes als das Nachdenken darüber, was es bedeutet, Rollen einzunehmen, welche Funktion sie in der Gesellschaft haben und welchen Sinn meine eigene eigentlich für mich hat.

ARISTOTELES hat drei Arten menschlicher Tätigkeit unterschieden:

WITTGENSTEIN FRAGT SEINEN LEHRER RUSSELL: „DENKEN SIE, DASS ICH EIN VÖLLIGER IDIOT BIN?" – „WARUM WOLLEN SIE DAS WISSEN?" – „WEIL ICH, WENN ICH EINER BIN, PILOT WERDE, WENN NICHT, PHILOSOPH."

Theorie (Wissen)	Praxis (Handeln)	Poiesis (Hervorbringen)
Philosophie Wissenschaft Theologie	Politik Pädagogik Moral	Technik Kunst

Philosophie gehört damit zur sogenannten *vita contemplativa*, d. h. betrachtenden, also wissenschaftlichen Lebensform. Zu den Gegenständen, die sie behandelt, gehören aber ebenso die Bereiche der Praxis und Poiesis, und ihre Erkenntnisse sollen dort auch wirksam werden.

Die erste Konsequenz der denkenden Beschäftigung mit der Welt ist aber eine innere Veränderung des Philosophierenden selbst. Mit dem Hinterfragen von Zusammenhängen, der Unterscheidung von Wesentlichem und Unwesentlichem, dem Überdenken von Wertungen und Sinngebungen klären wir unsere innere Haltung, das, was wir wollen und für richtig halten.

Philosophieren ist deshalb ein Prozess der **Selbstbildung**, der nicht im Erwerb von Faktenwissen besteht, nicht darin, Sätze von Philosophen auswendig zu lernen, sondern in der Formung der eigenen Fähigkeit, Einsicht zu gewinnen und aus ihr heraus das eigene Leben zu bestimmen.

In der Antike hat man daher den Wert einer Philosophie auch an der Lebensführung des Philosophen bemessen:

Wer um Ruhm, Wohlstand und Ämter wetteifert, scheint mehr um gesellschaftliche Anerkennung bemüht als um Erkenntnis. Wer sich vor dem Tod fürchtet, kann das Wissen um die Endlichkeit allen Seins nicht mit seinem eigenen Leben in Übereinstimmung bringen.

Dieses Ideal des Einklangs von Denken und Leben verbinden wir mit dem Begriff der **Weisheit**. Weise ist nicht der, der viel weiß, sondern der im Streben nach Wissen so Gereifte, dass sein Leben selbst Ausdruck seines Wissens ist.

Selber denken

Philosophie ist kein Beruf – auch wenn wir heute „Berufsphilosophen" haben – sondern eine ursprüngliche Tätigkeit, die mit dem Menschsein verbunden ist. Ihre Fragen betreffen jeden, und es sind Fragen, auf die jeder treffen kann.

Wenn wir uns mit der Geschichte der Philosophie beschäftigen, ihren Begriffen, Methoden und Lösungsansätzen, dann hilft uns dies, Probleme zu erkennen, Fragen richtig zu stellen, unser Denken zu ordnen und zu schärfen. Aber es nimmt uns das Denken nicht ab.

Philosophie ist kein fertiger Wissensbestand, den man nur zu übernehmen braucht, sondern das Auf-dem-Wege-Sein des Denkens. Daher kann man nicht Philosophie lernen, sondern nur Philosophieren.

1.2 Zweifel und Gewissheit

Das Staunen veranlasst uns zum Wissenwollen, der **Zweifel** dazu, keinem vorhandenen oder errungenen Wissen zu trauen. Er hält das Wissenwollen in Bewegung, damit wir uns nicht vorschnell zufrieden geben. Konsequent vorangetrieben kommt der Zweifel dahin, nicht nur einzelne Erkenntnisse in Frage zu stellen, sondern überhaupt die Möglichkeit einer objektiven Erkenntnis der Welt.

ICH ANTWORTETE, MEIN BERUF SEI DER EINES PHILOSOPHEN – WAS MIR GESETZLICH ERLAUBT IST, DA ICH IN PHILOSOPHIE PROMOVIERT HABE UND EINE PRIVATDOZENTUR IN PHILOSOPHIE BEKLEIDE

—

UMBERTO ECO

An den Grenzen des Wissens
Der Sophist GORGIAS (ca. 485–380 v. Chr.) hat drei provokative Thesen aufgestellt, die sich auch in Fragen umformulieren lassen:

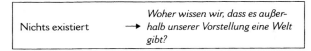

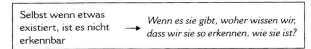

| Selbst wenn es erkennbar ist, ist es nicht mitteilbar | → | Selbst wenn ich dem Anderen eine Erkenntnis mitteile, woher weiß ich, dass er darunter das Gleiche versteht wie ich? |

Diese Fragen zwingen uns zu klären, was wir überhaupt erkennen können und was nicht. So beantwortete IMMANUEL KANT (1724–1804) die zweite Frage auf die Weise, dass wir über die Dinge an sich, d. h. wie sie unabhängig von unserer Vorstellung wären, nichts sagen können. Worüber wir aber etwas wissen ist, wie sie innerhalb unserer menschlichen Erkenntnismöglichkeiten erscheinen.

VGL. KAP. 4.2: WAS KÖNNEN WIR WISSEN?

Was weiß ich?

> Eine philosophische Haltung, die sich kritisch mit den Möglichkeiten unseres Wissens überhaupt auseinander setzt, nennen wir **Skepsis** (*griech.* „Untersuchung").

Bereits in der Antike hat PYRRHON (365–275 v.Chr.) die Skepsis systematisch auf verschiedene Bereiche angewandt:
– auf die **Wahrnehmung**: sie liefert uns eingeschränkte, ungenaue und widersprüchliche Informationen.

So können wir Dinge nur so wahrnehmen, wie es unsere Sinnesorgane gestatten. Andere Lebewesen nehmen anders und anderes wahr. – Verschiedene Menschen empfinden unterschiedlich: der eine friert, während es dem anderen noch warm ist. – Derselbe Mensch nimmt unterschiedlich wahr: je nachdem, was wir vorher gegessen haben, schmeckt dasselbe süß oder bitter.

WIR MÜSSEN BEMERKEN, DASS JEDEM GESCHÖPF NICHTS LIEBER IST, ALS SEIN EIGENES WESEN ... UND DASS EIN JEDES DIE EIGENSCHAFTEN ALLER ANDEREN DINGE NACH SEINEN EIGENEN MISST
—
MONTAIGNE

13

- auf die Vorstellungen von **Moral** und **Recht**: sie sind nicht absolut gültig, sondern abhängig von der jeweiligen Kultur und verändern sich im Laufe der Zeit.
- auf die **Vernunfterkenntnis**: wenn wir versuchen, etwas *abschließend* zu begründen (Letztbegründung), geraten wir in eine der folgenden Ausweglosigkeiten (Aporien): Wir kommen nie an ein Ende der Begründungskette, oder bewegen uns im Kreis, oder legen schließlich einen Grundsatz fest, den wir nicht weiter begründen können.

Beispiele wären Begründungen folgender Art: Der Mensch ist ein vernünftiges Lebewesen. Warum? Weil er Sprache und Werkzeuge verwendet. Warum hat er Sprache und Werkzeuge? Weil er ein vernünftiges Lebewesen ist. – Oder: Der Mensch soll moralisch handeln. Warum? Weil er in Gemeinschaft mit anderen lebt. Warum lebt er in Gemeinschaft? Weil er kein Einzelgänger ist. Warum ist er kein Einzelgänger? …

Skeptiker waren in der Philosophiegeschichte nicht sehr beliebt – sie galten als lästige Mahner, die andere hindern, sich mit vermeintlichem Wissen bequem einzurichten. Ein verbreitetes Argument gegen sie ist: „Wenn der Skeptiker behauptet, dass wir nichts sicher wissen, dann muss er zumindest diese Aussage für wahr halten. Also widerspricht er sich."

Es ist aber nicht der Sinn des Zweifelns, Erkenntnisse zu formulieren, sondern auf die Grenzen unseres Wissens hinzuweisen (also auch auf die der eigenen Aussagen) und es durch Fragen in Bewegung zu halten.

Der französische Humanist MICHEL DE MONTAIGNE (1533–1592) formuliert daher den Grundsatz der Skepsis nicht als Behauptung („Wir können nichts wissen"), sondern als Frage: „Was weiß ich?"

Ziel des Zweifelns

Der Zweifel ist eine notwendige Bewegung des Denkens, ohne die es im Dogmatismus erstarrt. Wohin er schließlich führen soll, wird unterschiedlich beurteilt:
- Bei PYRRHON wird die Möglichkeit des Wissenkönnens in die Schwebe gebracht. Der Mensch soll dadurch aber zur **Seelenruhe** gelangen, weil er sich nicht über Dinge beunruhigt, über die man nicht urteilen kann.

In der neuzeitlichen Philosophie soll der Zweifel am Ende **Gewissheit** bringen. Er dient:
- als **methodisches Prinzip**: Wir müssen alles vermeintliche Wissen im Zweifel solange abbauen, bis wir zu dem

---

HANS ALBERT NENNT DIESE APORIEN DAS „MÜNCHHAUSEN TRILEMMA": WIR KÖNNEN UNS NICHT AM EIGENEN SCHOPF AUS DEM SUMPF ZIEHEN.

EIN RICHTIGER SKEPTIKER WIRD SEINEN PHILOSOPHISCHEN ZWEIFELN EBENSO SEHR MISSTRAUEN WIE SEINEN PHILOSOPHISCHEN ÜBERZEUGUNGEN — DAVID HUME

gelangen, was wir nicht mehr bezweifeln können. RENÉ DESCARTES (1596–1650) findet so als einzige unumstößliche Gewissheit das „Ich denke, daher bin ich", von dem her er seine Philosophie aufbaut.

– der **Abgrenzung** des Bereichs, innerhalb dessen Erkenntnis möglich ist: Wir können über das Sein der Dinge an sich nichts sagen, wohl aber über die Weise, wie sie in unserem Bewusstsein gegeben sind.

VGL. KAP. 4.1: DER GEIST UND DIE SINNE

1.3 Kritik und Aufklärung

Philosophie fängt nicht von vorne an. Wir haben bereits eine Vorstellung von der Welt, unserer Stellung in ihr, dem, was wir für sinnvoll oder sinnlos, richtig oder falsch halten. Um unser Leben überhaupt führen zu können, müssen wir auf einem Wissen aufbauen. Aber kein erreichter Stand ist endgültig. Wissen entsteht unter bestimmten historischen, kulturellen, sozialen und individuellen Bedingungen. Es bedarf der beständigen **Überprüfung** und **Weiterentwicklung**.

Was wir denken, hat zudem praktische Folgen. Unsere Vorstellungen von Moral, Recht und sozialer Ordnung prägen das Leben jedes einzelnen in der Gesellschaft, seine Möglichkeiten und Grenzen. Daher ist es nicht gleichgültig, wie wir denken, weil dies Freiheit oder Unfreiheit, Entwicklung oder Stagnation bedeuten kann.

VORURTEILE STERBEN GANZ LANGSAM UND MAN KANN NIE SICHER SEIN, DASS SIE WIRKLICH TOT SIND

—

JULE ROMAINS

Ähnlich wie der Zweifel ist die **Kritik** (*griech*. „Beurteilung") der Schritt, mit dem wir aus unseren Denk- und Handlungsgewohnheiten heraustreten, um sie auf ihre Entstehung und Gültigkeit hin zu befragen.

Während sich der Zweifel aber hauptsächlich auf die grundsätzlichen Grenzen unserer Erkenntnisfähigkeit bezieht, beleuchtet der kritische Standpunkt den Zusammenhang des Wissens im Ganzen: Wie denken wir, weshalb haben wir diese Vorstellungen und welche Konsequenzen ergeben sich daraus? Ihm geht es daher vor allem auch um die Veränderung der auf unserem Wissen beruhenden Praxis.

Vom Mythos zur Vernunftkritik

In ihrem Ursprung bei den Griechen zeigt sich die abendländische Philosophie als Kritik an der Form von Welterklärung, wie sie in den Mythen zum Ausdruck kommt.

Ein **Mythos** (*griech*. „Erzählung") berichtet zwar von der Entstehung der Welt, der Herkunft des Menschen und dem

Ursprung der Kultur durch das Walten der Götter, aber er bezieht seine „Wahrheit" nicht aus Gründen, die wir vernünftig nachvollziehen könnten, sondern aus der Autorität seines in unvorstellbare Zeiten verlegten Ursprungs.

Demgegenüber versuchten die ersten Philosophen (die sog. **Vorsokratiker**), die Welt aus den Prinzipien zu erklären, die in der Natur selbst liegen – heute würden wir sagen: naturwissenschaftlich. So gelangten sie z. B. zu Theorien, die die Eigenschaften der Dinge aus verschiedenen Zuständen von Elementen (Wasser, Luft) ableiteten, oder sie dachten sich die Welt bereits aus Atomen aufgebaut.

Ein Beispiel ist auch die Kritik von XENOPHANES (ca. 570–475 v.Chr.) an den menschengestaltigen Göttervorstellungen der Antike:

„*Wenn aber die Rinder und Pferde und Löwen Hände hätten und mit diesen Händen malen könnten und Bildwerke schaffen wie Menschen, so würden die Pferde die Götter abbilden und malen in der Gestalt von Pferden, die Rinder in der von Rindern...*"

Damit ging ihm eine wichtige Eigenschaft unseres Denkens auf: Vorstellungen bestehen nicht einfach, sondern entstehen; sie müssen nicht aus der Sache begründet sein, sondern können psychologische oder gesellschaftspolitische Motivationen haben.

In ähnlicher Weise haben etwas später die sog. **Sophisten** (in Griechenland umherziehende Lehrer, die einen höheren Unterricht anboten) Rechts- und Moralvorstellungen zu erklären versucht, indem sie sie auf politische und soziale Interessen zurückführten:

> DER BILDUNGSPROZESS DES RECHTS IST KEINE SACHE DER BLOSSEN ERKENNTNIS, SONDERN SACHE DES KAMPFES DER INTERESSEN
>
> —
>
> RUDOLF V. IHERING

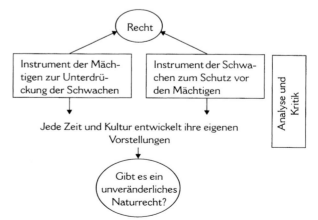

16

Dabei zeigt sich, dass Kritik zugleich Wissenszuwachs ist: Indem wir nach dem Woher von Vorstellungen fragen, lernen wir uns selbst besser kennen: unsere Interessen und Bedürfnisse, das Eingebundensein in die sozialen Verhältnisse, unsere kulturelle Prägung. Sie klärt uns über uns selbst auf. Dadurch bildet die Kritik auch die Grundlage für den Entwurf alternativer Denk- und Handlungsmöglichkeiten.

So kamen die Sophisten zur Idee des Naturrechts, das unabhängig von den faktischen Gesetzen und politischen Interessen die Rechte begründet, die jedem aufgrund seines Menschseins zukommen.

Aufklärung und Emanzipation

Das im Vollzug der Kritik angestrebte Ziel ist die **Aufklärung** des Menschen über sich selbst. Mit ihr verändert sich sein Bewusstsein und seine Souveränität, weil er die gedanklichen und gesellschaftlichen Vorgaben seiner Lebenswelt zu durchschauen vermag.

KANT bestimmt den Begriff der Aufklärung so:

„Aufklärung ist der Ausgang des Menschen aus seiner selbstverschuldeten Unmündigkeit. Unmündigkeit ist das Unvermögen, sich seines Verstandes ohne Leitung eines anderen zu bedienen."

Der aufgeklärte Mensch ist mündig, weil er selbst urteilen und über seine Angelegenheiten entscheiden kann. Darauf gründet sich auch der politische Anspruch der Aufklärung, der in dem nach ihr benannten Zeitalter (17./18. Jh. in Europa) zum Durchbruch kam:

in der Forderung nach demokratischer Beteiligung an politischen Entscheidungen; dem Gewähren von Religionsfreiheit; der Formulierung von Menschenrechten (z. B. in der Unabhängigkeitserklärung der USA von 1776)

Die Last der Aufklärung

Philosophieren erfordert die Bereitschaft, mit gewohnten Denkmustern zu brechen. So ist sie zwar befreiend, andererseits aber auch unbequem.

In PLATONS „Höhlengleichnis" ist derjenige, den man aus den Fesseln befreit hat, unwillig, dass er seinen gewohnten Platz verlassen soll und auf dem steinigen Weg ans Licht geschickt wird. Das „Licht der Aufklärung" erhellt zunächst nicht, sondern blendet ihn.

PLATON hat dieses Gleichnis auch erzählt, um an das Schicksal seines Lehrers SOKRATES zu erinnern:

AUFKLÄRUNG: DIE VERNUNFT MACHT IMMER HELLER, IN WELCHEM DUNKEL WIR LEBEN

—

LUDWIG MARCUSE

PHILOSOPHIE IST, WENN MAN TROTZDEM DENKT

—

ODO MARQUARDT

VGL. KAP. 2.1: DAS
SOKRATISCHE
FRAGEN

○ SOKRATES *verbrachte seine Zeit damit, auf den Plätzen Athens seine Mitbürger in unangenehme Gespräche zu verwickeln. Er fragte solange nach, bis ihnen klar wurde, dass sie das, was sie zu wissen glaubten, gar nicht begründen konnten. Schließlich machten sie ihm den Prozess, weil er die Jugend verderbe, und verurteilten ihn zum Tode.*

Die Infragestellung des Wissens berührt auch das damit verbundene Selbstverständnis. Ein gutes Beispiel hierfür sind die „drei großen Kränkungen der Menschheit", wie sie LUDWIG KLAGES (1872–1956) genannt hat:

– Das heliozentrische Weltbild von NIKOLAUS KOPERNIKUS (1473–1543) stößt den Menschen aus der Mitte des Weltalls und versetzt ihn auf einen um die Sonne kreisenden Planeten unter anderen.

– Die Evolutionstheorie CHARLES DARWINS (1809–1882) stellt den Menschen in eine Reihe mit den anderen Lebewesen, mit denen er einen gemeinsamen Ursprung teilt.

– SIGMUND FREUDS (1856–1939) Theorie des Unbewussten hat dem Menschen gezeigt, dass er nicht Herr im eigenen Haus seines Bewusstseins ist.

UNTER DEM SCHUTZ
VON VORURTEILEN
GELINGT ES DER
SEELE WUNDERBAR,
ZUR INNEREN RUHE
ZU GELANGEN

—

MONTAIGNE

All diese Gedanken sind auf erheblichen Widerstand beim größten Teil der Zeitgenossen gestoßen. Dies zeigt, dass Wissen außer dem theoretischen und praktischen (sozialen, politischen) auch einen **emotionalen** Aspekt hat: Wir richten uns mit ihm gefühlsmäßig in unserer Welt ein, die Änderung gewohnter Sichtweisen ist uns „ungeheuer".

Erkenntnis und Interesse

Die Motive und Mittel der Suche nach Wissen müssen selbst offen gelegt werden. Wir müssen im Philosophieren immer zugleich Distanz zu unserem Denken haben, d. h. nicht nur fragen: was ist etwas, sondern auch: warum frage ich danach, was will ich mit meiner Antwort erreichen und auf welchen Wegen komme ich zu ihr?

Ein Beispiel für die Verstrickung in nicht aufgeklärte Interessen kann ARISTOTELES' Rechtfertigung der Sklaverei sein:

VGL. KAP. 6.4:
KÖRPER UND SEELE

○ *Ihm musste aufgrund seiner Ethik die Willkür und Unhaltbarkeit dieser Praxis klar sein. Das uneingestandene Interesse am Erhalt der bestehenden Verhältnisse führte ihn aber zu folgender Gedankenkonstruktion, für die er seine Seelenlehre einspannte: Zwar gerate mancher ungerechtfertigt in die Sklaverei, aber es gebe auch Sklaven von Natur aus, weil bei diesen ein Seelenteil – nämlich der mit Vernunft herrschende – fehle. Daher übernehme sozusagen der Herr mit Recht die Aufgabe der Herrschaft.*

18

Der Sozialphilosoph JÜRGEN HABERMAS (geb. 1929) verweist darauf, dass ganze Wissenschaftsbereiche sich durch ein bestimmtes **Erkenntnisinteresse** charakterisieren lassen. Dieses bestimmt die Gegenstände, die behandelt werden, die Methoden der Erkenntnissuche und die Kriterien, nach denen die Brauchbarkeit der Ergebnisse beurteilt werden. Daher ist es erforderlich, sich das jeweils herrschende Interesse klar zu machen. Er unterscheidet:

1.4 Sinnstreben und Selbstsein

Staunen ist ein Ursprung der Philosophie, der unser Wissenwollen zum Ausdruck bringt. In der Erforschung der Welt liegt aber die Gefahr, nur über die Dinge nachzudenken und darüber den Denkenden zu vergessen. Der Zweifel und die Kritik rücken unser Denken selbst in den Blickpunkt, seine Möglichkeiten und Verstrickungen.

Wenn wir im Philosophieren schließlich uns selbst als Fragenden entdecken, dann wird unsere eigene Existenz fragwürdig. Der Blick wendet sich zurück von der Welt auf unser **In-der-Welt-sein**, wir wollen wissen, wer wir selbst sind, was wir sein können und wollen.

WENN ICH BAUM UNTER DEN BÄUMEN WÄRE, KATZE UNTER DEN TIEREN, DANN HÄTTE DIESES LEBEN EINEN SINN ODER VIELMEHR: DIESES PROBLEM BESTÜNDE ÜBERHAUPT NICHT, DENN DANN WÄRE ICH EIN TEIL DIESER WELT

—

ALBERT CAMUS

Sisyphos und das Absurde

So wie wir die Selbstverständlichkeiten unseres Alltagswissens philosophisch hinterfragen, wenn wir anfangen, uns zu wundern, gibt es bestimmte Momente, die uns veranlassen, unser eigenes Leben zu überdenken, nach dem **Sinn** dessen zu fragen, was wir tun. ALBERT CAMUS (1913–1960) hat dies die Erfahrung des **Absurden** genannt.

Menschliche Handlungen werden von Zielen geleitet, aus denen ihr Sinn sichtbar wird: Wir studieren, weil wir einen Beruf ergreifen wollen oder weil es uns Freude macht oder beides. Wir gehen zum Arzt, um gesund zu werden. Sparen Geld, um uns ein Haus zu kaufen.

Mit dem Verfolgen solch einzelner Ziele sind wir normalerweise so beschäftigt, dass wir nicht nach dem Sinn des Ganzen fragen. Es gibt aber im Leben Situationen, in denen unsere alltäglichen Sinngebungen versagen.

„Aufstehen, Straßenbahn, vier Stunden Büro oder Fabrik, Essen, Straßenbahn, vier Stunden Arbeit, Essen, Schlafen, Montag, Dienstag, Mittwoch, Donnerstag, Freitag, Samstag, immer derselbe Rhythmus – das ist sehr lange ein bequemer Weg. Eines Tages aber steht das „warum" da, und mit diesem Überdruss, in den sich Erstaunen mischt, fängt alles an."

Es bedarf nicht unbedingt eines besonderen Ereignisses, das Absurde kann uns überall, vielleicht morgens in der Straßenbahn, „anspringen". Die Welt wird fremd, wir fragen uns, was wir da eigentlich tun.

OHNE ZU WISSEN, WAS ICH BIN UND WOZU ICH HIER BIN, KANN ICH NICHT LEBEN. DOCH ICH KANN ES NICHT WISSEN, ALSO KANN ICH NICHT LEBEN

—

TOLSTOI, „ANNA KARENINA"

Das Absurde ist angesiedelt in der Kluft zwischen dem Menschen, der nach Sinn fragt, und der Welt, die ihm keine Antwort darauf gibt.

Der äußerste Ausdruck dieser Konfrontation ist für CAMUS der Gedanke an den Selbstmord, weil sich an ihm entscheiden muss, ob das Leben im Ganzen einen Sinn hat. Die Welt kann uns diese Frage nicht beantworten, wir müssen es selbst tun.

CAMUS lehnt alle Versuche ab, einen über den Menschen hinausgehenden, transzendenten Sinn, sei es in der Geschichte, in der Natur oder in Gott anzunehmen. Seine Philosophie spiegelt die geistige Situation der Moderne wider, in der die selbstverständliche Eingebundenheit in traditionelle Werte, religiöse Überzeugungen und gesellschaftliche Ordnungen sich aufzulösen beginnt. Sinn kann dem Menschen nicht „verordnet" werden, vielmehr muss jeder für sich zu einer Antwort finden.

VGL. KAP. 7.1: VOM SINN DER GESCHICHTE

Als Beispiel für die Situation des Menschen wählt CA-MUS die mythologische Gestalt des Sisyphos, den die Göt-ter zu einer sinnlosen Tätigkeit verdammt haben: Er muss in der Unterwelt ohne Ende einen schweren Felsbrocken einen Berg hinaufwälzen, der, sobald er oben ist, wieder den Abhang hinabrollt.
Wenn Sisyphos allein wieder hinabgeht, um den Fels von neuem aufzunehmen, kommt für ihn die „Stunde des Bewusstseins", in der ihn CAMUS seinem Schicksal überlegen sieht. Er weiß, dass er nichts von außen erwarten kann, sondern seinem Leben selbst einen Sinn geben muss. Indem er das von den Göttern auferlegte Schicksal zu seiner eigenen Angelegenheit macht, überwindet er es zugleich.

WAS KOMMT, LÄSST SICH LEICHT VERMU-TEN: ES IST DAS GESTRIGE, DAS LANGWEILIG GESTRIGE. UND SO SCHEINT DAS MOR-GEN KEIN MORGEN MEHR ZU SEIN

—

KONSTANTINOS KAVAFIS

Grenzsituationen und Selbstwerden

Die Feststellung, dass jeder letztlich die Frage nach dem Sinn selbst beantworten muss, könnte zu der Vorstellung verleiten: Hauptsache irgendeinen Sinn, egal welchen. Ob unsere Sinngebung aber trägt, entscheidet sich in Situationen, die uns die Grenzen unserer gewohnten Handlungsstrategien vor Augen führen. Der Existenzphilosoph KARL JASPERS (1883–1969) nennt sie daher **Grenzsituationen.** Ihre Besonderheit liegt darin, dass wir sie nicht handelnd auflösen oder umgehen können, sondern in der Konfrontation mit ihnen Klarheit darüber gewinnen müssen, wer wir selbst sind und was uns wesentlich ist. JASPERS verweist vor allem auf fünf solcher Situationen:

Geschicht-lichkeit	Ich lebe in dieser Zeit mit bestimm-ten Anlagen, Möglichkeiten und Grenzen.	Ich muss die Einmaligkeit meines Selbst ergreifen.
Tod	Die Endlichkeit des Lebens stellt alle Sinngebungen in Frage.	Ich muss mich entscheiden, was mir angesichts des Todes wesent-lich ist und was nicht.
Leiden	Es gibt kein vollkommenes Glück. Das Scheitern gehört zum Menschsein.	Ich muss auch im Scheitern zu mir selbst finden.
Kampf	Ich beanspruche meinen Platz in der Welt, so wie ihn jeder andere beansprucht.	Ich muss meinen Lebensweg in der Polarität von eigenen Interessen und denen der anderen finden.
Schuld	Jedes Handeln schließt die Mög-lichkeit des Schuldigwerdens ein.	Ich muss Entscheidungen treffen, auch wenn es keine letzte Gewiss-heit gibt.

Der **Tod** ist die äußerste dieser Situationen, er ist unausweichlich, seine Bewältigung kann uns niemand abnehmen. Werden wir uns bewusst, dass wir jeden Augenblick sterben können, dann stellt sich die Frage, ob das, was wir tun und wollen, noch wesentlich ist, wenn wir unser Leben als beendet denken.

Wir müssen uns entscheiden, was so zu uns gehört, dass es gültig ist in jedem Augenblick ebenso wie in einem ganzen Leben. Macht der Mensch sein Selbstverständnis von äußerlichen Zielen abhängig, die es irgendwann zu erreichen gilt, und von deren Erlangen abhängt, was er ist, so ist mit dem plötzlichen Einbruch des Todes alles hinfällig geworden.

Wenn wir einer solchen Grenzsituation nicht ausweichen, dann kann sie zum Prüfstein dafür werden, ob wir uns bewusst geworden sind, wer wir selbst sind: Ob unsere Ziele uns entsprechen, oder ob wir so denken, weil „man" so denkt, ob wir so handeln, weil die anderen so handeln und ob es wirklich Sinn macht, einen Beruf zu ergreifen, weil er ein gutes Einkommen und eine Rente verspricht.

So ist für JASPERS ein Ziel der Philosophie, unser eigenes In-der-Welt-sein zu erhellen, damit wir zu Augenblicken gelangen, in denen uns klar wird: Was ich jetzt will und tue, das will ich eigentlich selbst.

„Philosoph zu sein ist kein spezifischer Beruf; der Philosoph ist auch kein gestaltetes Ideal, nach dem der Mensch sich formen könnte, um es zu werden; das Sein des Philosophen ist das Selbstwerdenwollen, das in der Breite des Philosophierens sich Raum, Möglichkeit und Ausdruck schafft."

SO WIRD ES DENN DER ERNST, JEDEN TAG ZU LEBEN ALS WÄRE ES DER LETZTE UND ZUGLEICH DER ERSTE IN EINEM LANGEN LEBEN

—

SÖREN KIERKEGAARD

2. Fragen

„Menon: Und auf welche Weise willst du denn dasjenige suchen, Sokrates, wovon du gar nicht weißt, was es ist? Denn als welches von allem, was du nicht weißt, willst du es dir zu suchen vornehmen? Oder wenn du es auch gefunden hättest, wie willst du denn erkennen, dass es dieses ist, was du nicht wusstest?
Sokrates: Ich verstehe, was du sagen willst, Menon! Dass nämlich ein Mensch unmöglich suchen kann, weder was er weiß, noch was er nicht weiß. Nämlich weder was er weiß, denn er weiß es ja, und es bedarf dafür keines Suchens mehr; noch was er nicht weiß, denn er weiß ja dann auch nicht, was er suchen soll. "
SOKRATES kennt die Lösung des Dilemmas, in dem die Gesprächspartner sich offensichtlich befinden:

Das **Fragen** ist die Möglichkeit des Suchens nach dem, was wir nicht wissen. Es kennzeichnet den Zustand zwischen Nichtwissen und Wissen, in dem wir uns befinden, wenn wir philosophieren.
Daher sagt PLATON (427–347 v. Chr.), aus dessen Dialog „Menon" der obige Gesprächsausschnitt stammt, dass weder die gänzlich Wissenden Philosophie betreiben – denn sie sind mit der Suche am Ende – noch die ganz Unwissenden – denn sie merken nicht, dass ihnen etwas fehlt.

Im Alltag ist es uns so geläufig, Fragen zu stellen und zu beantworten, dass wir nicht darauf achten, dass das Fragen einen ganz besonderen Charakter hat, der uns Auskunft gibt über die Weise, wie der Mensch sich die Welt erschließt.
Eine Frage hat nur Sinn, wenn die Antwort nicht schon bekannt ist, und sie ist nur möglich, wenn ich bereits ein gewisses Verständnis von dem habe, worüber ich eine Antwort haben will.

Frage ich: „Was ist das für ein Gebäude?", dann habe ich schon einen Begriff davon, was Gebäude, im Unterschied z. B. zu Straßen, bedeuten und dass sie verschiedenen Zwecken dienen können.
Die Möglichkeit dieser Frage zeigt also, dass mir ein Teil der Welt schon bekannt ist, ein anderer – nämlich wohin ich dieses Gebäude einordnen soll – nicht.
Wenn ich aber so wenig weiß, dass ich nicht genauer fragen kann, dann benutze ich eine besondere Frage: „Was ist das?" Auffällig wird sie uns besonders dann, wenn Kinder uns unermüdlich mit ihr plagen: „Was ist das und das und das…" In dieser Form des Fragens haben Kinder aber schon vor jedem besonderen Wissen entdeckt, wie sich die Welt erschließt:
Etwas ist nur verstehbar dadurch, dass es in Zusammenhang mit anderem steht. *Eine* Antwort erklärt nichts, sie wirft sofort die nächste Frage auf. Und wenn die Kinderfragen uns endlos erscheinen, dann deshalb, weil die Zusammenhänge der Dinge in der Welt unendlich sind.
Die offenste Frage: *„Was ist das?"* ist daher die philosophische Grundfrage, weil sie auf die Entdeckung des Zusammenhangs im Ganzen zielt und zugleich eingesteht, dass das Fragen danach nicht an ein Ende gelangen kann.

23

2.1 Das sokratische Fragen

„O Sokrates, ich habe schon gehört, bevor ich noch mit dir zusammengekommen bin, dass du allemal selbst in Verlegenheit bist und auch andere dahin bringst. Auch jetzt kommt mir vor, dass du mich völlig bezauberst und mich so besprichst, dass ich nicht mehr weiter weiß. "

SOKRATES (470–399 v. Chr.) beherrschte die Kunst des Fragens und Ausfragens so, dass seinen Gesprächspartnern am Ende klar wurde, dass sie über Dinge, die sie zu kennen glaubten, eigentlich gar keine Auskunft geben konnten. Er fragte nicht nach Sachwissen – wie etwa „wie viele Einwohner hat Athen?" – sondern nach dem, was das Handeln und die Lebensführung betrifft, also nach ethischen Problemen.

Die Prüfung

SOKRATES Weise der Gesprächsführung ist uns in den Werken PLATONS überliefert. Im Dialog „Laches" unterhält er sich mit NIKIAS und LACHES über die Frage „Was ist **Tapferkeit?**". Beide sind athenische Feldherren und müssten eigentlich Bescheid wissen. Daher antwortet LACHES auch sofort:

„... wenn jemand pflegt in Reih und Glied standzuhalten und die Feinde abzuwehren und nicht zu fliehen. "

Er nimmt ein Beispiel aus seiner Erfahrung, aber danach hat SOKRATES nicht gefragt. Er will kein Beispiel, sondern einen allgemeinen Begriff von Tapferkeit, der auch im Frieden und privaten Leben zutreffend ist.

Es werden dann weitere Anläufe unternommen, die alle unbefriedigend sind, weil die vorgeschlagene Bestimmung entweder zu weit oder zu eng ist. Die Gesprächspartner kommen durch dieses Scheitern aber auf einen neuen Gedanken: Vielleicht kann man gar nicht das Wesen der Tapferkeit allein erfassen, sondern muss fragen, was überhaupt **Tugend** ist, wozu die Tapferkeit ja gehört. Aber auch dieser Versuch führt nach einiger Zeit zu dem Eingeständnis, den gesuchten Begriff der Tugend nicht gefunden zu haben. Auf diese Weise enden die meisten sokratischen Dialoge.

Nichtwissen und Selbsterkenntnis

Was geschieht im Verlauf eines solchen Gespräches? SOKRATES' Dialogpartner sind „Fachleute" auf einem bestimmten Gebiet und glauben daher zu wissen, was Tapferkeit, Frömmigkeit oder Gerechtigkeit ist. Das Nachfragen löst dieses Scheinwissen auf: sie verstricken sich in Widersprüche und Ungenauigkeiten.

JEDEM, WER ES AUCH SEIN MAG UND WOVON ER AUCH SPRECHEN MAG, STELLEN WIR DIESE FRAGE: „WAS IST DER SINN DEINER REDE?" DIE MEISTEN WERDEN DADURCH GEHÖRIG AUS DEM KONZEPT GEBRACHT. ABER DAS IST NICHT UNSERE SCHULD, WIR FRAGEN GANZ AUFRICHTIG UND WOLLEN NIEMANDEM FALLEN STELLEN

—

MORITZ SCHLICK

Erst an diesem Punkt, an dem sie ihr Nichtwissen eingesehen haben, sind sie bereit, wirkliches Wissen anzustreben und im obigen Beispiel die philosophische Frage nach dem Wesen der ethischen Tugend zu stellen.

> Die Ausweglosigkeit (**Aporie**), in die sie SOKRATES bringt, ist der entscheidende Umschlagpunkt von einem naiven, unkritischen Selbstbewusstsein zur Einsicht in das eigene Nichtwissen und zur Bereitschaft, sich auf die Suche zu machen.

DERJENIGE, DER NICHT WEISS, UND WEISS NICHT, DASS ER NICHT WEISS, IST EIN NARR, MEIDE IHN!

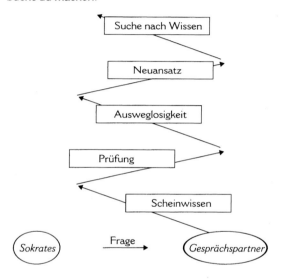

DERJENIGE, DER WEISS, UND WEISS NICHT, DASS ER WEISS, TÄUSCHT SICH, STEH IHM BEI.

Wenn aber alles vorgefasste Wissen frag-würdig ist und SOKRATES die angestrebte Erkenntnis selbst noch nicht besitzt, wie kann er das Gespräch in eine sinnvolle Richtung führen, oder mit unserer Anfangsfrage ausgedrückt: „Wie kann ich etwas suchen, das ich nicht weiß?"

DERJENIGE, DER NICHT WEISS, UND WEISS, DASS ER NICHT WEISS, IST AUFRICHTIG, HILF IHM!

> Das Suchen ist möglich kraft der der **Vernunft** selbst innewohnenden Gesetzlichkeit. Der Vollzug des vernünftigen Fragens muss die Gewähr bieten für die Richtigkeit des Vorgehens, weil das Ergebnis selbst sich als vernünftig, d. h. von jedermann einsehbar, erweisen soll.

Dabei zeigt sich, dass das Wissen von etwas (Sachwissen: „Was ist Tapferkeit?") und das Wissen des Wissens bzw. Nichtwissens („Wie kann ich wissen?") miteinander verbunden sind. Philosophische Aussagen müssen sich selbst prüfen, d. h. nicht nur auf das hin gerichtet sein, *was* sie aus-

DERJENIGE, DER WEISS, UND WEISS, DASS ER WEISS, IST WEISE, FOLGE IHM!
—
SPRUCH DER UIGUREN

25

VGL. KAP. 3: WEGE

sagen, sondern **reflexiv** – auf sich selbst bezogen – klären, *wie* sie begründet sind. Daher gehört es zu den Aufgaben der Philosophie, die **Wege** (Methoden), auf denen sie zu ihrem Wissen gelangt, selbst zu ihrem Thema zu machen.

Das Gespräch

SOKRATES war der Überzeugung, dass man nicht gut und gerecht handeln kann, ohne zu wissen, was das Gute oder Gerechte ist, weil man ansonsten das Richtige nur zufällig trifft und aus ungeprüfter Gewohnheit handelt. Daher kreisen seine Gespräche um Fragen der Ethik. Die philosophische Erkenntnissuche dient bei ihm nicht dem Wissen um des Wissens willen, sondern der Sorge um die eigene **Lebensführung**. Daher führt das Gespräch am Ende von der Sache zu den Teilnehmern selbst zurück:

„Du scheinst gar nicht zu wissen, dass, wer der Rede des Sokrates nahe genug kommt und sich mit ihm einläßt ins Gespräch, unvermeidlich, wenn er auch von etwas ganz anderem zuerst angefangen hat zu reden, von diesem so lange ohne Ruhe im Gespräch herumgeführt wird, bis er ihn da hat, dass er Rede stehen muss über sich selbst, auf welche Weise er jetzt lebt und wie er vorher sein Leben geführt hat.“ – so klärt NIKIAS *die anderen im vorhin erwähnten Dialog „Laches“ über* SOKRATES *auf.*

SOKRATES selbst hat nichts geschrieben, sein Philosophieren fand auf den Plätzen Athens statt, und er hat keine fertigen Antworten gegeben. Philosophie ist für ihn kein in Büchern abschließend darstellbarer Wissensbestand, sondern die von der Vernunft geleitete Suche nach Wissen.

DARUM WIRD KEIN
VERNÜNFTIGER ES
WAGEN, IN DIESE
SCHWACHE SPRACHE
DAS VON IHM
GEDACHTE ZU KLEI-
DEN UND ERST
RECHT NICHT IN DIE
UNBEWEGLICHE
FORM, WIE SIE DEM
GESCHRIEBENEN
EIGEN IST

—

PLATON

Das lebendige **Gespräch** ist die Gestalt dieser gemeinsamen Suche: Anders als ein geschriebener Text ist es offen, geht auf den anderen ein, nimmt Fragen neu auf und bedenkt für wen wann gesprochen wird. Daher ist es auch der unmittelbare Ausdruck der Philosophie als Lebensform, die eine innere Verwandlung des Philosophierenden bedeutet.

SOKRATES Schüler PLATON hat zwar geschrieben, aber auch er hatte den Eindruck, in seinen Büchern das Wesentliche nicht ausdrücken zu können. Das eigentliche Philosophieren fand in seiner „Akademie“ statt, wo er in täglichem Gespräch mit seinen Schülern zusammenlebte.

Heute sind wir gewohnt, mit einer Flut von Büchern zu leben und bevor wir selbst anfangen zu denken, uns erst zu vergewissern, was alles darüber geschrieben wurde.

Bei einem solchen Unternehmen kann man vielleicht am Ende zur gleichen Einsicht gelangen, wie der General Stumm aus ROBERT MUSILS Roman „Der Mann ohne Eigenschaften":

Der General hatte beschlossen, jeden Tag ein Buch der Wiener Hofbibliothek zu lesen und erkannte schließlich: „Zehntausend Jahre würde ich auf diese Weise gebraucht haben, um mich mit meinem Vorsatz durchzusetzen. In diesem Augenblick sind mir die Beine auf der Stelle stecken geblieben, und die Welt ist mir wie ein einziger Schwindel vorgekommen. Ich versichere dir noch jetzt, wo ich mich beruhigt habe: da stimmt etwas ganz grundlegend nicht!"

MAN KANN NICHT LEICHT ÜBER ZU VIELERLEI DENKEN, ABER MAN KANN ÜBER ZU VIELERLEI LESEN

—

G. CH. LICHTENBERG

2.2 Die offene Frage

Jede Frage beinhaltet ein Vorverständnis der Welt. Auch die offene Frage „Was ist das?" setzt die Vorstellung einer Welt voraus, die sich als ein verstehbarer Zusammenhang erweisen wird.

Frage und Antwort bedingen sich gegenseitig. Eine Antwort ist nur sinnvoll im Hinblick auf die gestellte Frage und eine Frage erwartet eine Antwort innerhalb eines bestimmten Horizontes.

Der Satz „Es gibt keine dummen Fragen, sondern nur dumme Antworten" ist philosophisch nicht ganz richtig. Das *Fragen* macht immer Sinn, eine *Frage* kann aber falsch formuliert sein.

MAN MUSS VIEL GELERNT HABEN, UM ÜBER DAS, WAS MAN NICHT WEISS, FRAGEN ZU KÖNNEN

—

J.-J. ROUSSEAU

Ein gutes literarisches Beispiel dafür stammt aus dem Science Fiction Roman „Per Anhalter durch die Galaxis":

Der größte Computer des Universums hat siebeneinhalb Millionen Jahre gerechnet, um die Antwort auf die Frage „nach dem Leben, dem Universum und allem" zu finden und sie lautet: „Zweiundvierzig". Den enttäuschten Ratsuchenden versichert er:
„Ich hab's sehr gründlich nachgeprüft und das ist ganz bestimmt die Antwort. Das Problem ist, dass ihr selber wohl nie richtig gewusst habt, wie die Frage lautet. … Wenn ihr erstmal genau wisst, wie die Frage wirklich lautet, dann werdet ihr auch wissen, was die Antwort bedeutet."

Die gestellte Frage „nach allem", ist so offen, dass jede Antwort möglich ist, umgekehrt aber ist die Antwort des Computers derart, dass zu ihr nicht jede Frage gehören kann. Die Antwort auf „das Leben, das Universum und alles" wäre al-

OFT ERFÄHRT MAN,
WAS MAN GEFRAGT
HAT, ERST AUS DER
ANTWORT
—
JEAN COCTEAU

so die Aufforderung, die richtige Frage zu stellen. In der Philosophie besagt eine Aussage (als Ergebnis) nichts, wenn wir nicht wissen, auf welchem Weg wir zu ihr gekommen sind.

Der Fragehorizont bestimmt die Weise, wie sich mir die Wirklichkeit zeigt. Dies hat MARTIN HEIDEGGER (1889–1976) am Beispiel der Technik deutlich gemacht:

Denke ich technisch, so zeigt sich die Natur als etwas, das zur Verfügung steht, um für die Bedürfnisse des Menschen genutzt oder verändert zu werden. Ein Flusslauf z. B. als etwas, das zwecks besserer Schifffahrt begradigt oder umgeleitet werden kann. – Sehe ich dieselbe Landschaft mit den Augen eines Malers, dann kommt gerade ihre Unverfügbarkeit, die Einmaligkeit ihres So-seins in den Blick, die Besonderheit ihrer Gestalt, des Lichtes und der Farben.

ICH MACHTE MICH
FRAGEND AUF DEN
WEG ZU MIR SELBST
—
HERAKLIT

Im Fragen „antwortet" die Welt entsprechend der Haltung, die der Fragende einnimmt. Wir erfahren etwas über uns selbst aufgrund dessen, wonach wir fragen und welche Antwort wir erwarten. Der Fragende ist Teil dessen, wonach er fragt, er gibt darin Auskunft über sich selbst.

Weil wir philosophisch die Wirklichkeit als ganze erfahren wollen und nicht unter einem eingeschränkten Blickpunkt, muss die philosophische Fragehaltung offen bleiben für die Vielfalt und auch Unvorhersehbarkeit der Antworten, letztlich dafür, dass jede Erkenntnis vorläufig ist und wir *die* endgültige Antwort nicht in unseren Besitz bringen. HEIDEGGER hat dies in dem Satz ausgedrückt:

„Das Fragen ist die Frömmigkeit des Denkens. "

2.3 Fragen wonach?

Philosophie und die Einzelwissenschaften

Philosophie war in ihren Ursprüngen die Bezeichnung für jede Form von Wissenschaft. Erst im Laufe der Zeit haben sich die verschiedenen Fächer wie Mathematik, Physik, Psychologie, Soziologie usw. eigenständig gemacht, indem sie sich auf abgegrenzte Bereiche der Wirklichkeit spezialisieren und mit den ihnen eigentümlichen Methoden erforschen.

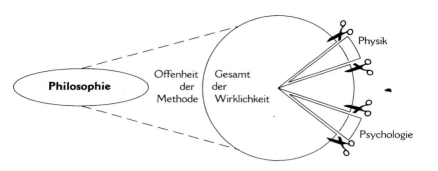

So haben sich die **Naturwissenschaften** auf den Ausschnitt der Welt beschränkt, der sich mathematisch darstellen lässt. Führe ich ein Experiment durch, so „befrage" ich die Natur in einer bestimmten Weise und kann auch nur eine Antwort erhalten, die durch diese Frageweise festgelegt ist – z. B. durch die Art des Messinstruments und der Auswertung der Daten, die in den Rahmen einer physikalischen Theorie passen müssen.

Der praktische Erfolg der Naturwissenschaften ist darin begründet, dass sie die Natur nur in einer bestimmten Weise befragen und behandeln, die den Kriterien der Vorhersagbarkeit und Machbarkeit genügt. Da uns das naturwissenschaftliche Wissen die technische Beherrschbarkeit der Welt sichert, neigen wir im Allgemeinen dazu, ihre Aussagen für das wahre Bild der Wirklichkeit anzusehen.

Die Natur selbst ist jedoch nichts Mathematisches. Sie lässt sich mathematisch beschreiben – aber genauso künstlerisch darstellen, sinnlich erfahren, philosophisch durchdenken.

Das Ganze der Wirklichkeit

Der Anspruch der Philosophie ist es, sich nicht auf eine mögliche Sichtweise zu beschränken, sondern zu fragen, wie die Wirklichkeit im Ganzen erkannt werden kann. Daher kann sie sich auch nicht auf eine Methode beschränken – weil dadurch bereits eine Entscheidung darüber getroffen wäre, als was sich die Wirklichkeit zeigen kann – sondern muss vielfältige Zugangsweisen nehmen und sich deren Möglichkeiten und Grenzen bewusst machen.

ALLES MESSEN, WAS MESSBAR IST, UND VERSUCHEN MESSBAR ZU MACHEN, WAS ES NOCH NICHT IST
—
GALILEI

PHILOSOPHIE STELLT DIEJENIGEN FRAGEN, DIE NICHT GESTELLT ZU HABEN DIE ERFOLGSBEDINGUNG DES WISSENSCHAFTLICHEN VERFAHRENS WAR
—
C. F. VON WEIZSÄCKER

VGL. KAP. 3: WEGE

WER ERNSTHAFT DIE
WAHRHEIT DER
DINGE ERGRÜNDEN
WILL, DARF SICH
KEINER EINZELNEN
WISSENSCHAFT VER-
SCHREIBEN; DENN
ALLE TEILE DER
WISSENSCHAFT STE-
HEN IM VERBUND
WECHSELSEITIGER
ABHÄNGIGKEIT.
—
RENÉ DESCARTES

Während die verschiedenen Einzelwissenschaften bestimmte Bereiche der Wirklichkeit zu ihrem Gegenstand machen, lässt sich die Philosophie nicht durch ihre Gegenstände (weil sie eben auf die Gesamtheit hinzielt), sondern durch die Art der Fragestellung charakterisieren:

Eine kunstgeschichtliche Frage wäre z. B., zu welcher Stilepoche ein Bild gehört oder wer es gemalt hat. Eine philosophische, warum der Mensch sich künstlerisch ausdrückt und was wir daraus für das Verständnis seines Wesen gewinnen können. Ebenso fragen wir philosophisch nicht, wie wir bestimmte Elementarteilchen auffinden können, sondern wie wir überhaupt erkennen können.

Disziplinen der Philosophie

Das gesamte Gebiet der Philosophie lässt sich in verschiedene Bereiche (**Disziplinen**) untergliedern, die durch ihre besondere Fragestellung charakterisiert sind:

Wissen		
Ontologie (Das Sein)	Logik (Formen des Denkens)	Wissenschaftstheorie (Methoden der Wissenschaften)
Erkenntnistheorie (Das Wissen-können)	Sprachphilosophie (Bedeutung und Analyse der Sprache)	Hermeneutik (Verstehen)

Der Mensch Anthropologie

Handeln		Hervorbringen
Ethik (Das Gute)	Rechtsphilosophie (Begründung des Rechts)	Kulturphilosophie (Das von Menschen Geschaffene)
Sozialphilosophie (Formen des Zusammenlebens)	Politische Philosophie (Formen der Herrschaft)	Ästhetik (Das Schöne)

3. Wege

„Mein teurer Freund, ich rat' Euch drum
Zuerst Collegium Logicum.
Da wird der Geist Euch wohl dressiert,
In spanische Stiefel eingeschnürt,
Dass er bedächtiger fortan,
Hinschleiche die Gedankenbahn,
Und nicht etwa die Kreuz und Quer,
Irrlichteliere hin und her."

Der Grundkurs in Logik, den Mephisto in GOETHES „Faust" hier einem jungen Studenten ironisch „empfiehlt", soll ihn vom Herumirren auf allen möglichen Pfaden abhalten und seine Gedanken auf einen sicheren Weg bringen.

Solche Wege des Denkens nennen wir mit dem griechischen Wort „**Methoden**" und jede Wissenschaft hat ihre eigenen. Der Historiker, der in Archiven alte Schriftstücke entziffert und die überlieferten Hinweise zum Bild einer zeitlichen Epoche zusammensetzt, verwendet andere als der Physiker, der mit mathematischen Formeln und Experimenten arbeitet.

Welche Methode verwendet wird, bestimmt, welche Art von Ergebnissen man erhalten kann, d. h. welcher Ausschnitt der Wirklichkeit sich zeigt. Oder mit dem Bild des Weges gesagt: ein Weg führt an einen bestimmten Ort, an andere nicht.

Ein Gemälde als Beispiel: Die Aussagen: „Dieses Bild besteht aus Farbpigmenten, die folgende chemische Zusammensetzung haben…", „Dieses Bild wurde von ED-WARD HOPPER 1942 gemalt", „Dieses Bild zeigt die Einsamkeit des Menschen in der modernen Großstadt" sind unterschiedliche Aussagen über dasselbe Gemälde. Sie kommen aufgrund verschiedener Zugangsweisen zustande: eine chemische Analyse, eine kunsthistorische Nachforschung, ein Hineinversetzen in die Bedeutung des Dargestellten.

Entscheidend ist, dass die Richtigkeit, den Sinn und Zweck einer Behauptung nur nachvollziehen kann, wer weiß, auf welchem Weg das Ergebnis zustande gekommen ist. Wenn ein Physiker behauptet, dass er ein neues Elementarteilchen entdeckt hat, dann müssen andere Wissenschaftler das Experiment wiederholen können. Gleiches gilt auch für die Philosophie: Eine Aussage hat nur dann einen Wert, wenn andere den Denkweg nachgehen können, der zu ihr geführt hat. Der Weg und das Ergebnis gehören zusammen.

Im Unterschied aber zu den Naturwissenschaften, die im Rahmen einer genau festgelegten Methode arbeiten, gilt für die Philosophie: Da sie nicht nur eine Sicht, sondern das Ganze der Wirklichkeit in den Blick bekommen will, kann sie sich nicht auf nur eine Methode beschränken. Sie muss viele Wege ergründen, um zu sehen, was sich zeigt, und auch neue eröffnen.

3.1 Die Form des Denkens

Alle Philosophen sind Menschen.
Sokrates ist ein Mensch.
Also ist Sokrates ein Philosoph.

Obwohl in diesem Beispiel alle drei Aussagen für sich richtig sind, entsteht der Eindruck, dass irgendetwas „unlogisch" ist, wenn aus den ersten beiden die dritte gefolgert werden soll. Diese „Unlogik" hat nichts mit dem Inhalt von Aussagen zu tun, sondern mit der Weise, wie sie miteinander verknüpft werden. In diesem Beispiel wäre die Schlussfolge als solche korrekt, wenn der erste Satz so lauten würde: „Alle Menschen sind Philosophen", und zwar unabhängig von der Feststellung, ob alle Menschen tatsächlich Philosophen sind.

Man unterscheidet also zwischen dem **Inhalt** einer Aussage und der **Form**, in der Aussagen gebildet und verknüpft werden. Ob etwas inhaltlich wahr oder falsch ist, ergibt sich aus der Erfahrung, ob die Form einer Schlussfolgerung richtig ist, aus der Gesetzlichkeit des Denkens selbst.

Der Satz: „Alle Menschen sind unsterblich" ist inhaltlich falsch, aber nicht unlogisch. Dass er falsch ist, kann ich nur aus der Erfahrung wissen. – Dass die Schlussregel: „Wenn x, dann y. Nun ist x, also ist y" richtig ist, erkenne ich auch unabhängig davon, für welchen Inhalt x oder y steht.

Die **Logik** (von *griech*. logos: Rede, Überlegung) beschäftigt sich mit den Regeln folgerichtigen Denkens. Diese sind nicht von etwas anderem abgeleitet, sondern erschließen sich dem Denken aus seinem eigenen Vollzug.

Unser Denken äußert sich in der **Sprache**. Um etwas auszudrücken,

– verwenden wir **Begriffe** („Mensch", „Sokrates");
– diese werden zu **Aussagen** (Urteilen) verbunden („Sokrates ist ein Mensch")
– und Aussagen zu **Schlüssen** (im obigen Beispiel die Verknüpfung der Sätze).

Mit diesen drei Bereichen beschäftigt sich die klassische Logik.

Begriffe und Definitionen

Bei der Verwendung von Begriffen sind eine Reihe von Unterscheidungen zu beachten, um nicht zu fehlerhaften Aussagen zu gelangen.

Der einfache Satz: „Ich lüge" hat die Logiker von der Antike bis heute unermüdlich beschäftigt. Wenn die Aussage wahr ist, dann lüge ich mit dieser Behauptung und dann ist im Gegenteil wahr, was ich sage, womit aber wahr ist, dass ich lüge ...

Es gibt **Individualbegriffe** (Sokrates, Ägypten), die nur ein Einzelnes bezeichnen und **Allgemeinbegriffe** (Menschen, Länder), die eine ganze Reihe von Einzeldingen unter sich begreifen. Die Beachtung der Über- oder Unterordnung von Begriffen, d. h. welcher mehr oder weniger andere umfasst, ist für die Korrektheit eines logischen Schlusses wesentlich. Wenn wir im obigen Beispiel vom ersten Satz ausgehen, dann wäre z. B. der folgende Schluss gültig:

Alle Philosophen sind Menschen.
Sokrates ist ein Philosoph.
Also ist Sokrates ein Mensch.

„Menschen" umfasst „Philosophen", „Philosophen" umfasst „Sokrates", also umfasst „Menschen" auch „Sokrates". „Mensch" ist hier der sogenannte Oberbegriff, „Philosoph" der Mittel- und „Sokrates" der Unterbegriff.

Im Prinzip ist es möglich, alle Begriffe in eine Systematik zu bringen, die die Über- und Unterordnung aufzeigt und alles Seiende umfasst. Ein solches Schema wird nach dem Philosophen PORPHYRIOS (233–300 n. Chr.) „**Baum des Porphyrios**" genannt.

SCHÜLER: „DOCH EIN BEGRIFF MUSS BEI DEM WORTE SEIN." – MEPHISTOPHELES: „SCHON GUT! NUR MUSS MAN SICH NICHT ALLZU ÄNGSTLICH QUÄLEN; DENN EBEN WO BEGRIFFE FEHLEN, DA STELLT EIN WORT ZUR RECHTEN ZEIT SICH EIN."
—
GOETHE, „FAUST"

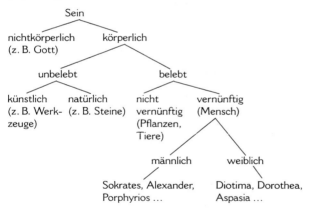

Aufgrund einer solchen Einteilung lassen sich Begriffe auch **definieren** (eingrenzen), indem man den nächsthöheren Oberbegriff angibt, zu dem etwas gehört, und ein spezifisches Merkmal, durch das es sich von anderen Dingen derselben Gattung unterscheidet:

Also z. B. „Der Mensch ist ein vernünftiges (unterscheidendes Merkmal) Lebewesen (nächsthöhere Gattung).

Unser Denken äußert sich in der Sprache. Nun können wir uns mit Begriffen sowohl auf reale Dinge beziehen, als auch

33

auf andere Begriffe, d. h. sprachliche Gebilde. Daraus ergibt sich für Definitionen eine Unterscheidung zwischen

- **Nominaldefinitionen**; hierbei wird ein sprachlicher Ausdruck durch einen anderen erklärt, z. B.: „Das Wort ‚Schimmel' wird verwendet für ‚ein weißes Pferd'", und
- **Realdefinitionen**; bei denen die Eigenschaften der Sache gemeint sind, z. B.: „Der Mensch ist ein vernünftiges Lebewesen" meint, dass jeder Mensch tatsächlich mit Vernunft begabt ist.

Beides dürfen wir nicht verwechseln. Der Theologe und Begründer der mittelalterlichen Scholastik ANSELM VON CANTERBURY (1033–1109) hat einen berühmten Gottesbeweis auf den Satz gegründet, dass Gott dasjenige ist, „worüber hinaus nichts Größeres gedacht werden kann". Dies ist aber eine Nominaldefinition, die angibt, was wir mit dem Wort „Gott" gemäß sprachlicher Konvention verbinden. ANSELM verwendet sie aber so, als ob „worüber hinaus nichts Größeres gedacht werden kann" eine reale Eigenschaft Gottes sei. Um dies aber behaupten zu können, müssen wir wissen, dass Gott real existiert und eben dies wollte er ja erst beweisen.

Schließlich muss bei der Verwendung von Begriffen auch beachtet werden, dass sie Gegenstände in verschiedener Weise bezeichnen können:

- **univok** (eindeutig): Im Satz „Sokrates, Diotima und Alexander sind Menschen" bedeutet „Mensch" in Bezug auf die drei Personen dasselbe.
- **äquivok** (mehrdeutig): Mit dem Wort „Strauß" kann ein flugunfähiger Vogel oder ein Blumengebinde gemeint sein.
- **analog** (in Hinsicht auf etwas anderes): Wenn wir sagen „Alexander ist gesund", meinen wir etwas anderes als wenn wir behaupten „Äpfel sind gesund". Eigentlich gesund kann nur die Person selbst sein, bei Äpfeln wollen wir sagen, dass sie wegen der in ihnen enthaltenen Vitamine die Gesundheit von Menschen fördern.

In der Philosophie ist das analoge oder univoke Verständnis einer Begriffsverwendung oft sinnentscheidend: „Vernünftig" ist eine Eigenschaft des Menschen. Wenn davon gesprochen wird, „die Welt sei vernünftig" oder die „Geschichte verlaufe vernünftig" (HEGEL) dann meint ein analoger Gebrauch, dass die menschliche Vernunft eine Ordnung in die Welt oder die Geschichte hineinbringt. Wird er aber univok verstanden, dann bedeutet es, „die Welt" oder „die Geschichte" ist ein eigenständiges Subjekt, dem die Ei-

MEPHISTOPHELES: „MIT WORTEN LÄSST SICH TREFFLICH STREITEN, MIT WORTEN EIN SYSTEM BEREITEN, AN WORTE LÄSST SICH TREFFLICH GLAUBEN, VON EINEM WORT LÄSST SICH KEIN JOTA RAUBEN."

—

GOETHE, „FAUST"

genschaft „vernünftig" zukommen kann. Auf diese Weise „entstehen" metaphysische Wesenheiten wie „der Weltgeist", die jeder Erfahrungsgrundlage entbehren.

Urteile

Die Verbindung von Begriffen zu Sätzen, in denen eine Behauptung aufgestellt wird, nennen wir **Urteile** (oder Aussagen): z. B. „Alle Menschen sind sterblich." (Formal: Alle S sind P). Nur Sätze, die ein Urteil enthalten, können wahr oder falsch sein (im Unterschied zu Fragen, Bitten oder Aufforderungen). Die Logik beschäftigt sich mit den verschiedenen Arten von Urteilen und den Schlüssen, die sich aus ihrer Verknüpfung ziehen lassen. Unter anderen werden folgende Formen unterschieden:

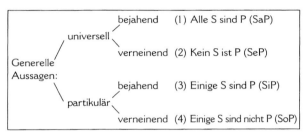

DAS REICH DER LOGIK IST DIE WAHRHEIT, WIE SIE OHNE HÜLLE FÜR SICH IST. SIE IST DIE DARSTELLUNG GOTTES, WIE ER IN SEINEM EWIGEN WESEN VOR ERSCHAFFUNG DER WELT UND EINES ENDLICHEN GEISTES IST

—

G. W. F. HEGEL

Die kleinen Buchstaben a, e, i, o sind Symbole für die jeweilige Aussageform. Wir können nun feststellen, ob zwei Aussagen zugleich wahr sein können oder nur eine wahr, die andere falsch sein muss usw. Das sogenannte „**Logische Quadrat**" zeigt solche Verbindungen auf:

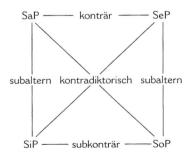

Dabei bedeutet:
– **konträr**: die beiden Aussagen können nicht zugleich wahr, aber zugleich falsch sein („Alle Menschen sind Philosophen; kein Mensch ist Philosoph.");

35

- **subkonträr**: beide können zugleich wahr, aber nicht zugleich falsch sein („Einige Menschen sind Philosophen; einige Menschen sind nicht Philosophen.");
- **kontradiktorisch**: beide können nicht zugleich wahr und nicht zugleich falsch sein („Alle Mensch sind Philosophen; einige Menschen sind keine Philosophen.");
- **subaltern**: von der oberen kann auf die untere geschlossen werden, aber nicht umgekehrt („Wenn alle Menschen Philosophen sind, dann sind auch einige Menschen (z. B. Sokrates) Philosophen.").

Wenn also ein Politiker sagt, dass es durch eine neue Steuerreform allen besser gehen wird und nur einigen schlechter, dann können wir logisch geschult sagen, dass der Satz eindeutig falsch ist, egal wie die Reform aussehen wird.

Die Gültigkeit solcher Urteilsverbindungen liegt aber auch der naturwissenschaftlichen Forschung zugrunde: Wenn wir eine allgemeine Regel aufstellen, z. B. das Fallgesetz, und wir finden einen Körper, der diesem Gesetz nicht gehorcht, dann ist das ein kontradiktorischer Widerspruch, aufgrund dessen wir entweder das Gesetz aufgeben oder nach einem Fehler in unserem Experiment suchen müssen.

Schlüsse

Der Schluss von zwei Aussagen auf eine dritte wird **Syllogismus** genannt. ARISTOTELES (384–322 v. Chr.) hat bereits die Grundformen solcher Schlüsse herausgestellt, von denen der folgende am wichtigsten ist:

Alle Menschen sind sterblich.	M – O
SOKRATES ist ein Mensch.	U – M
Also ist SOKRATES sterblich.	U – O

- „Sterblich" ist hier der Oberbegriff (O), er ist am umfassendsten (auch Tiere sind sterblich).
- „Sokrates" ist der Unterbegriff (U), er soll eingeordnet werden.
- „Mensch" ist der sog. Mittelbegriff (M), der die Verbindung herstellt.

Bei einem gültigen Syllogismus darf im Schlusssatz kein Begriff auftauchen, der nicht in den beiden Vordersätzen bereits vorkommt, während der Mittelbegriff darin nicht mehr erscheinen darf.

UM ZU SPRECHEN, MUSS MAN DENKEN, ZUMINDEST ANNÄHERUNGSWEISE

—

VOLTAIRE

Wenn man nun diese Figur mit den oben genannten Urteils-
formen verbindet, ergeben sich folgende Möglichkeiten:

MaP SaM ——— SaP	Wenn alle MP sind und alle SM, dann sind alle SP	MeP SaM ——— SeP	Wenn kein MP ist und alle SM sind, dann ist kein SP
MaP SiM ——— SiP	Wenn alle MP sind und einige SM, dann sind einige SP	MeP SiM ——— SoP	Wenn kein MP ist und einige SM sind, dann sind einige S nicht P

*Ein Beispiel für die zweite Schlussform: „Wenn kein
Mensch fliegen kann und alle Europäer Menschen sind,
dann kann auch kein Europäer fliegen."*

Logik im Alltag

In unserem Jahrhundert wurde die klassische Logik noch um
viele Bereiche erweitert und vor allem sehr stark mathematisch gefasst. Wem Logik sehr abstrakt und vielleicht „abge-
hoben" vorkommt, der sollte sich klar machen, dass sie sich
mit Denk- und Argumentationsformen beschäftigt, die wir
täglich verwenden, auch wenn wir uns das meist nicht bewusst machen.

*So ist eine sinnvolle Diskussion nur möglich, wenn keine
widersprüchlichen Argumente ins Feld geführt werden
und nicht irgendwelche Schlüsse gezogen werden, die sich aus
den Behauptungen nicht ableiten lassen.*
*Ohne die Anwendung logischer Gesetze könnte aber auch kein
Computer arbeiten – die Kasse im Einkaufszentrum ebensowe-
nig wie eine Steuerungsanlage in der Fabrik.*

Wir nutzen die formalen Grundsätze des Denkens auch, um
von dem, was wir wissen, auf das zu schließen, was wir
nicht wissen. Daher ist die Logik erkenntniserweiternd,
auch wenn sie nur formal ist.

*Wenn mir gesagt wurde, dass einer von zwei Wegen ins
Dorf führen muss und ich einen bereits vergeblich gefah-
ren bin, dann weiß ich, dass der andere der richtige ist, noch bevor ich ihn ausprobiert habe (nach dem Schema: Entweder a
oder b. – Nun nicht b. – Also a).*

LOGIK IST WIE EIN
TREPPENGELÄNDER:
ES HILFT EINEM
TROTZ DUNKELHEIT
NACH OBEN ZU
KOMMEN

—

CHRISTIAN
KJELLERUP

37

3.2 Dialektik

PLATON (427–347 v. Chr.) verwendet den Begriff **Dialektik** (*griech.* „Gesprächskunst") auch ganz allgemein als Bezeichnung für Philosophie. Sie ist für ihn eine methodische Form der Gesprächsführung in Frage und Antwort, die den Dialogpartner durch Begriffsklärungen von den vielen Einzeldingen zu dem ihnen zugrunde liegenden Wesen führt, um von diesem her wiederum das vielfältige Geschehen in der Welt einordnen zu können.

VGL. KAP. 4.1: DER
GEIST UND DIE
SINNE

> In seiner weitesten Bedeutung meint Dialektik als Methode, dass das Denken eine **Bewegung** ist, die zwischen verschiedenen Ansichten einer Sache hin und her geht, um schließlich zu einem Verständnis zu gelangen, in dem der Gegenstand vollständig begriffen ist.

Dialektik als Bewegung des Denkens

In einer Gesprächssituation stellt sich diese Vorgehensweise so dar: Ich stelle eine Behauptung auf, die der Gesprächspartner bestreitet. Die in seiner Gegenbehauptung enthaltenen Aspekte der in Frage stehenden Sache nehme ich auf, um sie in meiner neu gefassten These zu berücksichtigen. Der Gesprächspartner seinerseits erweitert seinen Standpunkt um die von mir vorgebrachten Argumente.

BEI DER DIALEKTIK
GEHT ES UM WECH-
SELSEITIGE KRITIK
FREIER UND GLEI-
CHER PARTNER, DIE
IHRE GRÜNDE,
HANDLUNGEN, ENT-
WÜRFE, PLÄNE,
WÜNSCHE UND
IDEALE ZU VERTEIDI-
GEN, ABER AUCH
ABZUÄNDERN
BEREIT SIND
—
L. W. BECK

Erfassung
des Ganzen

neu gefasste
These

*Berücksichtigung
der neuen Aspekte*

These
(Teilaspekt des Ganzen)

Gegenthese
(Teilaspekt des Ganzen)

Als Beispiel für diese Bewegung zwei Thesen:
- (1) Der Mensch ist ein vernünftiges Wesen.
- (2) Der Mensch ist ein sinnlich-triebhaftes Wesen.

Der Verfechter der These 1 kann die Gegenthese nun aufnehmen, indem er zugibt, dass der Mensch auch sinnlich-triebhafte Anteile hat, sie aber durch die Vernunft vollständig beherrschen kann.

Sein Gesprächspartner wird nun vielleicht geltend machen, dass er die Vernunftbegabtheit des Menschen zwar nicht leugnen will, dass wir aber über unsere Handlungen oft gar keine rationale Rechenschaft abgeben können, was zeigt, dass wir im Grunde von emotionalen Antrieben gesteuert sind.
Das Ergebnis einer solchen Auseinandersetzung könnte nun sein, ein Wesensverständnis des Menschen zu entwickeln, das die *Einheit* von Geist und Sinnlichkeit beim Menschen erfasst.

> An diesem Beispiel wird deutlich, dass der Widerspruch in den Thesen darauf beruht, dass sie nur einen Teilaspekt des Ganzen (des Menschen) erfassen. Dem dialektischen Vorgehen liegt die Idee zugrunde, dass die erscheinenden Widersprüche nicht endgültig sind, sondern zu einem Umfassenderen gehören, das in ihrer Auflösung in Erscheinung tritt.

Dialektik als Bewegung der Wirklichkeit

Für GEORG WILHELM FRIEDRICH HEGEL (1770–1831) ist Dialektik nicht nur eine Denkmethode, sondern Ausdruck der Beschaffenheit der Wirklichkeit. Die Welt ist ein kraft des Widerspruchs sich entwickelndes Ganzes. Sie ist durchdrungen von einer absoluten Vernunft, die sich in verschiedene Gestalten „entäußert", die deshalb in Widerspruch geraten, weil sie eben nur Teile und vorläufige Ausdrucksformen des Ganzen sind. Durch die Aufhebung der Gegensätze wird eine höhere Stufe erreicht, die ihrerseits wiederum neue Widersprüche hervorbringt usw., so dass die Entwicklung in Form einer Spirale gedacht werden kann, die einem Endpunkt zustrebt.

> NUR ZWISCHEN GEISTERN, DIE BESTREBT SIND, IHRE RATLOSIGKEIT ZU FESTIGEN, IST EIN GESPRÄCH FRUCHTBAR
> —
> E. M. CIORAN

> DAS WAHRE IST DAS GANZE. DAS GANZE IST ABER NUR DAS DURCH DIE ENTWICKLUNG SICH VOLLENDENDE WESEN
> —
> G. W. F. HEGEL

Dieser abstrakte Gedanke lässt sich an zwei Beispielen verdeutlichen:

> *Die Geschichte ist für HEGEL ein stetiger Fortschritt im Bewusstsein der Freiheit. Solange die tatsächlichen politischen Verhältnisse aber nicht der Freiheitsidee entsprechen, besteht ein Widerspruch, aufgrund dessen sich weltgeschichtliche Kulturen ablösen, bis die Freiheit aller schließlich in einer entsprechenden Staatsform verwirklicht ist.*

Ein anderes bekanntes Beispiel von HEGEL ist die Dialektik von **Herr und Knecht**, die allgemein für die soziale Beziehung von Herrschaft und Unterwerfung steht:

> *Der Herr ist nur Herr aufgrund der Anerkennung durch den Knecht, der sich dadurch selbst als Knecht bestimmt. Die Freiheit des Herrn ist aber nur abstrakt, weil er abhängig ist von den Gütern, die der Knecht durch seine Arbeit erzeugt, und damit wird er selbst zum Knecht. Der Knecht wiederum, der aufgrund seiner Arbeit selbstständig und damit in Wirklichkeit Herr ist, bleibt Knecht, solange er unfähig ist, sich das Produkt seiner Arbeit anzueignen.*

Diese Widersprüchlichkeit treibt zur Überwindung des Gegensatzes, bis die falsche Freiheit des Herrn und die falsche Unfreiheit des Knechts in einer selbstbestimmten Freiheit aufgehoben ist.

KARL MARX (1818–1883) nimmt diesen Gedanken HEGELS auf und sieht in den in der Gesellschaft bestehenden ökonomischen Widersprüchen den Motor der Geschichte:

> *Die Produktionsverhältnisse (z. B. Eigentumsrechte) und Produktivkräfte (Arbeiter, Maschinen, Wissen) einer bestimmten historischen Epoche können in Widerspruch zueinander stehen, wie sich am Beispiel des Kapitalismus zeigen lässt:*

Der Unternehmer wird Eigentümer der produzierten Ware, die er nicht durch eigene Arbeit geschaffen hat, während der Arbeiter keinen Besitz am Erzeugnis seiner Arbeit erwirbt. Die daraus entspringenden Klassengegensätze führen schließlich zu ihrer Auflösung durch Revolutionen.

VGL. KAP. 7.1: VOM SINN DER GESCHICHTE

DIALEKTIK NENNEN WIR DIE HÖHERE VERNÜNFTIGE BEWEGUNG, IN WELCHER SOLCHE SCHLECHTHIN GETRENNT SCHEINENDE DURCH SICH SELBST, DURCH DAS, WAS SIE SIND, INEINANDER ÜBERGEHEN
—
G. W. F. HEGEL

3.3 Zu den Sachen selbst

Wenn wir philosophisch über die Welt nachdenken oder kritisch bestehendes Wissen überprüfen, dann setzen wir meist schon sehr viel an Wissen voraus. Wir haben ein erworbenes Bild der Dinge, verwenden Begriffe einer bestimmten Sprache, beziehen uns auf Kenntnisse einzelner Wissenschaften, bewegen uns innerhalb der Vorstellungen einer Kultur.

> Die philosophische Methode der **Phänomenologie** (von griech. *phainetai*: „es zeigt sich"), wie sie von EDMUND HUSSERL (1859–1938) begründet wurde, versucht sich von allen Vorannahmen frei zu machen und die Dinge zu sehen, wie sie selbst sich uns zeigen.

Dies mag sich zwar einfach anhören, aber es ist eine Methode, die eingeübt werden muss, weil wir unser Vorwissen nicht so leicht ausschalten können. Ein Beispiel:

> *Auf meinem Schreibtisch steht eine kleine ägyptische Vase. Wie kann ich ihre Wahrnehmung beschreiben? Zunächst muss ich einmal davon absehen, dass sie ägyptisch ist, ja sogar, dass es eine Vase ist, denn für beides muss ich über die Wahrnehmung hinaus auf ein Wissen zurückgreifen. Was bleibt ist: Da ist etwas, es hat eine Farbe und eine Form.*
>
> *Aus meiner jetzigen Perspektive sehe ich aber nur die Vorderseite des Gegenstandes. Um zu wissen, wie die andere Seite aussieht, muss ich ihn drehen. Dann sehe ich aber die vordere Seite nicht mehr. Es zeigt sich mir immer nur eine bestimmte Ansicht. Wie ich überhaupt eine Vorstellung vom ganzen Gegenstand haben kann, lässt sich nur mit einzelnen Wahrnehmungen nicht erklären. Ich muss mich darüber hinaus an die verschiedenen Perspektiven erinnern und sie zu der Einheit eines bestimmten Gegenstandes zusammensetzen. Seine „Erforschung" wird damit offenbar schon von bestimmten Annahmen geleitet, wie der, dass er überhaupt eine Rückseite, ein Oben und Unten hat, also räumlich ist. Die Vorstellung eines Gegenstandes ist also das Zusammenspiel verschiedener Bewusstseinsleistungen.*

Was daran auch deutlich wird: es geht in der phänomenologischen Betrachtung nicht darum, dass *ich* hier sitze und *diese* Vase betrachte, sondern um das Hineinversetzen in das, was überhaupt geschieht, wenn wir einen Gegenstand als solchen erfahren. Nicht um die bestimmte Erfahrung eines einzelnen Menschen, sondern um das, wodurch jede Erfahrung *wesentlich* ausgezeichnet ist.

DAS VORURTEIL IST EIN UNENTBEHRLICHER HAUSKNECHT, DER LÄSTIGE EINDRÜCKE VON DER SCHWELLE WEIST. NUR DARF MAN SICH VON SEINEM HAUSKNECHT NICHT SELBER HINAUSWERFEN LASSEN

—

KARL KRAUS

> MANCHMAL DACHTE
> ER TRAURIG BEI
> SICH: WARUM? UND
> MANCHMAL DACHTE
> ER: WOZU? UND
> MANCHMAL DACHTE
> ER: INWIEFERN? UND
> MANCHMAL WUSSTE
> ER NICHT SO RECHT,
> WORÜBER ER
> NACHDACHTE
> —
> A. A. MILNE,
> „PU DER BÄR"

Wir können solche Betrachtungen nun auch auf andere Vorgänge ausdehnen und nicht nur Wahrnehmungen, sondern Gefühle, Gedanken, unser inneres Zeitempfinden auf diese Weise untersuchen.

> Dabei zeigt sich, dass unser Bewusstsein immer Bewusstsein *von etwas* ist. Wahrnehmen oder Denken ist überhaupt nur erfahrbar dadurch, dass *etwas* wahrgenommen oder gedacht wird.

Es besteht so immer ein ganz bestimmtes Verhältnis zwischen dem, *wie* wir etwas tun: wahrnehmen, denken, fühlen, und dem, *was* darin wahrgenommen, gedacht, gefühlt wird. Die Gegenstände sind geprägt durch die Art des Bewusstseinsvorganges, innerhalb dessen sie gegeben sind. So erscheinen uns Körper in einer räumlichen Ausdehnung, Gedanken oder Gefühle nur in einer zeitlichen.

Nun müssen wir aber noch einen Schritt weiter gehen und uns klar machen, dass das, was da wahrgenommen wird, Inhalt unseres Bewusstseins ist. Wovon wir sprechen, ist nicht dieser Gegenstand „da draußen", sondern der, wie er durch unser Bewusstsein bestimmt ist.

> Zu den Vorannahmen, die wir ausklammern müssen, gehört daher auch, Aussagen über Dinge „da draußen" machen zu wollen. Von der Welt, wie sie „an sich" ist, wissen wir nichts. „Die Sachen selbst", die die Phänomenologie in den Blick bekommen will, sind die Gegenstände, wie wir sie in unserem Bewusstsein finden.

Die phänomenologische Sichtweise versucht einen ursprünglichen Zugang zu unserer Welterfahrung zu nehmen, indem sie nicht von einer bereits bestimmten Wissensform ausgeht (wie sie z. B. die Physik, Geschichte oder Soziologie darstellt), sondern zuerst einmal fragt, wie uns die Welt schon im alltäglichen Umgang erschlossen ist. Daher bildet die Betrachtung der **Leiblichkeit** des Menschen ein wichtiges Thema, weil unser Leib die Weise unseres In-der-Welt-Seins bestimmt.

> VGL. KAP. 6.3:
> ZWISCHEN NATUR
> UND KULTUR

Für die Fülle von Themen, die sich daraus ergeben, soll zur Veranschaulichung ein Beispiel dienen, das von JEAN-PAUL SARTRE (1905–1980) stammt.

Ich sehe täglich irgendwelche Menschen, ich kenne sie oder nicht, komme in ein Gespräch mit ihnen oder gehe vorbei. Dann fange ich einen Blick auf. Ich sehe dem anderen in die Augen und er mir. Was geschieht in diesem Blick? Während ich bisher hingegeben war an mein Umherschauen, werde ich nun angesehen. War ich selbst bisher kein Gegenstand meines Sehens, werde ich nun Objekt des Sehens. Im Blick des Anderen erfahre ich mich ursprünglich als jemand, der in seinem Sein durch die Gegenwart anderer bestimmt ist, die mich auf bestimmte Weise sehen und damit festlegen.

DAS „VOM-ANDEREN-GESEHEN-WERDEN" IST DIE WAHRHEIT DES „DEN-ANDEREN-SEHENS"

—

JEAN-PAUL SARTRE

3.4 Verstehen

Ein zehn Jahre altes Tagebuch kommt mir wieder in die Hände. Wenn ich darin lese, versetze ich mich in meine damalige Sichtweise hinein, was mir wichtig war, welche Stimmungen und Gedanken mich beschäftigt haben. Ich merke aber auch, dass ich ein anderer geworden bin. Vieles von dem, was dort steht, ist mir fremd, ich habe andere Pläne und anderes ist wesentlich geworden. Gleichzeitig verstehe ich aber durch das erneute Lesen vielleicht meine jetzige Situation besser, weil mir die Gründe für Entscheidungen klar werden, die mitbestimmt haben, was ich heute bin.

Das Wiederlesen eines Tagebuches ist ein gutes Beispiel für den Vorgang des **Verstehens**. Ich muss mich in meine damalige Lebenssituation hineinversetzen, versuchen nachzuerleben, was mich bewegt hat, aus welchen Motiven ich dies geschrieben habe und in welchem Zusammenhang es mit Ereignissen gestanden hat, die nicht aufgezeichnet sind. Gleichzeitig beziehe ich mich aber auf mich selbst als einen anderen. Das Nacherleben vollzieht sich im Horizont meines heutigen Erlebens und die Aufzeichnungen haben nur dann noch eine Bedeutung, wenn sie einen Zusammenhang mit dem Jetzt haben.

Das Verstehend-Sein des Menschen

Das Verstehen richtet sich nicht nur auf Texte, sondern auf alle Äußerungsformen des menschlichen Geistes: Kunstwerke, Geschichte, Handlungen. Es hebt auch nicht erst an, wenn wir ausdrücklich anfangen, etwas zu interpretieren, sondern das menschliche In-der-Welt-sein als solches ist charakterisiert als **Verstehend-sein**, wie MARTIN HEIDEGGER (1889–1976) herausgestellt hat.

Verstehen heißt, einer Sache eine **Bedeutung** geben und Bedeutung hat etwas durch den Zusammenhang, in dem es steht.

Auf diese Weise erschließt sich uns die Welt bereits im täglichen Umgang, indem wir die Zusammenhänge der Dinge in ihr entdecken.

Wir verstehen, was ein Bleistift ist, wenn wir einen Bezug zum Papier, zur Sprache, der Schrift, dem Festhalten und Übermitteln von Informationen und den Bewegungsmöglichkeiten unserer Hand herstellen können.

Vom Vorverständnis zum Verstehen

Zum Problem wird das Verstehen, wenn wir den Zusammenhang, durch den die Bedeutung gegeben ist, noch nicht kennen und erst herstellen müssen. Als Beispiel der Anfang eines Romans:

„Eine kleine Station an der Strecke, welche nach Russland führt. Endlos gerade liefen vier parallele Eisenstränge nach beiden Seiten zwischen dem gelben Kies des breiten Fahrdammes… Machten es diese traurigen Farben, machte es das bleiche, kraftlose, durch den Dunst ermüdete Licht der Nachmittagssonne: Gegenstände und Menschen hatten etwas Gleichgültiges, Lebloses, Mechanisches an sich, als seien sie aus der Szene eines Puppentheaters genommen. "

Um nachvollziehen zu können, was hier geschildert wird, benötigen wir ein **Vorverständnis**: Wir müssen uns einen kleinen, abgelegenen Bahnhof vorstellen können, das Licht eines späten Nachmittages, das Gleichgültige und Leblose der Szenerie.

Diese Vorstellungen nehmen wir aus unserer eigenen Erfahrung. Sie liefert uns also zunächst einmal ein **Deutungsmuster**, aufgrund dessen wir uns ein Bild machen. Dieses ist verschieden von dem jedes anderen Lesers und dem Bild, das der Autor beim Schreiben vor Augen hatte.

Der Prozess des Verstehens besteht nun darin, unsere mitgebrachten Deutungsmuster durch neue Zusammenhänge zu erweitern:

Die Szene aus unserem Beispiel steht zu Beginn eines Romans, von dem ich noch gar nicht weiß, wie er weiter geht. Je mehr ich lese, um so klarer wird mir, welche Rolle sie im Ganzen spielt. In diesem Fall muss ich bis zum Schluss vordringen, wo der Roman wieder an einem Bahnhof endet.

Das Verständnis des Anfangsteils ergibt sich erst aus dem Ganzen. Umgekehrt aber verstehe ich den Sinn des Ganzen nur durch alle Teile, aus denen es besteht.

VGL. KAP. 7.3:
IN GESCHICHTEN
VERSTRICKT

DIE KUNST DES
VERSTEHENS WIRD
HERMENEUTIK
GENANNT. DAS
WORT IST HERGELEI-
TET VOM GRIECHI-
SCHEN GÖTTERBO-
TEN HERMES, DER
DEN MENSCHEN DIE
BOTSCHAFTEN DER
GÖTTER ÜBER-
MITTELT.

◇ Deshalb vollzieht sich das Verstehen in einer Bewegung, die auch „**hermeneutischer Zirkel**" genannt wird, weil ich für das Verständnis der Teile auf das Ganze vorausgreifen muss, und sich das Ganze wiederum vom besseren Verstehen seiner Teile her klärt.

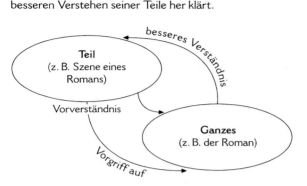

Der Roman selbst ist schließlich wieder Teil eines umfassenderen Ganzen, z. B. des Gesamtwerkes des Autors, der jeweiligen Kultur und Zeitepoche, in der er spielt usw. Da die Zusammenhänge, innerhalb derer etwas eine Bedeutung erlangt, im Prinzip unendlich sind, kann das Verstehen nie endgültig abgeschlossen sein.

Wenn wir etwas interpretieren, dann geschieht das mit Hilfe der Deutungsmuster, die durch unsere eigene Erfahrung, unsere Kultur und Zeit geprägt sind. Diese bilden einen Rahmen, sind aber nicht starr. Um jemand anderen zu verstehen, muss ich herausfinden, welche Deutungsmuster er verwendet.

☾ *Inmitten der zentralaustralischen Wüste gibt es eine beeindruckende Felsformation, den „Ayers Rock", der ein beliebtes Besichtigungsziel ist. Der Tourist, der ihn besteigen will, wird darauf hingewiesen, dass der Fels für die australischen Ureinwohner heilig ist. Um dies zu verstehen, muss ich die australischen Mythen der Vorzeit kennen lernen und mich anstelle meines vielleicht ästhetischen oder geologischen Deutungshorizontes in einen religiösen hineinversetzen.*

Auch wenn ich nun nicht das damit verbundene Weltbild übernehme, kann das Wissen darum für mich z. B. die Bedeutung erlangen, darauf Rücksicht zu nehmen oder selbst aufmerksam zu werden auf die Außergewöhnlichkeit dieses Naturdenkmals und nicht auf dem Fels herum zu klettern.

DIE KUNST DES ENTFREMDENDEN BLICKS ERFÜLLT DARUM EINE UNERLÄSSLICHE VORAUSSETZUNG ALLEN ECHTEN VERSTEHENS. SIE HEBT DAS VERTRAUTE MENSCHLICHER VERHÄLTNISSE AUS DER UNSICHTBARKEIT, UM IN DER WIEDERBEGEGNUNG MIT DEM BEFREMDEND AUFFÄLLIGEN DES EIGENTLICH VERTRAUTEN DAS VERSTÄNDNIS INS SPIEL ZU SETZEN
—
HELMUTH PLESSNER

Die Eigenständigkeit des Werkes

Wenn wir einen Text oder ein Kunstwerk interpretieren, dann scheint es zunächst darum zu gehen, möglichst genau nachzuvollziehen, was der Autor oder Künstler damit ausdrücken wollte.

Dem steht aber gegenüber, dass das Werk selbst eine Eigenständigkeit hat. Von manchen wissen wir gar nicht, wer sie geschaffen hat. Der Text, den wir lesen, hat eine Bedeutung, unabhängig von der, die der Autor damit verbunden hat. Seine Interpretation des Buches ist eine mögliche, aber nicht die einzige. Manche Künstler weigern sich daher, ihre Werke selbst zu interpretieren, da sie im Betrachter eine diesem entsprechende Bedeutung gewinnen sollen.

DER AUTOR HAT DEN MUND ZU HALTEN, WENN SEIN WERK DEN MUND AUFTUT — FRIEDRICH NIETZSCHE

Es sind darum zwei verschiedene Dinge, zu fragen, was ein Autor ausdrücken wollte (also dessen Deutungshorizont nachzuvollziehen) und was etwas für uns bedeutet (innerhalb unseres eigenen Deutungshorizontes).

Dies kommt vor allem dann zum Tragen, wenn ein zeitlicher Abstand besteht. So gibt es Werke, die zu ihrer Zeit nicht beachtet wurden, aber später Berühmtheit erlangten, weil man sie dann zu Fragestellungen und Erfahrungen in Beziehung bringen konnte, die die Zeitgenossen nicht gesehen haben.

Wenn PLATON in seinem Buch „Der Staat" über die Idee der Gerechtigkeit schreibt, dann steht dies auf dem Hintergrund der antiken griechischen Gesellschaft. Er konnte nicht wissen, wie die Gesellschaft heute aussieht. Die Bedeutung, die seine Aussagen haben, hat sich daher im Laufe der Jahrhunderte immer wieder verändert, weil sie in immer neuen Zusammenhängen wieder belebt und durchdacht wurden.

HANS-GEORG GADAMER (1900–2002), einer der wichtigsten Vertreter der modernen Hermeneutik, spricht daher davon, dass einem Text im Laufe seiner Wirkungsgeschichte Bedeutung „zuwächst" und dass man im Grunde „nur versteht, wenn man anders versteht", weil sich das Verstehen innerhalb der eigenen Gegenwart vollziehen muss.

3.5 Theorien über Theorien

Das Bemühen um das Verständnis der Wirklichkeit findet seinen Niederschlag in der Ausbildung verschiedener **Wissenschaften**. Philosophie war ursprünglich die Bezeichnung für jede Art von Wissenschaft; und erst im Laufe der Zeit haben sich verschiedene eigenständige Fachgebiete herausgebildet, die sich auf abgegrenzte Bereiche beziehen und ihnen eigene Methoden anwenden.

VGL. KAP. 2.3:
FRAGEN WONACH?

Der übergreifende Charakter der Philosophie kommt nun aber weiterhin in der **Wissenschaftstheorie** zum Ausdruck, die danach fragt,

- wie solche wissenschaftlichen Theorien zustandekommen,
- welche Art von Erkenntnis sie über die Wirklichkeit vermitteln,
- welche Kriterien für die Gültigkeit von Theorien aufgestellt werden können.

Schlüsse aus der Erfahrung

Eine zentrale Frage in den **Naturwissenschaften** ist, welcher Begründungszusammenhang zwischen allgemein gültigen Aussagen (z. B. Naturgesetzen) und der Erfahrung (z. B. einzelnen Beobachtungen, Experimenten) besteht. Dabei gibt es zwei mögliche Wege:

- Das Verfahren der **Induktion** folgert von vielen Einzelerfahrungen auf ein allgemeines Gesetz: z. B. „Das Wasser in diesem Glas, in der Tonne im Garten, im Dorfteich… gefriert bei 0° Celsius. Also: Wasser gefriert bei 0° Celsius."
- Die **Deduktion** folgert umgekehrt von allgemein gültigen Aussagen aufgrund bestimmter Regeln auf andere Aussagen: z. B. „Alle Körper gehorchen dem Fallgesetz. – Dieser Stein ist ein Körper. – Also gehorcht er dem Fallgesetz."

Wenn wir bereits eine Anzahl von allgemein anerkannten Gesetzen haben, dann können wir deduktiv vorgehen und aufgrund der Schlussregeln weitere Aussagen aus ihnen ableiten. Auf diese Weise arbeitet z. B. die theoretische Physik.

Das Problem ist aber, wie wir überhaupt erst zu solchen allgemeinen Aussagen kommen. D. h. wir müssen erst von der Erfahrung ausgehen und durch induktive Schlüsse zu Gesetzen gelangen. Diese werden verstanden als **Hypothesen**, d. h. Annahmen über gesetzliche Zusammenhänge, die wieder an der Erfahrung überprüft werden müssen, weshalb In-

SO IST DIE EMPIRISCHE BASIS DER OBJEKTIVEN WISSENSCHAFT NICHTS ABSOLUTES, DIE WISSENSCHAFT BAUT NICHT AUF FELSENGRUND. ES IST EHER EIN SUMPFLAND, ÜBER DEM SICH DIE KÜHNE KONSTRUKTION IHRER THEORIE ERHEBT

—

KARL R. POPPER

duktion und Deduktion zusammenspielen. Eine **Theorie** schließlich besteht dann aus der Verbindung verschiedener solcher Hypothesen.

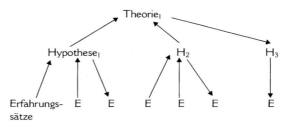

Begründung oder Widerlegung
Bei dieser Vorgehensweise ergibt sich nun aber ein grundsätzliches Problem: Ich kann aus noch so vielen Einzelfällen nicht logisch zwingend auf ein allgemeines Gesetz schließen. Auch wenn alle bisher beobachteten Körper dem Fallgesetz gehorchen, ist es dadurch nicht bewiesen, weil ich nie sicher sein kann, irgendwann einen zu beobachten, der ihm nicht gehorcht. Daher bleiben alle Naturgesetze Hypothesen, d. h. vorläufig gültig.

Der englische Wissenschaftstheoretiker KARL RAIMUND POPPER (1902–1994) hat daraus den Schluss gezogen, dass wir den Stellenwert der Erfahrung im Hinblick auf die Wissenschaft anders ansetzen müssen: Erfahrungen können nicht dazu dienen, Theorien zu beweisen, sondern dazu, sie zu widerlegen (zu **falsifizieren**).

Noch so viele weiße Schwäne können den Satz „Alle Schwäne sind weiß" nicht beweisen, aber ein schwarzer Schwan kann ihn eindeutig widerlegen.

Für POPPER ändert sich damit auch das Verständnis von Wissenschaft. Sie besteht aus einer zunächst möglichst kreativen „Produktion" von Ideen und Hypothesen, für die dann Möglichkeiten ihrer Kritik und Widerlegung gesucht werden. Je mehr eine Theorie andere Wissenschaftler dazu anregt, Widerlegungsmöglichkeiten zu suchen, um so reichhaltiger ist sie, während ein Gedankengebäude, das sich gegen die Möglichkeit es zu falsifizieren abschottet, „arm" bzw. überhaupt unwissenschaftlich ist. Hat eine Theorie auf Dauer alle Widerlegungsversuche überstanden, so ist sie zwar nicht bewiesen, hat sich aber bewährt.

DIE TRAGÖDIE DER WISSENSCHAFT – DAS ERSCHLAGEN EINER SCHÖNEN HYPOTHESE DURCH EINE HÄSSLICHE TATSACHE.
—
THOMAS H. HUXLEY

WENN DIE TATSACHEN MIT DER THEORIE NICHT ÜBEREINSTIMMEN – UMSO SCHLIMMER FÜR DIE TATSACHEN.
—
HERBERT MARCUSE

Wissenschaftliche Revolutionen

Die gängige Vorstellung betrachtet Wissenschaft als einen kontinuierlichen Erkenntnisfortschritt, in dem Theorien anhand sachlicher Kriterien aufgestellt, verfeinert oder als falsch fallengelassen werden.

Demgegenüber muss man sich aber klar machen, dass tatsächlich in die Forschung eine Reihe von Entscheidungen eingehen, die geschichtlich, gesellschaftlich oder persönlich bedingt sind und sich keineswegs aus der Sache ergeben. Solche Vorentscheidungen sind z. B., welche Gedankenmodelle die Forschung insgesamt leiten, welche Methoden als wissenschaftlich gelten und welche Themen überhaupt in den Blick kommen.

Wenn wir berücksichtigen, dass eine Theorie niemals endgültig bewiesen werden kann, dann muss die Entscheidung darüber, welche als gültig betrachtet wird, letztlich als eine **Übereinkunft** der Forscher angesehen werden.

Der Philosoph und Physiker THOMAS S. KUHN (1922–1996) vertritt daher die Auffassung, dass die Entwicklung einer Wissenschaft durch Sprünge („Revolutionen") gekennzeichnet ist, in denen ein sog. **Paradigma** (d. h. Muster oder Vorbild, dem die Forschung folgt) von einem anderen aufgrund schließlicher Übereinkunft abgelöst wird.

Dabei ist entscheidend, dass es nicht eigentlich in der wissenschaftlichen Theorie selbst gelegene Gründe sind, die eine solche Ablösung bewirken, weil die Beobachtungsdaten immer eine Vielzahl von Theorien zulassen.

Als Beispiel kann der Übergang vom geozentrischen zum heliozentrischen Weltbild angeführt werden:

Bereits in der Antike gab es auch die Vorstellung, dass die Sonne im Zentrum des Planetensystems steht, durchgesetzt hat sich aber das Weltbild des Ptolemäus, mit der Erde im Mittelpunkt. Und dies, obwohl die beobachteten Planetenbewegungen nicht damit übereinstimmten. Anstatt das Forschungsmodell (Paradigma) aufzugeben, hat man immer kompliziertere Modelle der Planetenbahnen entwickelt, um die Beobachtungen mit der Theorie in Übereinstimmung zu bringen. Dass dann in der Neuzeit Wissenschaftler wie KEPLER und GALILEI sich der Vorstellung von KOPERNIKUS anschlossen, konnte zunächst nicht seinen Grund darin haben, dass seine Theorie „besser" war. Vielmehr waren seine Berechnungen ungenauer als nach dem alten ptolemäischen System, weil er fälschlich Kreisbahnen der Planeten annahm.

EINE GEFASSTE HYPOTHESE GIBT UNS LUCHSAUGEN FÜR ALLES SIE BESTÄTIGENDE UND MACHT UNS BLIND FÜR ALLES IHR WIDERSPRECHENDE.

—

ARTHUR SCHOPENHAUER

II. Schlüsselthemen

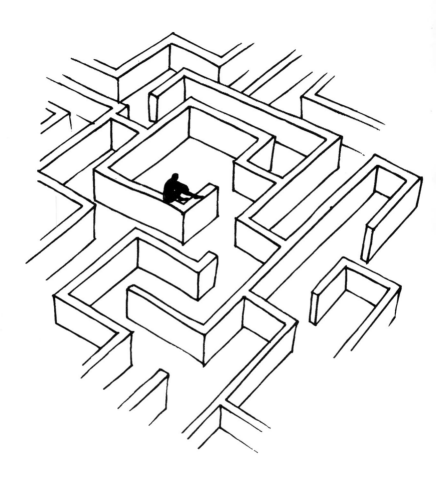

4. Wahrnehmen und Erkennen

Bei dem nebenstehenden Bild handelt es sich um eine sog. „Kippfigur": Wir können entweder eine junge Frau, die nach hinten blickt oder eine alte, nach unten schauende Frau erkennen. Was wir identifizieren, hängt also von uns ab, denn das Bild ist ja dasselbe.

Die **äußeren Sinne** (Sehen, Hören, Schmecken, Riechen und Tasten) vermitteln uns Informationen über die Welt. Außerdem nehmen wir auch **innere Vorgänge** wahr: Stimmungen, Gefühle, Schmerzen.

Die reinen Sinneseindrücke genügen aber offensichtlich nicht, um unsere Erkenntnisleistungen zu erklären, wie die obige Kippfigur zeigt und wie wir uns an weiteren Beispielen klar machen können:

– Alle Bäume sind verschieden in Größe, Verästelung, Form und Farbe der Blätter und des Stammes. Von diesen Unterschieden in der Wahrnehmung können wir aber abstrahieren und sie in eine zusammengehörende Gruppe „Baum" einordnen. Ebenso ist es mit der inneren Wahrnehmung. Trotz unterschiedlicher Färbung und Intensität von Stimmungen können wir sie Kategorien wie „freudig" oder „traurig" zuordnen.

– Ein Stück Wachs besitzt im kalten Zustand eine bestimmte Form und Festigkeit. Beim Erhitzen verfließt es und wird weich. Dennoch wissen wir, dass es sich um dasselbe Wachs handelt, obwohl es kaum ähnliche Sinnesqualitäten hat.

Erkenntnis entsteht daher nicht schon aus der passiven Aufnahme von Sinnesdaten, sondern erst durch die aktive Tätigkeit des Geistes, der dieses Material ordnet und beurteilt.

Der **geistige Anteil** der Erkenntnis zeigt sich:

– in der **Ordnung** der Wahrnehmungen: wir erkennen Ähnlichkeiten, Unterschiede, Wirkungszusammenhänge.

– in der Bildung von **Allgemeinbegriffen**: unser Denken verwendet abstrakte Begriffe („der Mensch") oder Größen (Zahlen).

– im Bewusstsein der **Einheit des Ich**: die Vielfalt von Sinneseindrücken, Gedanken, Erinnerungen werden auf eine Einheit bezogen: dass *ich* es bin, der diese Vorstellungen hat, zu dem diese Erinnerungen gehören.

– in der Vorstellung von **Ganzheit**: wir sehen Dinge und Ereignisse nicht isoliert, sondern auf dem Hintergrund eines Zusammenhangs in der Welt. Eine Geste ist nur verständlich im Zusammenhang mit der ganzen Handlungssituation und aufgrund unseres Vorwissens über körperliche Ausdrucksformen.

Für das Verständnis des Erkenntnisvorganges ergeben sich drei grundsätzliche Fragen: Wie wirken Sinnliches und Geistiges zusammen? Was können wir über die Wirklichkeit wissen? Welches sind die Kriterien für eine wahre Erkenntnis?

4.1 Der Geist und die Sinne

Unter **Rationalismus** (von lat. *ratio*: „Vernunft") verstehen wir philosophische Richtungen, die der **geistigen** Tätigkeit den Vorrang bei der Erkenntnis geben.

Damit geht eine Abwertung der Sinneswahrnehmung einher, die nach rationalistischem Verständnis trügerisch und ungenau ist. Da sie uns deshalb kein Wissen ermöglicht, müssen wir vor aller Erfahrung (**a priori**) über angeborene Erkenntnismöglichkeiten verfügen.

Die Urbilder der Welt

PLATON (427–347 v.Chr.) wird nicht müde, die Unzulänglichkeit der Sinneserfahrung zu betonen:

– Ein Baum ist zu Beginn nur ein kleiner Sprössling, er wächst, verästelt sich, bildet einen mächtigen Stamm aus, vertrocknet schließlich und wird kahl. Was wir in der Welt erfahren, ist Werden und Veränderung. Wie sollen wir daraus eine feste Vorstellung, einen Begriff von dem haben, was ein Baum ist?

– Wir können Bilder, Menschen, Landschaften als schön empfinden. Aber unter allen sinnlichen Eindrücken, die wir von ihnen haben, finden wir „die Schönheit" nicht.

– Wo sollen wir in unserer Sinneswahrnehmung so etwas wie mathematische Axiome finden?

Für PLATON ist daher offensichtlich, dass wir bereits ein Wissen von dem haben müssen, was ein Baum, Schönheit oder mathematische Prinzipien sind.

Dieses uns angeborene Wissen nennt PLATON **Ideen.** Im Unterschied zur veränderlichen Welt der Erfahrung sind sie unvergängliche Formen und Maßstäbe, die nicht den Sinnen, sondern nur dem Denken zugänglich sind.

Erkenntnis besteht deshalb in der Loslösung von der empirischen Welt hin zur inneren Schau der Ideen, die uns deutlich werden, wenn wir philosophisch zu denken lernen. Die Schritte dieses Weges verdeutlicht PLATON mit Hilfe des nebenstehenden „Liniengleichnisses".

Nun hat PLATON allerdings das Problem, erklären zu müssen, wie wir zu den Ideen kommen, wenn wir sie nicht aus der Erfahrung gewinnen. Dazu bedient er sich eines **Mythos** und macht somit deutlich, dass es sich um keine beweisbare Aussage handelt:

Erkennen		Ideen
Nachdenken		mathematische Gegenstände
Meinen	Lebewesen/ Dinge	
Vermuten	Abbilder/ Spiegelungen	

Die Seele ist unsterblich und gelangt nach dem Tod in die rein geistige Welt der Ideen, die sie sich dort einprägt. Nach einer erneuten Wiedergeburt vergisst sie zunächst das Gesehene. Der Vorgang des Erkennens ist dann die Wiedererinnerung an das, was die Seele in ihrer vorherigen Existenz erfahren hat.

Ein zweiter Mythos, der von der Entstehung der Welt berichtet, erklärt PLATONS Erkenntnisbegriff noch weiter:

Zu Beginn gab es nur die Ideen, ungeformte Materie und den Demiurgen („den göttlichen Weltbaumeister"). Wie ein Architekt nach seinem Bauplan gestaltet der Demiurg die Materie nach der Form der Ideen. Alles würde vollkommen seiner Idee entsprechen, wenn nicht die Eigenständigkeit der Materie Abweichungen und Veränderung bewirken würde.

Nach diesen Erzählungen haben die Ideen für PLATON also eine eigenständige, vom Menschen unabhängige Existenz in einer rein geistigen Sphäre. Die Welt ist für uns erkennbar, weil die Ideen, nach denen sie gestaltet ist, die gleichen sind, die wir als Wissen von ihnen in unserer Seele haben.

Vom Zweifel zum sicheren Wissen

RENÉ DESCARTES (1596–1650) versucht zu einem sicheren Fundament des Wissens zu gelangen, indem er zunächst alles in **Zweifel** zieht:

Nicht nur die äußere Sinneswahrnehmung kann uns täuschen, sondern auch unser Gedächtnis, und warum sollen wir uns nicht auch irren, sooft wir zwei und drei addieren. Es wäre ja möglich, dass es einen „bösen Geist" gibt, der uns bei allem, was wir für wahr halten, hinters Licht führt.

Während wir aber denken, dass wir alles bezweifeln können, bleibt doch eine Gewissheit bestehen, dass wir, die wir denken, etwas sind: „Ich denke, ich bin" ist daher die erste unerschütterliche Wahrheit.

Nun ist diese Gewissheit aber „leer", d. h. es handelt sich nur darum: *dass ich* denke. Es wird nichts über Inhalte gesagt: *Wer* ich bin und *was* ich denke, ist weiter unsicher.

DESCARTES muss also sehen, ob er zu inhaltlich sicheren Gewissheiten kommen kann. Diesen Schritt vollzieht er über eine Art Gottesbeweis:

Ich finde in mir die Vorstellung Gottes. Aus der äußeren Sinneswahrnehmung kann ich sie nicht haben, erfunden haben kann ich sie auch nicht, weil ein endliches Wesen wie der Mensch nicht von sich aus den Gedanken eines unendlichen Wesens erzeugen kann. Deshalb kann sie mir nur von Gott

ERKENNEN HEISST NICHT, SICH MIT DEN DINGEN ZUFRIEDENGEBEN, SO WIE SIE UNS ENTGEGENTRETEN, SONDERN HEISST, HINTER IHNEN NACH IHREM SEIN SUCHEN

—

ORTEGA Y GASSET

DENK' ICH, SO BIN ICH. WOHL! DOCH WER WIRD IMMER AUCH DENKEN, OFT SCHON WAR ICH, UND HAB' WIRKLICH AN GAR NICHTS GEDACHT

—

SCHILLER

selbst eingegeben worden sein. Da Gott wahrhaftig ist, ist die Annahme eines bösen Geistes, der mich täuscht, hinfällig. Alle Vorstellungen, die ich in mir, unabhängig von der Sinneserfahrung, klar und deutlich einsehe, stammen von Gott und täuschen mich nicht.

DESCARTES greift in seiner Argumentation also auf die Existenz Gottes zurück, um zu erklären, wie wir zu angeborenen Vorstellungen kommen und warum sie wahr sind. Wobei seine Schlüsse nicht stichhaltig sind, da z. B. ein endliches Wesen durchaus den Begriff eines Unendlichen (z. B. unendlicher Raum) durch Verneinung der Eigenschaften der endlichen Dinge bilden kann.

Es gibt nach DESCARTES drei Arten von Vorstellungen, die er **Ideen** nennt:

- **angeborene** Ideen (z. B. Gott, Unendlichkeit, Ausdehnung, die Axiome der Mathematik);
- Ideen, die aus der inneren **Einbildungskraft** entstehen (Phantasiegebilde);
- Ideen, die aus der äußeren **Sinneswahrnehmung** kommen (z. B. Gestalt, Größe, Anzahl von Dingen).

Damit eine Erkenntnis sicher ist, muss sie auf den Prinzipien beruhen, die mit den angeborenen Ideen gegeben sind (das ist z. B. in der Mathematik der Fall). Bei unserer Kenntnis der Dinge der **Außenwelt** muss man daher unterscheiden:

- Eigenschaften wie Farbe, Geruch, Ton sind subjektiv und ungenau, weil sie nur auf Sinneswahrnehmung und Einbildungskraft beruhen.
- Ausdehnung, Anzahl, Bewegung, Ort und Zeit sind dagegen objektive Eigenschaften der Dinge, über die wir mit Hilfe mathematisch-naturwissenschaftlicher Grundsätze (also angeborener Ideen) ein sicheres Wissen gewinnen können.

Erkenntnis aus Erfahrung

Der Rationalismus hat das Problem, erklären zu müssen, wie wir in den Besitz von angeborenen Vorstellungen und Grundsätzen des Denkens kommen. PLATON musste auf einen Mythos zurückgreifen, DESCARTES Gott zu Hilfe nehmen.

AM ENDE GIBT ES ÜBERHAUPT KEIN BESTÄNDIGES SEIN, WEDER IN UNSEREM WESEN NOCH IM WESEN DER DINGE. UND WIR UND UNSER URTEIL UND ALLE STERBLICHEN DINGE FLIESSEN UND WOGEN UNAUFHÖRLICH DAHIN

—

MICHEL DE MONTAIGNE

Der **Empirismus** (griech. *empeiros*: „erfahren") lässt daher die Annahme angeborener Ideen fallen und erklärt, „dass nichts im Verstand ist, was nicht vorher in den Sinnen war". All unsere Bewusstseinsinhalte stammen ausschließlich aus der Erfahrung.

Nach JOHN LOCKE (1632–1704), einem Vertreter des englischen Empirismus, gleicht der menschliche Geist bei der Geburt einem **unbeschriebenen Blatt**. Mit der Zeit füllt er sich mit Vorstellungen (Ideen), die ihren Ursprung entweder in den äußeren Sinneseindrücken oder in der Wahrnehmung innerer Vorgänge (wie fühlen, wollen, zweifeln etc.) haben. Daraus bilden sich zunächst **einfache Ideen**, z. B. Farben, räumliche Ausdehnung, Gefühlsqualitäten (angenehm – unangenehm). Sie sind der „Rohstoff", aus dem der Geist **komplexe Ideen** zusammenbaut. Dazu gehören Allgemeinbegriffe („der Mensch", „die Gerechtigkeit") oder auch Naturgesetze (wie der Ursache-Wirkungs-Zusammenhang).

Um von einfachen zu komplexen Ideen zu gelangen, müssen bestimmte gedankliche Operationen durchgeführt werden, die im Vergleichen, Trennen, Verbinden und Abstrahieren bestehen.

ÜBER DIE ERFAHRUNG KÖNNEN WIR NICHT HINAUSGEHEN

—

DAVID HUME

Auf diese Weise entstehen z. B. allgemeine Ideen (Begriffe), wie „das Rote" dadurch, dass die verschiedenen roten Sinneseindrücke (rote Schuhe, rote Haare) von den jeweils mit ihnen verbundenen Eindrücken (Gestalt; Oberfläche; Geruch von Schuhen, Haaren) abgetrennt und für sich (d. h. von den besonderen Umständen ihres jeweiligen Vorkommens losgelöst) begriffen werden.

Das Problem des Empirismus ist, dass auf diese Weise zwar der Inhalt von Vorstellungen aus der Erfahrung erklärt werden kann, aber die im Vergleichen, Trennen, Abstrahieren von Ideen bestehende Tätigkeit des Geistes als von der Erfahrung unabhängig vorausgesetzt werden muss.

DAVID HUME (1711–1776), der wie LOCKE einen Empirismus vertritt, versucht auch diese Verstandesleistungen aus Gesetzlichkeiten zu erklären, die den Wahrnehmungsvorstellungen selbst innewohnen. Diese unterliegen dem Gesetz der **Assoziation**, das die Tendenz bezeichnet, von gewissen Vorstellungen zu anderen überzugehen.

So betrachten wir bestimmte Vorstellungen als zusammengehörig, weil sie immer in räumlicher oder zeitlicher Nachbarschaft auftreten.

> ALLE ERFAHRUNGS-
> SCHLÜSSE SIND
> SOMIT FOLGEN DER
> GEWOHNHEIT,
> NICHT DER VER-
> NUNFT. SO IST
> GEWOHNHEIT DIE
> GROSSE FÜHRERIN
> IM MENSCHENLEBEN
> —
> DAVID HUME

Auch Kausalität (Aufeinanderfolge von Ursache und Wirkung) ist so für HUME kein Naturgesetz, sondern in der Assoziation von Wahrnehmungen begründet:

> *Wir sehen z. B. eine Billardkugel, die auf eine andere zurollt. Beim Auftreffen rollt die zweite weg. Machen wir solche Beobachtungen wiederholt, so verknüpfen wir sie aufgrund der Gewohnheit.*

Der von DESCARTES für angeboren gehaltene Kausalitätsbegriff ist so für HUME nur die aus Gewohnheit entstandene Verknüpfung von Erfahrungen.

4.2 Was können wir wissen?

Rationalismus und Empirismus haben als einseitige Positionen Schwächen. IMMANUEL KANT (1724–1804) versucht beide miteinander zu verbinden:

Er gibt dem Rationalismus darin Recht, dass alle Erfahrung schon bestimmte Verstandestätigkeiten voraussetzt, die nicht aus der Erfahrung stammen. Dem Empirismus ist darin zuzustimmen, dass die angeborenen (apriorischen) Denkformen auf sinnliche Gegenstände (auf die Anschauung) bezogen sein müssen, um überhaupt *etwas* zu erkennen. KANT fasst diesen Gedanken so zusammen:

> *Gedanken ohne Inhalt sind leer, Anschauungen ohne Begriffe sind blind. ... Der Verstand vermag nichts anzuschauen und die Sinne nichts zu denken. Nur daraus, dass sie sich vereinigen, kann Erkenntnis entspringen.*

Die Bedingungen der Erkenntnis

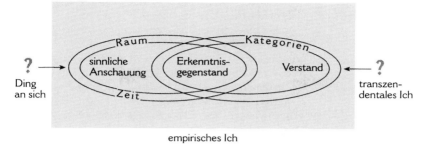

empirisches Ich

Der Gegenstand unserer Erkenntnis entsteht also aus dem Zusammenspiel von Sinnlichkeit und Verstand. Daraus ergibt sich aber auch, dass wir die Welt nie so erkennen können, wie sie „an sich", d. h. unabhängig von einem erkennenden Subjekt, ist. Denn die in uns vorhandenen Strukturen unserer Erkenntnis bedingen ja die Weise mit, wie uns der Gegenstand erscheint.

> Solche Überlegungen, *wie* uns Erfahrungsgegenstände überhaupt gegeben sein können, nennt KANT **transzendental,** das bedeutet: „die Bedingungen der Möglichkeit von Erkenntnis betreffend".

Dabei zeigen sich zwei **Grenzen** unseres Erkenntnisvermögens (die beiden Fragezeichen im obigen Bild), weil wir unterscheiden müssen:
- zwischen den Dingen, wie sie uns erscheinen und den „**Dingen an sich**", die hinter dieser Erscheinung liegen, von denen wir aber nichts wissen können;
- zwischen dem empirischen und dem **transzendentalen Ich**. Wenn *ich* über *mich* (meine Vorstellungen, Gefühle, Wünsche) nachdenke, dann ist mein erfahrbares Ich ein Erkenntnisobjekt für ein erkennendes Subjekt, aber dieses Erkennende kommt nicht als Gegenstand der Erkenntnis vor, sondern ist deren Bedingung (transzendentales Ich). Oder mit einer Analogie zur Wahrnehmung: Ich kann etwas sehen, aber ich sehe nicht das Sehen.

Wir müssen nun fragen, auf welche Weise das, was wir erkennen können, durch uns bestimmt ist. Wie die obige Grafik deutlich macht, sind dies:
- auf der einen Seite die Formen der sinnlichen Anschauung (Raum und Zeit),
- auf der anderen die des Verstandes (Kategorien).

> ES BLEIBT IMMER EIN SKANDAL DER PHILOSOPHIE UND ALLGEMEINEN MENSCHENVERNUNFT, DASS DASEIN DER DINGE AUSSER UNS BLOSS AUF GLAUBEN ANNEHMEN ZU MÜSSEN
>
> —
>
> IMMANUEL KANT

Raum und Zeit

Was ist die notwendige Bedingung dafür, dass wir etwas wahrnehmen können?

Betrachten wir einen Schreibtisch, so können wir uns alles Mögliche wegdenken, wie seine Farbe, Aufteilung der Schubladen usw. Nur eines nicht: dass er Raum einnimmt, eine bestimmte Lage zu anderen Gegenständen im Raum hat.

Der **Raum** ist nicht etwas, das an sich oder als Eigenschaft von Gegenständen gegeben ist, sondern die Form unserer Anschauung, in der uns eine **äußere Welt** unterscheidbarer Dinge erscheint (zwei verschiedene Körper können nicht exakt den selben Raum einnehmen).

Wenn wir uns etwas vorstellen, das in unserem Bewusstsein gegeben ist, z. B. verschiedene Erinnerungen, Gedankenschritte, dann sind diese nicht räumlich, sondern zeitlich unterschieden: sie folgen nacheinander. Die **Zeit** ist daher die Form, in der uns eine **innere Welt** unterscheidbarer Vorstellungen gegeben ist (zwei verschiedene Vorstellungen können nicht zur gleichen Zeit sein).

Raum und Zeit sind die Formen unserer äußeren und inneren Anschauung, die jede Wahrnehmung strukturieren und durch die sie überhaupt erst möglich wird.

Kategorien

So wie Raum und Zeit die Formen sind, in denen alles wahrgenommen wird, so sind die sog. **Kategorien** (*griech*. „Darlegungsweise") die Formen, in denen alles gedacht wird. Sie sind „Raster", mit deren Hilfe wir unsere Anschauungen ordnen und in Verbindung zueinander bringen.

WAS UNSER DENKEN BEGREIFEN KANN, IST KAUM EIN PUNKT, FAST GAR NICHTS IM VERHÄLTNIS ZU DEM, WAS ES NICHT BEGREIFEN KANN

—

JOHN LOCKE

Erst diese Tätigkeit des Verstandes ermöglicht Erkenntnis, die wegen der Allgemeingültigkeit der Kategorien nicht bloß subjektiv ist.

So beinhaltet z. B. die Erkenntnis: „Alle Menschen sind sterblich" das Vorhandensein verschiedener Kategorien in uns: der „Einheit" (alle Menschen, niemand ist davon ausgeschlossen), der „Realität" (sie sind wirklich sterblich) und der „Notwendigkeit" (der Mensch ist aufgrund seiner biologischen Konstitution notwendig sterblich).

In einem komplizierten Verfahren gelangt KANT zu folgenden zwölf Kategorien:

Quantität	Relation
Einheit	Substanz und Akzidens
Vielheit	Ursache und Wirkung
Allheit	Gemeinschaft
	(Wechselwirkung)

Qualität	Modalität
Realität (Wirklichkeit)	Möglichkeit – Unmöglichkeit
Negation (Nichtwirklichkeit)	Dasein – Nichtsein
Limitation (Begrenzung)	Notwendigkeit – Zufälligkeit

Die Herkunft der Erkenntnisformen

Die Frage, woher die angeborenen Erkenntnisformen kommen, konnte KANT mit seinen Mitteln allerdings nicht beantworten; er musste sie als gegeben voraussetzen. Da sie in der Konstitution des Menschen liegen, muss weiter danach gefragt werden, wie das menschliche Wahrnehmungs- und Erkenntnisvermögen entsteht. Dabei ist die philosophische Erkenntnistheorie auf die Biologie verwiesen, so etwa auf:

– die Evolutionstheorie, um zu klären, wie sich Erkenntnis als ein Produkt der stammesgeschichtlichen Anpassung begreifen läßt;

VGL. KAP. 6.2: EVOLUTION

– die Neurophysiologie, mit deren Hilfe die Art der Informationsverarbeitung im Gehirn aufgeklärt werden soll. Dabei zeigt sich, dass das Gehirn als eine Art sich selbst organisierendes System verstanden werden muss, das bestimmte Strukturen der Vernetzung in Abhängigkeit von den eingehenden Sinnesdaten ausbildet. Die sog. „Neurophilosophie" ist ein ganz neuer, noch im Aufbau befindlicher Zugang zu Problemen der Erkenntnistheorie.

VON NATUR AUS IST DER MENSCH NICHT ZUM DENKEN GENEIGT; DENKEN IST EINE KUNST, DIE ER, WIE ALLE ÜBRIGEN KÜNSTE, JA SOGAR NOCH SCHWIERIGER ALS DIESE, ERLERNT

—

JEAN-JACQUES ROUSSEAU

Das Zustandekommen von Wahrnehmung, die Entstehung und Verarbeitung von Wissen ist heute ein Thema, das nur interdisziplinär behandelt werden kann. Die sog. **Kognitionswissenschaft** versucht daher Fachgebiete wie Philosophie, Psychologie, Sprachwissenschaft, Neurobiologie und Computerwissenschaften miteinander zu verbinden.

4.3 Wahrheit

Die klassische Bestimmung von **Wahrheit** findet sich bei dem mittelalterlichen Philosophen und Theologen THOMAS VON AQUIN (1225–1274):

> Wahrheit ist die **Übereinstimmung** von Denken und Wirklichkeit.

Diese Definition erscheint zunächst unproblematisch, weil sie unserem alltäglichen Gebrauch entspricht:

> *Behaupte ich, dass es in London jetzt regnet, so ist dies genau dann wahr, wenn es in London zu diesem Zeitpunkt wirklich regnet.*

So gesehen scheint es sich eher um eine banale Einsicht zu handeln: „Es ist wahr, dass es regnet, wenn es regnet." Wir müssen allerdings genauer hinsehen, was denn hier miteinander übereinstimmen soll.

Übereinstimmung und Wirklichkeit

> Zunächst müssen wir uns darüber klar werden, dass nicht bestimmte Dinge oder Ereignisse selbst wahr sein können, sondern nur unsere **Aussagen** bzw. **Urteile** (d. h. unser sprachliches Denken) darüber, weil Wahrheit sich auf die Übereinstimmung von etwas mit etwas anderem bezieht.

> *Der Farbeindruck, den ich beim Betrachten einer Rose habe, ist weder wahr noch falsch, sondern einfach so, wie er ist (z. B. für einen Farbenblinden anders als für einen Farbensehenden). Erst die Aussage: „Die Rose ist rot" kann wahr oder nicht sein, weil sie eine Übereinstimmung mit der Wirklichkeit behauptet.*

Das Problematische am klassischen Wahrheitsverständnis liegt in diesem Kriterium der Wirklichkeit. Wie wir bei KANT gesehen haben, können wir über die „Dinge an sich", d. h. wie sie unabhängig von einem erkennenden Subjekt sind, nichts wissen. Die Welt ist uns nur so zugänglich, wie sie uns innerhalb unserer Erkenntnisstrukturen erscheint.

Wir können die Wahrheit einer Aussage also gar nicht unter Bezug auf die „Wirklichkeit" kontrollieren. Dazu müssten wir einen Standpunkt außerhalb von uns einnehmen, von dem aus die menschliche Erkenntnis mit der Welt an sich verglichen werden kann. Diese Sichtweise könnte nur Gott einnehmen und aus diesem Grund muss sich auch DESCARTES auf ihn beziehen, um die Übereinstimmung der angeborenen Ideen mit der Welt zu gewährleisten.

NIEMAND IST WEITER VON DER WAHRHEIT ENTFERNT ALS DER, DER ALLE ANTWORTEN WEISS

—

CHUANGTSE

SICHERE WAHRHEIT ERKANNTE KEIN MENSCH UND WIRD KEINER ERKENNEN

—

XENOPHANES

Übereinstimmung im Zusammenhang

Die Wahrheitsdefinition müßte also richtig so gefasst werden:

> Wahrheit ist die Übereinstimmung von Aussage und Vorstellung von der Wirklichkeit.

Nun ist eine Vorstellung aber erst dann greifbar, wenn wir sie ausgedrückt, d. h. in Sprache gefasst haben, weshalb der Satz schließlich lauten würde: Wahrheit ist die Übereinstimmung von Aussage und Aussage.

Dies ist der Hintergrund einer anderen bekannten Definition des Logikers ALFRED TARSKI (1902–1983), die so formuliert werden kann: die Aussage „der Schnee ist weiß"(1) ist dann wahr, wenn der Schnee weiß ist (2).

Der Unterschied zum klassischen Verständnis liegt darin, dass es sich hier nur um den Zusammenhang innerhalb eines Systems (nämlich der Sprache) handelt. Die eine Aussage (2) definiert lediglich, wann der anderen Aussage das Prädikat „wahr" zuzuschreiben ist, ohne eine Behauptung über die Wirklichkeit zu machen.

> Die Kriterien von Wahrheit sind nun also innerhalb eines Systems (des sprachlichen Denkens) zu suchen und nicht mehr in der Übereinstimmung von einem System mit etwas anderem (der Wirklichkeit an sich).

Darin kommt auch die Einsicht zum Ausdruck, dass eine Aussage nicht isoliert betrachtet werden kann und ihre Wahrheit daher nur im **Zusammenhang** mit anderen feststellbar ist.

Nehmen wir wieder das Beispiel: „Die Rose ist rot." Um dies zu überprüfen, ist es offensichtlich erforderlich, dass wir uns einig sind, was eine Rose und eine Farbe ist und was „ist" bedeutet. Ist das der Fall, überprüfen wir die Behauptung anhand von Erfahrungen, für die wir gelernt haben, ihnen z. B. das sprachliche Prädikat „rot" oder „Rose" zuzuschreiben.

Eine Aussage hat überhaupt nur dann einen Sinn, wenn wir sie als Bestandteil eines Gesamtbildes der Welt begreifen.

Behaupten wir, dass im brasilianischen Urwald eine kunstvolle Statue steht, so kann ein Mitglied einer dort lebenden Stammeskultur sagen, dass es sich um einen versteinerten Dämon handelt, der wieder zum Leben erwachen kann. Innerhalb seines lebensweltlichen Aussagesystems ist dies genauso wahr, wie unsere Feststellung. Wir können ihn

WENN WIR DIE WAHRHEIT AUF DEN KOPF STELLEN, BEMERKEN WIR GEWÖHNLICH NICHT, DASS AUCH UNSER KOPF NICHT DORT STEHT, WO ER STEHEN SOLLTE

—

FRIEDRICH NIETZSCHE

von der „Wahrheit" unserer Aussage nur dadurch überzeugen, dass wir ihn dazu bringen, unser Weltbild anzuerkennen.

Das Kriterium von Wahrheit innerhalb eines Systems besteht in der **Widerspruchsfreiheit**, d. h. darin, ob Aussagen mit anderen vereinbar sind. So steht innerhalb eines bestimmten Weltbildes die Behauptung eines „versteinerten Dämons" mit der im Widerspruch, „dass es keine solchen Geister gibt". Eine von beiden muss dann falsch sein.

Solche Zusammenhänge bestehen aber nicht nur in unserer alltäglichen Erfahrungswelt, sondern bilden als **Theorien** die Grundlage der Wissenschaften.

So ist etwa die Aussage, dass sich die Sonne um die Erde dreht, dann wahr, wenn sie mit den anderen innerhalb einer Theorie (z. B. des Ptolemäischen Weltsystems) widerspruchsfrei zusammenhängt. Die Annahme, dass sich die Erde um die Sonne dreht, ist innerhalb des Kopernikanischen Systems wahr.

Unserem intuitiven Verständnis widerstrebt eine solche Sichtweise, weil wir annehmen, dass es unabhängig von der jeweiligen physikalischen Theorie ist, ob sich die Sonne um die Erde dreht oder nicht. Nur: Wir können zwar glauben, dass die Welt unabhängig von unserer Betrachtungsweise so oder so ist, aber alles, was wir wissen, wissen wir innerhalb eines Erkenntnissystems. Auch wissenschaftliche Experimente oder Beobachtungen liefern kein Bild der Wirklichkeit an sich, weil sie innerhalb einer Theorie stattfinden, die z. B. die Art der Messinstrumente, ihre Skalierung sowie die Auslegung der Daten bestimmt.

Der Grund, warum wir eine alte Theorie verwerfen und eine andere bevorzugen, liegt dann z. B. darin, dass die neue Theorie mehr Aussagen widerspruchsfrei zu verknüpfen vermag oder dass sie bessere Vorhersagen erlaubt.

Übereinstimmung und Übereinkunft

Wenn Aussagen ihre Wahrheit innerhalb des Zusammenhangs eines Systems (sei es unseres alltäglichen Weltverständnisses oder der Physik) erweisen müssen, so hat dieses System wiederum seine Gültigkeit aufgrund von Übereinkunft. Übereinkünfte bestehen aber innerhalb bestimmter Grenzen (z. B. einer Kultur oder der Forschergemeinschaft der Physiker) und können sich ändern.

Man könnte sich aber einen Begriff von Wahrheit denken, der als Ideal eine unbegrenzte Zustimmungsfähigkeit ansetzt.

AUSSAGEN WERDEN MIT AUSSAGEN VERGLICHEN, NICHT MIT ‚ERLEBNISSEN', NICHT MIT EINER ‚WELT', NOCH MIT SONST ETWAS. JEDE NEUE AUSSAGE WIRD MIT DER GESAMTHEIT DER VORHANDENEN, BEREITS MITEINANDER IN EINKLANG GEBRACHTEN AUSSAGEN KONFRONTIERT

—

OTTO NEURATH

Letztendliche Wahrheit käme dann einer Aussage zu, der alle Menschen zustimmen können innerhalb eines Systems, das alle als gültig betrachten können.

Dabei geht es nicht darum, dass das als wahr gilt, dem die meisten zustimmen, sondern dem sie zustimmen müßten, wenn die folgenden Bedingungen eingehalten werden:

– Am Prozess der Einigung müßten alle teilnehmen und die gleichen Rechte haben.
– Jeder muss über die gleichen Informationen verfügen.
– Jeder muss seine Gründe offen darlegen können.
– Alle müssen die Regeln einer vernünftigen Argumentation befolgen.
– Niemand darf zu täuschen versuchen.

Die sog. **Konsenstheorie** der Wahrheit (lat. *consensus*: „Einstimmigkeit") von JÜRGEN HABERMAS (geb. 1929) baut auf diesem Gedanken auf. Als wahr gilt, was unter den Bedingungen einer solchen idealen Gesprächssituation die Zustimmung aller Beteiligten finden kann. HABERMAS' Gedanke bezieht sich allerdings nicht in erster Linie auf Fragen der Erkenntnistheorie, sondern der Entscheidung über die Geltung von moralischen Regeln und gesellschaftlichen Institutionen.

ICH NEHME, UM WAHRE VON FALSCHEN AUSSAGEN ZU UNTERSCHEIDEN, AUF DIE BEURTEILUNG ANDERER BEZUG – UND ZWAR AUF DAS URTEIL ALLER ANDEREN, MIT DENEN ICH JE EIN GESPRÄCH AUFNEHMEN KÖNNTE

—

JÜRGEN HABERMAS

VGL. KAP. 9.6: DER HERRSCHAFTSFREIE DISKURS

Übersicht über verschiedene Wahrheitstheorien

	Definition	Problem
Korrespondenztheorien	Übereinstimmung von Denken und Wirklichkeit (z. B. THOMAS VON AQUIN).	Wirklichkeit an sich nicht erkennbar.
	Übereinstimmung von Aussage (1) und Aussage (2) (z. B. ALFRED TARSKI).	Kein Kriterium für Gültigkeit von Aussage (2).
Kohärenztheorien	Widerspruchsfreiheit von Sätzen innerhalb eines Systems (z. B. OTTO NEURATH).	Welches System hat Gültigkeit?
Konsenstheorien	Wahr ist die Ansicht, auf die sich künftig alle Forscher einigen können (z. B. CHARLES SANDERS PIERCE).	In „unendliche" Zukunft verlegt.
	Die unter idealen Argumentationsbedingungen erzielte Zustimmung aller (z. B. JÜRGEN HABERMAS).	Ideale Situation nicht erreichbar.

5. Sein und Sprache

> *„Dr. Enzian als Existentialist beweist*
> *den Begriff des Daseins, indem er nie verreist.*
> *Wenn er reise, sagt er, würd' er fort sein,*
> *und sein Dasein wäre dann ein Dortsein. "*

Kann man einen Begriff beweisen, indem man nie verreist? Die Komik in dem Gedicht von PETER PAUL ALTHAUS entsteht – so würde der Sprachphilosoph LUDWIG WITTGENSTEIN (1889–1951) sagen – aus der Vermischung zweier Sprachspiele: der Bedeutung von „da" und „dort" in unserem alltäglichen Leben und der Bedeutung von „Dasein" in der Sprache der Philosophie. Das Tiefsinnige daran ist, dass wir durch das Spiel mit der „banal" alltäglichen Bedeutung der Worte über unseren philosophischen Sprachgebrauch stutzig werden.

Die Grammatik erlaubt uns sogar, blässliche Abstraktheiten lebendig werden zu lassen, und schließlich, wie das Gedicht von CHRISTIAN MORGENSTERN vorführt, zu vergessen, von welcher Art von Wirklichkeit wir eigentlich sprechen:

> *„Die Nähe ging verträumt umher... / Sie kam nie zu den Dingen selber / Ihr Antlitz wurde gelb und gelber / und ihren Leib ergriff die Zehr.*
> *Doch eines Nachts, derweil sie schlief / da trat wer an ihr Bette hin / und sprach: ‚Steh auf mein Kind', ich bin / der kategorische Komparativ!/*
> *Ich werde dich zum Näher steigern / ja, wenn du willst, zur Näherin! / Die Nähe, ohne sich zu weigern / sie nahm auch dies als Schicksal hin.*
> *Als Näherin jedoch vergaß / sie leider völlig, was sie wollte / und nähte Putz und hieß Frau Nolte / und hielt all Obiges für Spaß. "*

Die Frage, die sich WITTGENSTEIN dabei stellt, ist: „Warum empfinden wir einen grammatikalischen Witz als tief? (und das ist ja die philosophische Tiefe)". Die Sprache ist Ausdruck unserer Lebenswelt. Mit ihr bezeichnen wir Gegenstände und Gefühle, äußern Wünsche oder Befehle, geben Erfahrungen weiter, planen Handlungen. Erst die Sprache ermöglicht es auch, in abstrakten Größen zu denken, wie „die Nähe", „das Gute" oder Zahlen. Ohne sie ist keine Wissenschaft möglich, sie ist das Medium, in dem sich das philosophische Denken bewegt. Die Sprache prägt unsere Weltsicht und wenn wir im spielerischen Umgang mit ihr etwas entdecken, wie in unseren Beispielen, dann ist dies eine Anfrage an unser Verständnis der Welt.

Die philosophische Gefahr ist, dass die Sprache als eigenständiges System uns dazu verführen kann, in Worten über Worte nachzudenken, anstatt über die Wirklichkeit. Da die Sprache das umfassende Medium des Denkens und damit der Philosophie ist, müssen wir uns klar darüber werden, *wie* wir in ihr denken und welche Weltsicht sie uns vermittelt.

5.1 Die Sprache der Welt

In unserem alltäglichen Sprechen kommt das Wort „ist" so häufig und selbstverständlich vor, dass wir ihm keine besondere Aufmerksamkeit schenken. In der Philosophie allerdings, die sich gerade über das Alltägliche wundert, haben sich schon die antiken Denker darüber Gedanken gemacht. „Sein" ist der Begriff mit dem weitesten Umfang, weil er von allem ausgesagt wird, was ist. Da die Philosophie letztlich auf das Verständnis der Welt im Ganzen zielt, ist in ihm auch ihr umfassendster Gegenstand repräsentiert.

Wenn wir aber versuchen wollen zu klären, was „ist" eigentlich bedeutet, stoßen wir schon auf die erste Schwierigkeit: Wenn wir zu einer Definition ansetzen wie „die Bedeutung von ‚ist' ist…" verwenden wir schon „ist" und damit das, was wir erst definieren wollten.

Eben weil „sein" von allem ausgesagt wird, ist es nicht bestimmbar, da wir es von keinem anderen abgrenzen können, es sei denn vom „nicht-sein" und dann geraten wir in die nächste Schwierigkeit: sagen zu müssen, dass nicht-sein *ist*. Wie können wir uns trotzdem der Bedeutung von „sein" annähern?

Sein wird in vielfacher Weise ausgesagt

Die **Ontologie** (von *griech*. on: „das Seiende" und logos: „die Lehre") beschäftigt sich mit den allgemeinsten Begriffen und Verhältnisbestimmungen, die allem, was ist, gemeinsam sind – unabhängig davon, ob es sich nun um einen Stein, Menschen oder Gott handelt. Sie bilden die Struktur unseres Denkens und Sprechens und prägen unser Wirklichkeitsverständnis.

„Sein" ist nicht selbst ein bestimmbarer Gegenstand. Vielmehr meint „ist", dass etwas von etwas anderem ausgesagt wird, also eine Beziehung besteht. Die Form, in der wir etwas mit anderem in Beziehung setzen können, ist nicht beliebig. ARISTOTELES (384–322 v. Chr.) nennt daher zehn solcher möglichen allgemeinsten Aussageformen (**Kategorien**) von „sein", die nebenstehend aufgeführt sind.

Dabei zeigt sich, dass es einen grundlegenden Unterschied zwischen der ersten Kategorie und allen anderen gibt. Die **Substanz** (*lat.* „das Zugrundeliegende") besteht für sich selbst, während die anderen – die sog. **Akzidenzien** (*lat.* „das Hinzufallende") – nur an einer Substanz bestehen.

DIE KATEGORIEN
DES ARISTOTELES:

– SUBSTANZ
  (Z. B. SOKRATES)
– QUANTITÄT
  (Z. B. 1,68 M)
– QUALITÄT
  (Z. B. PHILOSOPH)
– RELATION
  (Z. B. LEHRER VON PLATON)
– WO
  (Z. B. ATHEN)
– WANN
  (Z. B. NACHMITTAGS)
– LAGE
  (Z. B. AUFRECHT)
– HABEN
  (Z. B. BESONNEN)
– WIRKEN
  (Z. B. FRAGEN)
– ERLEIDEN
  (Z. B. WIRD ANGESPROCHEN)

65

Nehmen wir als Beispiel einen Steinblock: Wir können von ihm sagen, dass er braun und zwei Meter lang ist. Farbe (Qualität) und Länge (Quantität) sind Akzidenzien, sie müssen Eigenschaften von etwas anderem sein. Akzidenzien können sich verändern, während die Substanz dabei bleibt, was sie ist, sie verträgt kein mehr oder weniger, sondern ist oder ist nicht. Der Stein (Substanz) bleibt ein Stein, auch wenn er grau und drei Meter lang ist.

Auch in unserer Sprache drückt sich aus, was wir als das Selbständige und was als das Hinzukommende verstehen: So sprechen wir von einem braunen Stein oder braunem Holz, aber nicht von einem steinigen oder hölzernen Braun.

In einem konkreten Seienden, wie z. B. einem Marmorblock, müssen Substanz und Akzidenzien immer zusammen bestehen. Die Substanz allein wäre unbestimmt, weil sie keine Eigenschaften hätte; von ihr kann nur gesagt werden, dass sie ist, während die Akzidenzien angeben, was sie ist. Umgekehrt können Akzidenzien nicht allein bestehen: Ich kann in einem Geschäft keinen halben Meter kaufen, sondern nur einen halben Meter Stoff, Schnur oder Gartenschlauch.

Das Werden

ARISTOTELES wollte mit seinen Überlegungen zu den Aussageweisen des Seins auch das Phänomen der **Veränderung** begreifen. Wenn wir sagen, eine Sache hat sich verändert, dann meinen wir, dass etwas an ihr verschieden zu vorher ist und zugleich, dass sie dieselbe ist, sonst wäre sie nicht verändert, sondern verschwunden. D. h. die Substanz bleibt, die Akzidenzien wechseln.

Die Eigenschaften eines Menschen können sich im Laufe des Lebens stark verändern, dennoch sprechen wir von der gleichen Person. Dies ist möglich, weil wir die wechselnden Eigenschaften mit der Vorstellung von etwas in der Zeit Beharrendem, an dem sie sich vollziehen, verbinden.

Alle Dinge entstehen, verändern sich und vergehen. ARISTOTELES nennt vier **Ursachen**, die in diesem Prozess wirksam sind. Wir können sie am Beispiel der Herstellung einer Opferschale verdeutlichen:

EIN MANN OHNE
EIGENSCHAFTEN
BESTEHT AUS
EIGENSCHAFTEN
OHNE MANN
—
ROBERT MUSIL

ALLES FLIESST UND
NICHTS BLEIBT –
HERAKLIT

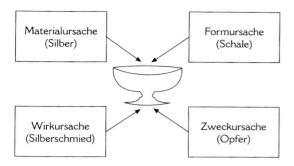

Im Hinblick auf das Wirken der Ursachen muss zwischen **natürlichen** und **künstlich** hergestellten Dingen unterschieden werden:
- In unserem Beispiel wirken auf das Material (das Silber) die drei anderen Ursachen *von außen* ein: Der Silberschmied hat eine Vorstellung von der Form einer Schale, die durch den Zweck, dem diese dienen soll, bestimmt ist und nach der er das Material gestaltet. Der Mensch ist hierbei also derjenige, in dem die Wirk-, Form- und Zweckursache vereinigt und ins Werk gesetzt werden.
- Wie ist es aber mit dem organischen Werden in der Natur? Eine Pflanze wächst aus einem Samenkorn, blüht und verwelkt ohne das Zutun des Menschen. Ein Lebewesen hat sowohl seine Formursache (heute würden wir sagen: sein genetisches Programm) als auch die Wirkursache (die physiologischen Abläufe) *in sich*.

Eine besondere Stellung nimmt die **Zweckursache** ein. Obwohl der Zweck sich erst am Schluss vollendet – erst die fertige Opferschale kann zum kultischen Gebrauch dienen – ist er in anderer Hinsicht das Erste, nämlich der Grund, warum der Silberschmied überhaupt tätig wird. Dieses Denkmodell ergibt sich aus der planenden Tätigkeit des Menschen. Trifft diese Ursachenart aber auch auf die Natur selbst zu, d. h. gibt es Zwecke unabhängig vom sie setzenden Menschen? Die Beantwortung dieser Frage ist in der Geschichte der Philosophie umstritten. Wenn wir einen inneren Zweck der Natur bejahen, dann müssen wir annehmen, dass das Werden der Welt planvoll auf ein Ziel hin strebt, in dem es sich schließlich vollendet. Im anderen Fall geht die Evolution „blind" vor und was entsteht, entsteht aufgrund biologischer Gesetzmäßigkeiten, ohne dass dabei ein bestimmtes Ziel verfolgt wird.

DAS ZIEL IST IN DER VERWIRKLICHUNG DAS LETZTE, DAS ERSTE ABER IN DER ABSICHT DER VERNUNFT

—

THOMAS VON AQUIN

Wirklichkeit und Möglichkeit

Wenn ein Seiendes sich verändern kann, dann muss es die Möglichkeit dazu schon in sich haben. Das Silber aus unserem Beispiel kann zu einer Schale geformt werden. Der Mensch hat die Möglichkeit, Musiker, Gärtner oder Schriftsteller zu werden.

> Jede Veränderung ist der Übergang vom Zustand des Möglichseins (**Potentialität**) zum Wirklichsein (**Aktualität**). Dabei ist entscheidend, dass das, was etwas *ist*, durch beides bestimmt ist, die Möglichkeiten gehören zum Sein dazu.

Deshalb hat ein bestimmtes Seiendes auch nicht alle Möglichkeiten. Das Silber kann nicht lebendig werden, Lebewesen können nicht unsterblich sein. Der Mensch kann aber Musiker werden, weil er musikalisch ist. Solange er diese Fähigkeit nicht anwendet und herausbildet, besteht sie in der Weise der Möglichkeit; wenn er Musiker geworden ist, in der der Wirklichkeit.

Wie schon bei den Ursachen gibt es auch hier einen Unterschied zwischen künstlichen und natürlichen Dingen.

- Beim Silber ist es der Mensch, der die Möglichkeiten des Materials sieht und herausformt.
- Lebewesen verwirklichen ihre biologischen Anlagen durch organisches Wachsen und Vergehen.
- Der Mensch nimmt eine besondere Stellung ein. Zum einen folgt sein Leben den Gesetzen der organischen Entwicklung, zum anderen formt er sich selbst, er verwirklicht seine Möglichkeiten durch seine eigenen Handlungen. Er steht so zwischen Natur und Kultur.

Die Unterscheidung zwischen dem, was der Möglichkeit und was der Wirklichkeit nach ist, spielt auch bei der Beurteilung **ethischer** Probleme eine Rolle. So ist ein Streitpunkt, ob die Rechte, die dem werdenden menschlichen Leben zugesprochen werden müssen, sich nach dem bemessen, was es *potenziell* ist (nämlich Mensch mit allen seinen Merkmalen) oder *aktuell* ist (sich entwickelndes Leben, das noch nicht alle Sinnes- und Bewusstseinsleistungen ausgebildet hat). Dies spielt heute z. B. auch im Bereich der Gentechnologie eine Rolle, bei der Frage nach dem Schutz von Embryonen im frühen Stadium der Zellteilung.

SO LIESSE SICH DER MÖGLICHKEITSSINN GERADEZU ALS DIE FÄHIGKEIT DEFINIEREN, ALLES, WAS EBENSO GUT SEIN KÖNNTE, ZU DENKEN UND DAS, WAS IST, NICHT WICHTIGER ZU NEHMEN, ALS DAS, WAS NICHT IST
—
ROBERT MUSIL, „DER MANN OHNE EIGENSCHAFTEN"

VGL. KAP. 10.2:
GENETHIK

Der Ursprung

Veränderungen an einer Substanz vollziehen sich durch Wechsel der Akzidenzien. Nun gibt es aber auch eine Veränderung, die die Substanz selbst betrifft, sie kann entstehen und vergehen, sein oder nicht sein. Die Frage, wie überhaupt etwas völlig neu entstehen kann, wirft ein gedankliches Problem auf:

Entweder es entsteht aus etwas, das bereits ist, dann ist es nicht wirklich neu, sondern es hat nur eine Veränderung stattgefunden. Oder es entsteht aus dem, was nicht ist, dann behauptet man eine Unmöglichkeit, denn aus Nichts entsteht nichts.

Wenn wir innerhalb der Dinge in der Welt denken, dann ist es möglich, alles, was wird, auf etwas zurückzuführen, das bereits besteht. Die obige Paradoxie führt uns an den Anfang zurück, an den **Ursprung** der Dinge. Wenn alles, was ist, durch die Zusammensetzung von Substanz und Akzidenzien bestimmt ist, dann muss das Erste, aus dem alles entsteht, selbst noch völlig unbestimmt sein, aber in der Lage, alle Bestimmungen aufzunehmen, d. h. reine Möglichkeit sein. ARISTOTELES nennt dies Bestimmungslose-Bestimmbare reine **Materie** (dies ist nicht zu verwechseln mit dem Materiebegriff der Physik). Zugleich muss im Ersten das Bestimmunggebende vorhanden sein (das, weil es *alle* Bestimmungen enthält, auch noch unbestimmt ist), das reine Wirklichsein, das als **Form** bezeichnet wird.

Die Bestimmungslosigkeit des Ersten zeigt sich auch in der Naturwissenschaft. Die Physiker gehen heute davon aus, dass Größen wie Raum und Zeit erst mit dem „Urknall" entstanden sind. Wir können nicht vor das Erste, aus dem alles entsteht, hinausdenken.

Hinter den Ursprung zurück reicht nur eine Frage: „Warum ist überhaupt etwas und nicht nichts?" – die deshalb unbeantwortbar ist.

NICHT WAR IM ANFANG DAS SEIN NOCH DAS NICHT-SEIN / DOCH WEM IST AUSZUFORSCHEN ES GELUNGEN / WER HAT, WOHER DIE SCHÖPFUNG STAMMT, VERNOM-MEN? / ER, DER DIE SCHÖPFUNG HAT HERVORGEBRACHT / DER AUF SIE SCHAUT IM HÖCHSTEN HIM-MELSLICHT / DER SIE GEMACHT HAT ODER NICHT / DER WEISS ES – ODER WEISS AUCH ER ES NICHT?

—

RIG-VEDA

5.2 Die Welt der Sprache

So wie „sein" der umfassendste Gegenstand der Philosophie ist, ist die **Sprache** das umfassende Medium, in dem sie sich ausdrückt. Denken ist an Sprache gebunden und wir verwenden sie daher nicht nur, wenn wir einen Gedanken mitteilen wollen – auch der innerliche Denkvorgang zeigt sich als ein Sprechen mit sich selbst.

Der Zeichencharakter der Sprache

Was ist nun die Funktion der Sprache? In einem ersten Schritt können wir sagen, dass Sprachlaute oder Schrift **Zeichen** sind, die auf etwas anderes verweisen. Dieser Verweisungscharakter lässt sich in einem Dreieck darstellen:

Eine innere Vorstellung, z. B. die Wahrnehmung einer Rose, findet ihren Ausdruck im Sprachlaut „Rose", der wiederum auf den Gegenstand verweist.

Dieses Modell muss nun aber erweitert werden, da die Zusammenhänge, in denen Zeichen stehen und aus denen sie ihre Bedeutung gewinnen, komplexer sind.

Der dreifache Kontext von Zeichen

> Ein Zeichen steht in Beziehung zu: (1) anderen Sprachzeichen, (2) dem, was es bezeichnen soll, (3) den Personen, die es benutzen und an die es gerichtet ist.

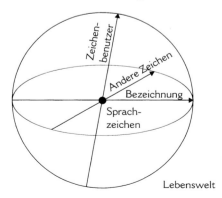

> DIE MENSCHEN SCHEINEN DIE SPRACHE NICHT EMPFANGEN ZU HABEN, UM DIE GEDANKEN ZU VERBERGEN, SONDERN UM ZU VERBERGEN, DASS SIE KEINE GEDANKEN HABEN
>
> —
>
> SÖREN KIERKEGAARD

- (1) Innerhalb einer Sprache ist die Beziehung von Zeichen untereinander nicht beliebig. Die **syntaktischen** Regeln (von *griech.* syntaxis: „Anordnung") legen fest, welche sinnvollen Verbindungen von Zeichen innerhalb eines Satzes möglich sind. Die Sprache enthält so auch Zeichen, die ihre Bedeutung nur durch die Bezüge im Satzsystem haben, wie z. B. „und", „oder", „dennoch", oder die als Wortendungen Zeitformen oder Singular bzw. Plural kennzeichnen. An diese Regeln muss sich ein Sprecher halten, um verstanden zu werden.

- (2) Das Wort, das jemand benutzt, um etwas zu bezeichnen, ist an sich beliebig. Würde ich aber meine Privatsprache verwenden, könnte ich mich nicht verständlich machen. Eine Eigenschaft der verwendeten Zeichen ist daher, dass ihre Bedeutung innerhalb einer Sprache (Deutsch, Englisch, Französisch) festgelegt sein muss. Der Sprecher steht also nicht allein. Er lernt Sprache in einer Gemeinschaft und er richtet sich an andere, die ihn verstehen sollen.

Was den Bezug des Zeichens zum Gegenstand betrifft, scheint es zunächst einsichtig, dass seine **Bedeutung** durch den Gegenstand gegeben ist, den es bezeichnet, z. B. die Rose. So könnte man die Bedeutung von Worten durch Zeigen des Gegenstandes lernen.

Dass diese Vorstellung aber etwas zu einfach ist, lässt sich an folgender Überlegung zeigen:

Nehmen wir an, ich will jemandem, der die Sprache lernt, die Verwendung des Wortes „Rose" beibringen. Deute ich auf eine Rose und sage „Rose", dann ist durchaus nicht klar, was gemeint ist. Vielleicht bezeichnet das Wort die Farbe, oder einen Teil der Rose, z. B. die Dornen. Wir können das Beispiel noch erweitern: So gibt es Stammeskulturen, bei denen aufgrund der magischen oder medizinischen Verwendung von Pflanzen entscheidend ist, wo sie wachsen. Es gibt daher für die gleiche Pflanze andere Begriffe, je nach ihrem Standort. Ich muss erst diesen kulturellen Zusammenhang kennen, um zu verstehen, dass der mir mitgeteilte Begriff sich auf Pflanze und Standort bezieht.

Weiterhin gibt es ja Bezeichnungen, die sich gar nicht auf Gegenstände beziehen: Was heißt „verheiratet sein"? Um die Bedeutung zu verstehen, genügt es nicht, eine Hochzeit zu zeigen. Ich muss die rechtlichen, sozialen und persönlichen Bezüge dieser Art des Zusammenlebens nachvollziehen können.

OFT ÜBERFÄLLT DICH PLÖTZLICH EINE HEFTIGE VERWUNDERUNG ÜBER EIN WORT: BLITZARTIG ERHELLT SICH DIR DIE VÖLLIGE WILLKÜR DER SPRACHE, IN WELCHER UNSERE WELT BEGRIFFEN LIEGT, UND SOMIT DIE WILLKÜR UNSERES WELTBEGRIFFES ÜBERHAUPT

—

CHRISTIAN MORGENSTERN

> "SIEH DOCH EINMAL AUF DIE STRASSE HINUNTER, OB DU EINEN KOMMEN SIEHST." "AUF DER STRASSE SEHE ICH NIEMAND", SAGTE ALICE. "ACH, WER SOLCHE AUGEN HÄTTE!" BEMERKTE DER KÖNIG WEHMÜTIG, "MIT DENEN MAN SELBST NIEMAND SEHEN KANN."
> —
> LEWIS CARROLL, "ALICE HINTER DEN SPIEGELN"

An diesen Beispielen sollte deutlich werden, dass die Vorstellung von Worten als "Etiketten", die man Dingen anheftet, zu einfach ist.

> Sprache ist eingebettet in eine **Lebenswelt** und die Bedeutung von Worten und Sätzen ergibt sich aus ihrem **Gebrauch** in dieser Lebenswelt.

– (3) Sprache dient nicht nur der Bezeichnung von etwas, sondern auch dazu, **Handlungen** zu vollziehen. So weist das "Ja-Wort" auf dem Standesamt nicht auf die Eheschließung hin, sondern es *ist* der Vollzug der Eheschließung. Man kann mit einem Satz befehlen, drohen oder etwas versprechen.

Dabei kommt es auf den jeweiligen Handlungskontext an. So kann die gleiche Aussage: "Es sieht nach Schnee aus" als Warnung gemeint sein, vorsichtig Auto zu fahren, als Feststellung, dass der geplante Skiurlaub stattfinden kann oder als Aufforderung, ein Gespräch zu beginnen. Wenn die Sprachhandlung Erfolg hatte, wird der Gesprächspartner seinerseits mit einer bestimmten Handlung reagieren.

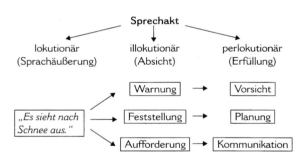

5.3 Sprachspiele

Sprachliche Erschlossenheit der Welt

Die Sprache repräsentiert unsere Lebenswelt, wir können diese in ihr beschreiben, beeinflussen, schriftlich niederlegen und über die Zeit bewahren. Wir können mit ihr Handlungsmöglichkeiten vorweg durchspielen und unsere Vorgehensweise planen.

Die sprachlichen Formen bestimmen aber auch, wie die Welt für uns überhaupt erschlossen ist:

- Wir sind z. B. aufmerksamer für Differenzierungen, wenn wir entsprechende Ausdrucksmöglichkeiten haben. So gibt es etwa bei Völkern, die in der Wüste leben, mehr Begriffe für die unterschiedlichen Formen und Zustände des Sandes (Körnigkeit, Feuchtigkeit usw.). Aufgrund dieser sprachlichen Einteilungsmuster „sieht" ein Mitglied dieser Kultur in diesem Bereich der Lebenswelt auch Unterschiede, wo wir nur „Sand" sehen.
- Die Kunst eines guten Schriftstellers ist es, uns neue Aspekte der Welt zu zeigen. Indem wir etwa in einem Gedicht den treffenden Ausdruck für bestimmte Gefühle finden, können wir etwas für uns entdecken, das vorher schwer greifbar, weil nicht benennbar war.
- Ideen, z. B. politisch-soziale wie Freiheit oder Gerechtigkeit, gewinnen Klarheit und handlungsbestimmende Kraft in dem Maß, wie sie sprachlich formuliert werden können. Nur die Sprache erlaubt es auch, Lebensmöglichkeiten, die noch nicht Wirklichkeit sind, Gestalt annehmen zu lassen und so als Ziele verfolgen zu können.

„Verhexung" durch die Sprache

Da die Sprache die Welt nicht einfach abbildet, sondern durch ihre Struktur auch eine bestimmte Weltsicht erzeugt, dürfen wir ihr nicht blind vertrauen. Dafür einige Beispiele:
- Unser intuitives Ursache-Wirkungs-Verständnis ist linear. Wir können uns nur schwer vernetzte Zusammenhänge (wie z. B. in der Ökologie), bei denen Dinge gleichzeitig aufeinander zurückwirken, vorstellen. Dem entspricht das zeitliche Nacheinander des sprachlichen Aufbaus. Wir können nicht Verschiedenes gleichzeitig sagen und wenn wir ausdrücken wollen, dass Dinge zugleich wirken oder eine Einheit bilden, müssen wir sie nacheinander aufzählen.
- Die unbewusst im Hintergrund stehende Vorstellung, dass Worte Namen für Dinge sind, suggeriert, dass es zu jedem Wort auch das dazugehörende Ding geben müsse. Wenn wir Begriffe wie „die Vernunft", „die Wahrheit" oder „das Nichts" bilden können, geraten wir in Versuchung, sie im Satz als agierende Subjekte einzusetzen, wie in der Aussage von HEIDEGGER: „das Nichts nichtet."
- Die Subjekt-Prädikat-Struktur unserer Sprache verführt dazu, immer ein eigenständiges Subjekt anzunehmen, dem bestimmte Eigenschaften zukommen oder das eine Tätigkeit ausübt, weshalb wir zu solchen Sätzen kom-

ALLES, WAS EXISTIERT, MUSS EINEN NAMEN TRAGEN. WAS NICHT BENANNT IST, EXISTIERT NICHT FÜR DEN MENSCHEN
—
OSWALD SPENGLER

DER HERR IST DER, DER SPRICHT, … DAS OBJEKT IST DER, DER SCHWEIGT
—
ROLAND BARTHES

VGL. KAP. 6.2: EVOLUTION

men wie „Der Wind weht", – wobei man sich dann fragen kann, was macht der Wind, wenn er nicht weht?

VGL. KAP. 5.1:
DIE SPRACHE DER
WELT

– Auch die aristotelische Lehre von Substanz und Akzidenz baut auf dieser sprachlichen Gegebenheit auf. Wenn wir etwa sagen: der Stein ist die Substanz, die die Eigenschaft hat, braun zu sein, warum können wir nicht genauso sagen: Braun ist die Substanz, die die Eigenschaften haben kann, steinig, hölzern oder stoffig zu sein? Da es keine Substanz ohne Eigenschaften gibt – warum nicht überhaupt nur Eigenschaften annehmen?

Das Gespenst in der Maschine

Auch bei der Beschreibung psychischer Vorgänge neigt die Sprache dazu, eigenständige Substanzen zu erzeugen: Wir sagen „eine Vorstellung haben" anstatt „sich vorstellen" oder „Empfindungen haben" anstatt „empfinden". Diese Redeweise legt nahe, dass in uns Vorstellungen bzw. Empfindungen als etwas „Abrufbares" vorhanden sind und nicht als im Vollzug des psychischen Vorganges Entstehendes.

Der Sprachanalytiker GILBERT RYLE (1900–1976) sieht viele philosophische Probleme in **Kategorienfehlern** begründet, d. h. dass wir sprachliche Beschreibungen von einem Bereich in einen anderen übertragen, wo sie nicht hingehören.

VGL. KAP. 6.4:
KÖRPER UND SEELE

So sei DESCARTES' Lehre vom Körper als einer Maschine, die von einem in ihr wohnenden Geist (bzw. Seele) in Bewegung gesetzt wird, durch die Übertragung von Begriffen aus der Mechanik (Ursache – Wirkung) auf den Menschen entstanden. Aufgrund dieser Vorstellung verwechselten wir Beschreibungen von beobachtbaren Ereignissen mit nicht beobachtbaren inneren Ursachen.

Wenn wir z. B. ein bestimmtes Verhalten an jemandem feststellen, dann sagen wir, er habe einen Willen (und nehmen damit die Existenz einer eigenständigen Größe „der Wille" an). Wir sollten aber korrekterweise nur solche Begriffe verwenden, die dem entsprechen, was wir beobachten, also etwa sagen: „er hat immer ausgeführt, was er sich vorgenommen hat", „er hat vier Jahre lang jeden Tag gelernt, um sein Studium schnell zu beenden" usw.

Sprachspiele

LUDWIG WITTGENSTEIN vergleicht die Sprache mit einem **Spiel**. Damit soll zum einen ausgedrückt werden, dass Sprache eine Tätigkeit ist, in deren Gebrauch man sich einlebt, zum andern, dass es wie in jedem Spiel **Regeln** gibt, die man beachten muss. Wer sich nicht an die Regeln hält, spielt ein anderes Spiel.

Die Anzahl der Sprachspiele ist im Prinzip unbegrenzt: Physik, Kunst, Philosophie, Religion haben je ihre eigenen, deren Grenzen zu beachten sind.

Redewendungen wie „Wie viel Zeit haben wir noch?", „Nimm dir Zeit!" sind Sprachspiele innerhalb der Alltagssprache und hier ist auch ohne weiteres klar, was mit „Zeit" gemeint ist. Die Frage „Was ist Zeit?" aber ist im Rahmen der Alltagssprache nicht beantwortbar, weil sie zu einem anderen Sprachspiel gehört, dem der Physik oder der Philosophie.

So lassen sich religiöse Aussagen nicht naturwissenschaftlich widerlegen und umgekehrt. Die Probleme des einen Sprachspiels sind im anderen nicht sinnvoll formulierbar, weil die Bedeutung von Begriffen durch die Regeln des Sprachspiels festgelegt sind, so wie sich die Funktion einer bestimmten Figur im Schach erst aus den Spielregeln ergibt.

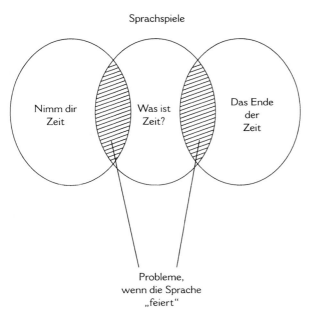

Die Philosophie hat nach WITTGENSTEIN die therapeutische Aufgabe, die Probleme zu heilen, die entstehen, wenn die Sprache nicht innerhalb ihrer Regeln arbeitet, sondern „feiert", d. h. die Grenzen der jeweiligen Sprachspiele überschreitet.

PHILOSOPHIE IST EIN KAMPF GEGEN DIE VERHEXUNG UNSERES VERSTANDES DURCH DIE MITTEL UNSERER SPRACHE

—

LUDWIG WITTGENSTEIN

75

6. Mensch und Natur

In seiner Rede über die „Würde des Menschen" lässt der Renaissancephilosoph PICO DELLA MIRANDOLA (1463–1494) Gott zum Menschen sagen:

„Wir haben dir keinen festen Wohnsitz gegeben, kein eigenes Aussehen noch irgendeine besondere Gabe, damit du den Wohnsitz, das Aussehen und die Gaben, die du selbst dir ausersiehst, entsprechend deinem Wunsch und Entschluss habest und besitzest. Die Natur der übrigen Geschöpfe ist fest bestimmt und wird innerhalb von uns vorgeschriebener Gesetze begrenzt. Du sollst dir deine ohne jede Einschränkung und Enge, nach deinem Willen, dem ich dich anvertraut habe, selber bestimmen."

Das Moderne an diesem Gedanken aus der frühen Neuzeit ist, dass die besondere Auszeichnung des Menschen gerade darin liegt, nicht festgelegt zu sein, sondern sein Wesen selbst bestimmen zu können. Der Mensch muss sich selbst schaffen, er muss erst noch aus sich machen, was er sein kann.

Wenn die philosophische **Anthropologie** (*griech.* anthropos: „der Mensch") also danach fragt, „was der Mensch ist?", so ist diese Frage nie abschließend zu beantworten. Vielmehr bleibt offen, welche Möglichkeiten der Mensch noch verwirklichen kann und wessen er fähig ist. Ihre Aufgabe ist, zu verstehen, aufgrund welcher Eigenschaften der Mensch sich selbst und seine Welt zu gestalten vermag, wobei diese Eigenschaften wiederum als im Wandel begriffen zu verstehen sind.

Das klassische Verständnis des Menschen sieht in ihm ein **„animal rationale"** (ein mit Vernunft begabtes Lebewesen). Als Organismus (*animal*) ist er eingebunden in die übrige Natur und unterliegt den biologischen Gesetzlichkeiten. Seine Vernunft (*ratio*) unterscheidet ihn von anderen Lebewesen und ermöglicht ihm, diese Natur zu erkennen und sie zu verändern. Er greift in die natürliche Welt ein und schafft sich eine zweite, künstliche Welt, seine **Kultur**.

Natur und Kultur im Menschen sind aber nicht zwei trennbare Bereiche. Der Mensch ist nicht hier Natur und da Vernunft, sondern er ist aufgrund seiner Natur ein geistiges Wesen, aufgrund seiner Natur zur Kultur fähig. Diese Einheit ist jedoch begrifflich schwer ausdrückbar, weil wir in eine doppelte Perspektive geraten:

– In **biologischer** Sprechweise beschreiben wir z. B. die Vorgänge im Gehirn naturwissenschaftlich von außen. Wir sprechen von Neuronen, Synapsen, Leitungsbahnen.

– Aus unserer eigenen **Innenperspektive** sprechen wir von Gedanken, Bildern, Wünschen und Gefühlen, wenn wir solche Vorgänge beschreiben wollen.

Die Anthropologie steht nun vor der schwierigen Aufgabe, beide Perspektiven zusammenbringen zu müssen, um die natürlich-geistige Einheit des Menschen zu verstehen.

6.1 Die Sonderstellung des Menschen

Um zu bestimmen, was etwas ist, müssen wir es von anderem abgrenzen. Die Anthropologie versucht daher herauszustellen, welche Eigenschaften den Menschen von allen anderen Lebewesen unterscheiden.

Dies hat in der Geschichte der Philosophie oft dazu geführt, das Menschliche einseitig in der Vernunftbestimmtheit zu sehen und die Körperlichkeit, Sinnlichkeit und Affekte als „animalisch" und Unvollkommenheit zu betrachten.

So ist Platon (427–347 v. Chr.) der Überzeugung, dass der Geist das eigentliche, göttliche Wesen des Menschen darstellt und erst durch die Befreiung vom Körperlichen zur wahren Erkenntnis gelangen kann.

DER KÖRPER (GRIECH. SOMA) IST DAS GRAB (SEMA) DER SEELE
—
PLATON

Zum Menschen gehört demgegenüber aber nicht nur das, was ihn unterscheidet, sondern auch, was er mit anderen Lebewesen gemeinsam hat. Wir müssen daher den Menschen in der Zusammengehörigkeit seiner organischen Verfasstheit verstehen.

Ein klassisches Modell

Die Gesamtheit des Seins lässt sich nach dem traditionellen Verständnis in verschiedene Bereiche und Vermögen einteilen:

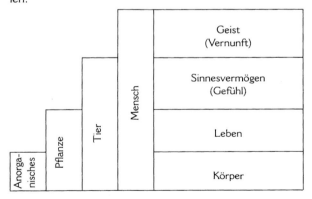

DER MENSCH HAT JA HIMMEL UND ERDE UND DIE GANZE ÜBRIGE KREATUR SCHON IN SICH SELBER UND IST DOCH EINE GANZE GESTALT, UND IN IHM IST ALLES SCHON VERBORGEN VORHANDEN
—
HILDEGARD VON BINGEN

Die besondere Stellung des Menschen ergibt sich daraus, dass er als einziger an allen Seinsbereichen teil hat (Tiere und Pflanzen sind nicht vernunftbegabt, Gott ist reiner Geist).

Der Mensch ist nach diesem Verständnis die Welt im Kleinen (Mikrokosmos), weil sich in ihm die Seinsbereiche der Welt im Ganzen (Makrokosmos) widerspiegeln.

77

WAS IST DER
MENSCH – DIE
NACHT VIELLEICHT
GESCHLAFEN, DOCH
VOM RASIEREN WIE-
DER SCHON SO
MÜD, NOCH EH IHN
POST UND TELEFONE
TRAFEN, IST DIE
SUBSTANZ SCHON
LEER UND
AUSGEGLÜHT...
—
GOTTFRIED BENN

Der Stufenbau des Lebendigen

Die moderne Anthropologie stützt sich auf die Erkenntnisse der **Biologie,** um darauf aufbauend zu einem philosophischen Verständnis des Menschen zu gelangen.

Der Anthropologe HELMUTH PLESSNER (1892–1985) sieht als das gemeinsame Merkmal alles Lebendigen seine **Positionalität.** Damit ist gemeint, dass ein Organismus eine bestimmte Grenze hat, innerhalb derer er als er selbst bestimmt ist und außerhalb derer seine Umwelt beginnt.

So setzt sich bereits ein Einzeller durch seine Zellwand als er selbst von der ihn umgebenden Umwelt ab. Eine Verletzung der Grenze bedeutet einen bedrohenden, zerstörerischen Eingriff. Beim Menschen ist die Hautoberfläche diese Grenze – wer unsere Haut berührt, berührt uns selbst.

Für Lebendiges gibt es also ein Innen, eine Grenze und eine Umwelt, auf die es sich durch seine Sinnesorgane bezieht. Es ist auf den beständigen Austausch mit seiner Umgebung angewiesen (Stoffwechsel, Wahrnehmung, Reaktion) und es muss sich, d. h. seine innere Organisation gegenüber dem Außen bewahren. Dieses Lebendige ist ein Organismus, d. h. ein Ganzes, das durch seine Teile bestimmt ist und dessen Teile ihren Sinn haben im Hinblick auf die Funktion des Ganzen. Die Weise, wie dieser Organismus organisiert ist, unterscheidet Pflanze, Tier und Mensch.

- Bei der **Pflanze** ist die Organisationsform **offen,** weil sie sich ganz in ihr unmittelbares Umfeld eingliedert. Sie ist ortsgebunden, nimmt Nahrung aus ihrer Umgebung auf und hat kein inneres Zentrum.
- Durch seine **zentrische** Organisation hat das **Tier** eine größere Selbständigkeit gegenüber seiner Umwelt. Es ist beweglich, kann gezielt Nahrungsquellen aufsuchen und auf Umweltveränderungen in gewissen Grenzen reagieren.

Der entscheidende Punkt ist das Vorhandensein eines **Zentralorgans** (Gehirn). Die Reaktion auf Sinnesreize erfolgt nicht mehr unmittelbar, sondern wird zentral koordiniert. Je nach Organisationshöhe entsteht dadurch ein Spielraum für unterschiedliche Handlungsmöglichkeiten, ebenso treten Assoziationsfähigkeit und Erinnerung auf.

- Beim **Menschen** kommt nun als Besonderheit hinzu, dass die Bewusstseinsvorgänge die Eigenschaft haben, sich auf sich selbst beziehen zu können, d. h. das Bewusstsein ist hier **Selbstbewusstsein.** Ich handle und weiß, dass ich handle; ich denke und weiß, dass ich denke. Der Mensch hat zum Vollzug seines Lebens Distanz, er steht, metaphorisch gesprochen, noch mal außerhalb seiner. PLESSNER nennt daher die menschliche Organisationsform „**exzentrisch**".

Instinktreduktion und Weltoffenheit

Tiere bringen von Geburt an eine Vielzahl fester Reaktionsmuster (**Instinkte**) mit, die ihr Verhalten zur Umwelt steuern. Die zum Überleben wesentlichen Fähigkeiten, wie Nahrungserwerb, Fortpflanzung, Flucht vor Feinden müssen daher nicht erst erlernt werden. Bei höher entwickelten Arten sind diese Verhaltensmuster allerdings schon offener, d. h. einige Fertigkeiten (z. B. gemeinsames Jagdverhalten) werden durch Lernen erworben.

Dies heißt aber auch, dass Tiere auf eine für ihre Art spezifische Umwelt festgelegt sind. Sie nehmen selektiv das wahr (und reagieren darauf), was innerhalb ihrer Verhaltensmuster eine Bedeutung hat.

Bei vielen Vögeln wird das Füttern von dem Reiz ausgelöst, der vom aufgesperrten, gelbumrandeten Schnabel der Jungen ausgeht. Ihr übriges Aussehen ist nicht von Bedeutung, was sich der Kuckuck zu Nutze macht, wenn er seine eigenen Jungen anderen zur Aufzucht unterschiebt.

Beim **Menschen** finden sich nur noch Überreste solch instinktiven Verhaltens. Er ist daher nicht auf einen bestimmten Welthorizont hin festgelegt, sondern ist offen für eine Vielzahl von Eindrücken und Reizen, deren Zuordnung und angemessene Beantwortung erst erlernt werden müssen.

Der Mensch ist so zum einen zunächst orientierungsloser, zum anderen steht ihm aber die ganze Welt offen. Er eignet sie sich an, indem er Bedeutungszusammenhänge lernt und Verhaltensweisen nachahmt, die Welt aber auch gezielt befragt: vom Spiel, in dem Elemente der Welt und des Verhaltens neu zusammengestellt werden, um zu sehen „was daraus wird", bis zum wissenschaftlichen Experiment.

Wie sehr der Mensch sich selbst in Auseinandersetzung mit der Welt formen muss, zeigt auch eine Besonderheit seiner **Embryonalentwicklung**. Der Biologe ADOLF PORTMANN (1897–1982) verweist darauf, dass der Mensch erst im Lebensalter von einem Jahr den Reifegrad erreicht, den entsprechende Säugetiere bei der Geburt haben. Erst in dieser Zeit lernt er die Grundlagen spezifisch menschlicher Eigenschaften (aufrechter Gang, Sprache, Werkzeuggebrauch).

DER MENSCH KONNTE NICHT LEBEN UND SICH ERHALTEN, WENN ER NICHT VERNUNFT BRAUCHEN LERNTE: SOBALD ER DIESE BRAUCHTE, WAR IHM FREILICH DIE PFORTE ZU TAUSEND IRRTÜMERN UND FEHLVERSUCHEN, EBEN ABER AUCH DURCH DIESE IRRTÜMER UND FEHLVERSUCHE DER WEG ZU BESSERN GEBRAUCH DER VERNUNFT ERÖFFNET

—

J. G. HERDER

DER MENSCH IST
NICHTS ANDERES
ALS WOZU ER SICH
MACHT
—
JEAN-PAUL SARTRE

Der Mensch ist so in einem bedeutenden Zeitraum seiner Entwicklung bereits kultureller und sozialer Formung ausgesetzt. D. h. er bringt bei seiner Geburt nicht ein fertiges, instinktives Verhältnis zur Umwelt mit, sondern erwirbt dieses erst in seiner Welt. Ebenso ist auch die Ausprägung der neuronalen Strukturen im Gehirn abhängig von den aufgenommenen Eindrücken.

Die biologische Sonderstellung des Menschen

6.2 Evolution

Die **Evolutionstheorie** CHARLES DARWINS (1809–1882) veränderte unser Weltbild einschneidend. Dass auch der Mensch sich wie alle Organismen aus einfachen Anfängen heraus entwickelt hat, erschien vielen seiner Zeitgenossen als ungeheuerliche und höchst kränkende Vorstellung.

Es wird berichtet, dass es bei einer wissenschaftlichen Tagung 1860 zum Eklat kam, als DARWINS Fürsprecher THOMAS HUXLEY vom Bischof WILBERFORCE gefragt wurde, ob er lieber großväterlicher- oder großmütterlicherseits vom Affen abstammen wolle. Seine Antwort: lieber vom Affen als von einem einflussreichen Mann, der seine Rhetorik dazu benutzt, eine wissenschaftliche Diskussion lächerlich zu machen.

Heute ist der Evolutionsgedanke nicht nur ein zentrales Modell in der Biologie, sondern hat auch in der Philosophie, den Kultur- und Sozialwissenschaften und der Wissenschaftstheorie seinen Niederschlag gefunden.

Auch für die philosophische Anthropologie ergeben sich neue Aspekte:

— Durch die gemeinsame Herkunft rückt der Mensch nicht nur näher an andere Lebewesen, sondern es erscheint sogar möglich, aus dem Vergleich mit dem Verhalten verwandter Arten Rückschlüsse auf die Antriebe menschlichen Verhaltens zu ziehen.

— Wir sind gewohnt, uns mit der Geschichte zu beschäftigen, um die Gegenwart besser zu verstehen und für die Zukunft zu lernen. Dies muss nun auch für die Naturgeschichte des Menschen gelten. Sowohl seine Erkenntnisleistungen als auch Verhalten und Emotionalität haben sich über lange Zeiträume unter bestimmten Lebensbedingungen entwickelt.

DASS DER MENSCH DAS EDELSTE GESCHÖPF SEI, LÄSST SICH AUCH SCHON DARAUS ABNEHMEN, DASS IHM NOCH KEIN ANDERES GESCHÖPF WIDERSPROCHEN HAT
—
G. CH. LICHTENBERG

Evolution und ihre Faktoren

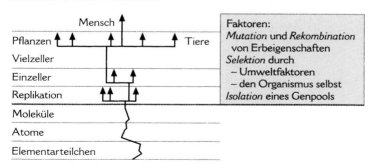

Die Evolution der Erkenntnis

Jeder Organismus steht in Beziehung zu seiner Umwelt. Seine Sinnesorgane übermitteln ihm Informationen und er muss diese verarbeiten, um entsprechend zu handeln.

> Wahrnehmungen und Reaktionen müssen auf die Umwelt passen, weil „Irrtümer" das Überleben gefährden. Es haben sich daher solche Wahrnehmungsstrukturen in Auseinandersetzung mit der Umwelt herausselektiert, die für den Organismus lebensdienlich sind.

DER AFFE, DER KEINE REALISTISCHE WAHRNEHMUNG VON DEM AST HATTE, NACH DEM ER SPRANG, WAR BALD EIN TOTER AFFE

—

G. SIMPSON

Die Höherentwicklung von Lebewesen ist ein **erkenntnisgewinnender Prozess**. Die Zunahme an Information und Komplexität der Verarbeitung ermöglicht es, besser auf neue Situationen zu reagieren und sich einen größeren Lebensraum zu erschließen. Das Individuum bringt so ererbte Verhaltensanleitungen mit, die sich im Laufe der Evolution bewährt haben.

Der Evolutionstheoretiker RUPERT RIEDL (geb. 1925) nennt vier solcher handlungsleitender Annahmen über die Welt:

- **Wahrscheinlichkeitshypothese**: Je häufiger eine Vorgehensweise in der Vergangenheit erfolgreich war, um so wahrscheinlicher wird sie auch in Zukunft erfolgreich sein. Der Vorteil dieser Hypothese ist, dass nicht ständig neue Strategien ausprobiert werden müssen (unter Aufwand an Zeit und Energie), sondern auf Bewährtes zurückgegriffen werden kann. Auf der anderen Seite verzögert sich dadurch bei veränderten Umweltbedingungen der Wechsel zu neuen Lösungen, weil erst einmal an den alten festgehalten wird.

- **Vergleichshypothese**: Ähnliche Gegenstände oder Ereignisse werden sich auch in den noch nicht erfassten Merkmalen als vergleichbar erweisen. Diese Annahme ermöglicht, einen Gegenstand zu identifizieren, auch wenn wir ihn noch nicht von allen Seiten gesehen haben. So genügt es einer Katze, wenn sie nur den Kopf einer Maus wahrnimmt.

- **Ursachenhypothese**: Treten zwei Ereignisse häufig in einem zeitlichen Zusammenhang auf, so vermuten wir einen linearen kausalen Zusammenhang. Durch die Herstellung von solchen Beziehungen ist es zum einen möglich, Ereignisse vorherzusehen und das Verhalten vorher darauf einzustellen, zum anderen selbst gezielt Wirkungen hervorzubringen.

- **Zweckhypothese**: Sie ist eine Erweiterung der Ursachenhypothese, bei der wir davon ausgehen, dass ähnliche Dinge ähnlichen Zwecken dienen können. Dies ist z. B. eine Voraussetzung für den Werkzeuggebrauch. Diese bereits *vorbewusst* wirkenden Annahmen haben sich im Laufe der langen Entwicklungsgeschichte des Menschen herausgebildet. Sie rechnen aber gerade deshalb nicht mit Lebensbedingungen, wie sie die moderne, technische Zivilisation aufweist. Daher lassen sie uns in manchen Bereichen im Stich:

— Unsere Vorfahren lebten in einer Welt des langsamen Wandels und stellten ihr Handeln auf Kontinuität ein. Wir können uns daher intuitiv nicht vorstellen, dass es „plötzlich" zu einer Klimakatastrophe kommen kann oder was exponentiales Bevölkerungswachstum bedeutet.

— Unser Kausalitäts-Verständnis ist linear. Vernetzte Wirkungen wie in ökologischen Systemen, bei denen verschiedene Ursachen ineinandergreifen und eine Wirkung wieder auf die eigene Ursache zurückwirkt, können wir nicht überblicken und daher die Folgen künstlicher Eingriffe nicht unmittelbar abschätzen.

> Der Blick auf die Evolution kann eine Antwort geben auf das alte Problem der Erkenntnistheorie, wie es möglich ist, dass unsere Erkenntnis mit der Wirklichkeit übereinstimmt: Unsere Wahrnehmungs- und Denkstrukturen passen auf die Außenwelt, weil sie sich in der Auseinandersetzung mit ihr entwickelt haben.

Dies bedeutet aber wohlgemerkt nicht, dass diese Strukturen die Welt wiedergeben müssen, wie sie „an sich" ist. Unter den Bedingungen der Evolution genügt es vielmehr, wenn unser Bild der Welt uns dazu verhilft, in ihr lebensdienlich zu handeln. Daher kommt es zu Fehlleistungen, wenn sie nicht mehr auf die Erfordernisse einer sich schnell wandelnden Kulturwelt passen.

Die Evolution des Verhaltens

Die **Soziobiologie** untersucht das Verhalten von in Gruppen lebenden Tieren und fragt insbesondere danach, welche Strategien den Zusammenhalt fördern, bessere Anpassung an die Umwelt ermöglichen und damit im Vergleich zu anderen Gruppen einen Überlebensvorteil bieten.

Da auch der Mensch zu den gruppenbildenden Lebewesen gehört, kann man versuchen, diese Erkenntnisse auf sein Sozialverhalten zu übertragen. Solche Analogien sind allerdings problematisch, weil das Handeln des Menschen kom-

DIE TRAGIK DES MODERNEN MENSCHEN LIEGT DARIN: ER HAT FÜR SICH SELBER DASEINSBEDINGUNGEN GESCHAFFEN, DENEN ER AUFGRUND SEINER PHYLOGENETISCHEN ENTWICKLUNG NICHT GEWACHSEN IST

—

ALBERT EINSTEIN

DER ÜBERGANG
VOM AFFEN ZUM
MENSCHEN SIND
WIR
—
KONRAD LORENZ

plexeren Einflüssen unterliegt: Vernunfteinsicht, differenzierte Emotionalität, Leben in einer Kulturwelt. Dennoch kann der Blick auf die stammesgeschichtliche Herkunft vielleicht einige Verhaltensweisen besser beleuchten. Zwei Beispiele sollen dies veranschaulichen.

Egoismus und Altruismus

Die Mischung beider Antriebe prägt unser Verhalten. Wir verfolgen sowohl unsere eigenen Ziele, wollen, „dass es uns gut geht" und sorgen uns zugleich um andere, nehmen Rücksicht auf deren Wünsche und Interessen.

Soziobiologisch lässt sich dies als eine arterhaltende Strategie interpretieren:

– Das Individuum ist zunächst an seiner eigenen Lebenserhaltung interessiert. Bei soziale Verbände bildenden Arten ist aber die Kooperation der Gruppe entscheidend für das Leben aller (z. B. bei der Jagd oder dem Schutz vor Feinden). Der Bestand der Gemeinschaft bildet also für diese Arten einen Überlebensvorteil. Altruistisches Verhalten liegt daher im egoistischen Interesse. Da es letztlich um die Erhaltung der Art (und nicht eines bestimmten Individuums) geht, ist auch erklärlich, warum sich einzelne zu Gunsten der Gruppe ‚aufopfern'.

– Eine andere, heftig umstrittene, Interpretation geht vom „Eigennutz der Gene" aus. Ein Individuum ist vor allem daran interessiert (im unbewussten, biologischem Sinne), sich zu reproduzieren, d. h. seine eigenen Gene weiterzugeben. Da aber in Verwandten, je nach ihrem Grad, ein bestimmter Prozentsatz der eigenen Gene vorhanden ist, liegt es auch im Eigennutz, deren Überleben zu sichern, damit sie diese weitergeben können.

EINSTMAL WAR DAS
ICH IN DER HERDE
VERSTECKT: UND
JETZT IST IM ICH
NOCH DIE HERDE
VERSTECKT
—
FRIEDRICH
NIETZSCHE

Die Entwicklung sozialer Verhaltensweisen ist bestimmt durch das Leben unserer Vorfahren in kleinen Gruppen. Von daher erklärt sich, dass wir eher geneigt sind, uns Bekannten, Freunden und Verwandten gegenüber altruistisch zu verhalten. Dieses Phänomen ist sogar noch wirksam bei künstlich gebildeten Gruppen – wie folgendes psychologisches Experiment gezeigt hat:

Testpersonen wurde Geld zur Verfügung gestellt, das sie untereinander verteilen sollten. Dies taten sie zunächst relativ gleichmäßig unter allen Teilnehmenden. Danach wurden Personen beliebig in Gruppen aufgeteilt, zu denen sie nun „gehörten". Bei der jetzt erfolgenden Verteilung des Geldes wurden die Mitglieder der eigenen „Gruppe" deutlich mit mehr bedacht als die anderer Gruppen.

Unser erebtes Verhalten ist auf Nahsicht angelegt und nicht auf die Perspektive „Menschheit". Da aber die heute und zukünftig zu lösenden Probleme und zu erarbeitenden Handlungsstrategien zunehmend global werden, müssen wir auch hier lernen, über unseren evolutionären Schatten zu springen und uns von erweiterten Perspektiven leiten zu lassen.

Stabilisierende Strategien

In spieltheoretischen Modellen wird versucht, verschiedene Verhaltensstrategien von Gruppen zu simulieren und im Hinblick auf ihre Stabilität in Konfliktsituationen zu bewerten. Dabei ergibt sich, dass sog. Mischstrategien auf Dauer am erfolgreichsten sind im Vergleich zu Gruppen, die andere Vorgehensweisen bevorzugen.

So zeigt sich z. B., dass folgende Strategie ein hohes Maß an stabiler Zusammenarbeit erzeugt: „Beginne mit Kooperation und halte Versprechen, solange sie der andere hält. Vergelte einen Bruch der Kooperation genau mit einer Verweigerung deinerseits (nicht mehr)."

Diese Vorgehensweise ist gemischt, weil sie weder auf Kooperation verzichtet, noch unbedingt an dieser festhält (für den Fall, dass sie vom anderen nicht eingelöst wird).

Solche Überlegungen gehen dahin zu zeigen, dass bestimmte moralische Vorstellungen (Einhalten von Vereinbarungen, Sanktionen bei Übertretung und Versöhnlichkeit) sowie gesellschaftliche Modelle (z. B. Streben nach Kontinuität *und* Zulassen von Neuerungen) auf evolutionär bewährten Strategien beruhen.

Die Aussagen der Soziobiologie dürfen nicht in der Richtung missverstanden werden, als sollten sie der Begründung von Moral dienen. Dass wir ererbte Verhaltensdispositionen haben, heißt nicht, dass wir so handeln sollen. Das Wissen um sie kann uns aber bei der Realisierung moralischer Vorstellungen helfen:

– indem wir bei unseren Bewertungen auf unbewusst einfließende Vorurteile aufmerksam werden;
– indem wir die Bedingungen unserer Motivationsbereitschaft berücksichtigen: Wir sind oft erst bereit, unsere Handlungsweise zu ändern, wenn uns die Folgen auf „Nahsicht" gebracht werden;
– indem wir die Rahmenbedingungen und Grenzen des Sozialverhaltens erkennen. So scheitert die Umsetzung von idealistischen Staatsutopien wohl letztlich auch daran, dass der Mensch seine mitgebrachten Verhaltensstrukturen nicht von heute auf morgen ändern kann.

ES IST GEFÄHRLICH, DEN MENSCHEN ZU SEHR AUF SEINE VERWANDTSCHAFT MIT DEN TIEREN HINZUWEISEN, OHNE IHN GLEICHZEITIG MIT SEINER GRÖSSE BEKANNT ZU MACHEN
—
BLAISE PASCAL

6.3 Zwischen Natur und Kultur

Die von PLESSNER als exzentrische Positionalität bezeichnete Eigenschaft des Menschen – in traditionellen Begriffen Vernunft, Selbstbewusstsein oder Reflexivität genannt – hat zur Folge, dass der Mensch um die Bedingungen seines Lebens weiß, sie selbst gestalten kann und auch muss.

> Seine Natur gibt dem Menschen keinen engen und starren Rahmen vor, sondern bietet einen offenen Raum von Möglichkeiten. Der Mensch schafft sich seine eigene Welt, die Kultur, indem er die Natur umformt. Das Leben in dieser kulturellen Umwelt verändert aber wiederum ihn selbst – er ist Schöpfer und Geschöpf der Kultur.

DAS WESEN DES MENSCHEN BESTEHT DARIN, DASS ER KEIN WESEN HAT
—
GÜNTHER ANDERS

Der Anthropologe ARNOLD GEHLEN (1904–1976) sieht in der Kultur die „zweite Natur", die der Mensch sich schafft, um die „Mängel" seiner ersten Natur – Instinktreduktion und dadurch bedingte Verunsicherung, Unspezialisiertheit seiner Organe – auszugleichen. Die Redeweise vom „Mängelwesen Mensch" ist allerdings evolutionär gesehen unsinnig, weil die sog. biologischen „Mängel" das Ergebnis einer Höherentwicklung sind, die zusammen mit entsprechenden Kulturleistungen stattgefunden hat. Die Unspezialisiertheit der Hand und der Werkzeuggebrauch z. B. beeinflussen sich gegenseitig.

Es hat daher wenig Sinn, beim Menschen das herausstellen zu wollen, was rein natürlich ist oder sich im normativen Sinne auf Natürlichkeit beziehen zu wollen. Wir sprechen geschichtlich erst vom Menschen, seit er in noch so einfachen Anfängen ein Kulturwesen ist. Seine Form des Verhaltens, Fühlens und Denkens ist bestimmt durch das Leben in einer von ihm geschaffenen, künstlichen Welt. Die Anthropologie muss daher versuchen, den Menschen in der Einheit von Körper und Geist, Natur und Kultur zu begreifen.

Der Leib und die Welt

Unser Körper ist nicht nur Ding unter Dingen, sondern als **Leib** Ausdruck unserer selbst und unseres In-der-Welt-Seins. Vermögen des Leibes sind:

Rezeptivität	Wahrnehmung der Welt über Sinnesorgane
Kinästhesen	Empfinden der Körperbewegung (z. B. Arm oder Augapfel)
Spontaneität	Handeln, Aufsuchen von Sinneswahrnehmungen durch Bewegung des Körpers
Expressivität	Ausdruck innerer seelischer Vorgänge durch Gestik, Mimik, Sprache

Das Ineinanderspiel dieser Vermögen lässt sich am Beispiel der räumlichen Erfahrung eines Gegenstandes zeigen. Wir erfassen ihn zunächst in einer bestimmten Perspektive. Wir sehen nie zugleich alle seine Seiten; erst wenn wir um ihn herumgehen oder ihn in die Hand nehmen und wenden, nehmen wir nacheinander alle seine Seiten wahr, die wir mit Hilfe der Erinnerung zu diesem Gegenstand zusammensetzen. Dabei ist die Erfahrung unserer eigenen Körperbewegung von Bedeutung, mit der wir die dabei stattfindende räumliche Veränderung wahrnehmen und bemerken, dass es sich um unterschiedliche Perspektiven handelt.

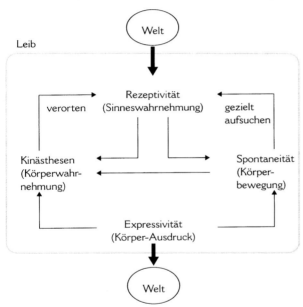

Der Geist und die Sinne
Unsere geistigen Vermögen und unsere Sinne gehören eng zusammen
- weil unser Denken sich erst aufgrund von Sinneswahrnehmungen ausbildet
- umgekehrt die Weise, wie wir die Welt sinnlich wahrnehmen, durch unsere innere Aktivität geleitet wird
- und schließlich unsere seelischen Vorgänge nur durch ihre Verkörperung im Leib zum Ausdruck kommen – auch für uns selbst.

DER KÖRPER IST DER ÜBERSETZER DER SEELE INS SICHTBARE

—

CHRISTIAN MORGENSTERN

DAS GESICHT IST
DIE SEELE DES
KÖRPERS
—
LUDWIG
WITTGENSTEIN

Diese Verkörperung des Geistes kommt für PLESSNER deutlich an den typisch menschlichen Phänomenen von **Lachen und Weinen** zum Ausdruck.

Der Körper übernimmt hier die Antwort auf eine Situation, in der dem Menschen die Beherrschung über sich entgleitet. Indem er sich aber seinem Körper überlässt, findet er den sinnvollen Ausdruck für seine seelische Verfassung, der mit Hilfe von Gestik, Sprache oder Handlung nicht möglich gewesen wäre.

Aufschlussreich ist auch das **Lächeln**, weil es im Unterschied zu Lachen und Weinen Ausdruck für die Distanz des Menschen zu sich und seiner Situation ist. Das Lächeln ist vieldeutig und symbolisiert die Unergründlichkeit des Menschen, der sich mit ihm nach Außen wendet und doch bei sich selbst bleibt. Im Lächeln wird auch das Zusammenspiel von Körper und Geist offensichtlich, weil es sich unbewusst einstellen kann, um dann mühelos als bewusster Ausdruck übernommen zu werden.

Kultur: die zweite Natur

Einfacher Werkzeuggebrauch findet sich auch bei höher entwickelten Tieren. Erst der Mensch ist aber in der Lage, die vorgefundene Natur bewusst zu verwandeln und eine von ihm selbst gestaltete, künstliche Welt hervorzubringen.

ICH BIN. ABER ICH
HABE MICH NICHT.
DARUM WERDEN
WIR ERST
—
ERNST BLOCH

Die **Kultur** tritt nun immer mehr an die Stelle der natürlichen Welt und prägt den Menschen als die Umwelt, in die er hineinwächst und durch die er geformt wird.

Wir sprechen von Kultur im Sinne von drei zusammengehörigen Bedeutungen:

– Sie ist die formende Umgestaltung eines gegebenen **Materials** am Maßstab einer leitenden Idee. Dies findet seinen Ausdruck in der Herstellung von Werkzeugen und Maschinen, also der Technik, aber auch in der Kunst. In diesen Kulturgegenständen ist die Zusammengehörigkeit von materialer Beschaffenheit und Idee wesentlicher Bestandteil ihrer Funktion bzw. ihrer Bedeutung.

– Sie umfasst **ideelle** Kulturleistungen, wie Moral, Recht, Weltanschauung, die ihre Existenz in Vorstellungen, Sprache und gesellschaftlichen Institutionen haben.

– Schließlich sprechen wir auch in Bezug auf den **Menschen** selbst von Kultur. Er gestaltet sich durch Erziehung und das Leben in einer kulturellen Welt.

Voraussetzungen für die hervorbringende und verändernde Tätigkeit des Menschen sind:

- **Vernunft**: Entscheidend ist, dass uns die Dinge nicht einfach unmittelbar gegeben sind, wie sie sind, sondern mit Hilfe von Erinnerung, Planung und Phantasie in ihrem Andersseinkönnen bewusst werden. In Gedanken können wir die Elemente der Welt neu zusammenstellen, Handlungen durchspielen und Ergebnisse vorwegnehmen. Die Erinnerung verhilft dazu, Zusammenhänge zu erkennen und zu ordnen.

- **Sprache**: Sie ermöglicht dieses innerliche Durchspielen, weil sie die Welt in gedanklicher Weise repräsentiert. Als Kommunikationsmittel ist sie unentbehrlich, um gewonnene Erkenntnisse zu bewahren, weiterzugeben und gemeinsames Handeln zu organisieren.

- **Hand**: Der aufrechte Gang setzt die Hand frei und ermöglicht das aufeinander abgestimmte Zusammenspiel von Auge und Hand im Gesichtsfeld. Durch ihre Unspezialisiertheit ist sie in der Lage, in offener und vielfältiger Weise differenziert mit Materialien umzugehen.

Bereits ARISTOTELES (384–322 v.Chr.) hat die besondere Bedeutung der Hand als Organ erkannt:

> *„Die anderen Lebewesen können sich nur jeweils auf eine Art und Weise helfen und ihre Hilfsmittel nicht wechseln. Der Mensch aber hat viele Hilfsmittel… Denn die Hand wird zur Kralle, zur Klaue, zum Spieß und Schwert und zu jeder anderen Art von Waffe und Werkzeug. All dies kann sie werden, da sie alles ergreifen und festhalten kann."*

Die Kultur hat das Leben des Menschen in den Jahrtausenden seiner Geschichte entscheidend verwandelt. Dabei haben sich auch die biologischen Merkmale seines körperlichen Aufbaus und seines Verhaltens verändert. Wie sehr der Mensch aber seine eigene Natur sich selbst unterwerfen kann, können wir erst heute ermessen, wenn wir in Betracht ziehen, dass es in Zukunft machbar sein könnte, das gesamte genetische Programm des Menschen zu verändern und neu zu schreiben.

VIEL UNGEHEURES IST, DOCH NICHTS SO UNGEHEUER WIE DER MENSCH

—

SOPHOKLES

6.4 Körper und Seele

Die Vorstellung einer vom Körper verschiedenen Lebenskraft findet sich bereits bei sehr frühen Kulturen. Sie mag auf der ursprünglichen Erfahrung beruhen, dass dem toten Körper etwas verloren gegangen sein muss, das, obwohl nicht sichtbar, den Unterschied zum Lebenden ausmacht. Die **Seele** wird gedacht als das, was Bewegung und Handlung hervorbringt und daher in allem Bewirkenden (auch in der Macht der Naturereignisse) vorhanden ist.

IN VIELEN SPRA-CHEN GEHÖRT „SEELE" IN DAS BEDEUTUNGSFELD „WIND, HAUCH, ATEM", WAS AUF DEN ATMENDEN KÖRPER, ABER AUCH AUF DAS NICHT-GREIFBARE VERWEIST.

Die antiken philosophischen Anschauungen spiegeln diese Vorstellungen wider. So gelten nicht nur die Lebewesen als beseelt, sondern die **Weltseele** durchdringt den gesamten Kosmos, sie formt die ungestaltete Materie und bringt alle Dinge und deren Werden hervor.

Die „Seelenteile"

Die eigene Erfahrung zeigt, dass unsere psychischen Vorgänge von unterschiedlicher Art sind.

durch körperliche Bedürfnisse bedingt	Hunger, Durst, Schlafbedürfnis, Bewegungsdrang, Sexualität
Reaktionen auf Handlungs-situationen oder innere Vor-stellungen	Freude, Wut, Eifersucht, Mit-leid
Organisation der Verhaltens-weise im Hinblick auf Ziele	Wollen
höhere Bewusstseinsvorgänge	Erinnern, Vorstellen, Denken, Phantasie

Diese Vermögen können zusammen- und gegeneinander spielen: Wir verzichten auf Essen, weil wir abnehmen wollen. Wir sind eifersüchtig, obwohl wir wissen, dass es keinen vernünftigen Grund dafür gibt. Wir wollen Schauspieler werden, obwohl wir noch gar nicht darüber nachgedacht haben, ob wir dafür geeignet sind.

Die **antiken Philosophen** nahmen daher an, dass es „Teile" der Seele gibt, die für die verschiedenen Bereiche zuständig sind. PLATON kennt drei solcher Seelenteile:

- den **begehrenden** oder **triebhaften** Seelenteil,
- den **wollenden** Seelenteil,
- den **vernünftigen** Seelenteil.

Diese können miteinander in Widerspruch stehen, weil der Trieb ein Ziel verfolgen kann, das die Vernunft als schlecht beurteilt. Der Mensch hat daher die Aufgabe, ein harmonisches Zusammenwirken zu erreichen, in dem die Vernunft die Führung übernimmt. Nur so ist Erkenntnis und eine moralische Lebensführung möglich, weil der Mensch ansonsten von seinen Trieben und Affekten gesteuert würde.

Nach PLATON ist der vernünftige Seelenteil unsterblich, während die anderen beiden mit dem Körper verbunden sind und nach dessen Tod zugrunde gehen. In Form eines Mythos berichtet er vom Schicksal der Seele:

Nach dem Tod kehrt die Seele in ein jenseitiges Reich ein, in dem sie das Wesen alles Seienden (die Ideen) erblicken kann. Nach einer Zeit wird sie wieder geboren, „vergisst" aber durch den Eintritt in einen ihrem geistigen Wesen fremden Körper, was sie an Wissen erworben hat. Alles Lernen und Erkennen bedeutet daher Wiedererinnerung an das, was der vernünftige Seelenteil in seiner vorherigen Existenz im Reich der Ideen geschaut hat.

Auch ARISTOTELES unterscheidet verschiedene Seelenvermögen, die zugleich Stufen des Lebendigen darstellen:
- die **vegetative** Seele, die organisches Wachsen (Ernährung) ermöglicht und bereits bei der **Pflanze** vorhanden ist,
- die **sensitive**, die für Wahrnehmung, Bewegung und Begehren zuständig ist und beim **Tier** hinzukommt,
- und die **Geistseele**, die erst dem **Menschen** eigen ist. Dabei unterscheidet ARISTOTELES noch zwischen einer passiven Vernunft, die die Sinneswahrnehmungen verarbeitet, und einer reinen, aktiven Vernunft, die allein unsterblich ist, nach der Lösung vom Körper aber nicht mehr individuell bestimmt ist.

DER SEELISCHE ZUSTAND IST VOM KÖRPER ABHÄNGIG UND BESTEHT NICHT FÜR SICH. DIES ERKENNT MAN GANZ DEUTLICH BEI DER TRUNKENHEIT UND BEI KRANKHEITEN
—
ARISTOTELES

Dualismus

Wenn auch von den antiken und mittelalterlichen Philosophen Körper und Seele als unterschieden gedacht wurde, so war deren Zusammenwirken doch kein eigentliches Problem. Manche griechischen, sogar frühchristlichen Denker dachten sich die Seele ohnehin als sehr feine Materie.

Dies ändert sich mit den in der **Neuzeit** aufkommenden **Naturwissenschaften**. Die Entdeckung mathematisch beschreibbarer Gesetzlichkeiten für die physische Welt zeigt deutlich die Unterschiedenheit zweier Bereiche:

Die Welt der räumlich ausgedehnten Körper lässt sich durch Naturgesetze vollständig kausal beschreiben. Daneben steht die Welt geistiger Vorgänge, nicht räumlich und willentlich verursacht – also frei und nicht mechanisch determiniert.

Beim Menschen stellt sich nun die Frage, wie die beiden Bereiche aufeinander einwirken sollen, denn offensichtlich können wir willentlich handeln und somit durch psychische Vorgänge körperliche auslösen.

RENÉ DESCARTES (1596–1650) war einer der Philosophen, der eine strikte Trennung beider vertritt. **Res cogitans** (das denkende Ding, also der Geist) und **Res extensa** (die räumlich ausgedehnten Dinge) bilden je in sich geschlossene und geschiedene Welten.

DESCARTES hält sich aber eine Hintertür offen: Durch die „Zirbeldrüse", ein Organ im Gehirn, sollen sie sich gegenseitig beeinflussen können. Diese These ist natürlich nicht ganz konsequent. Wenn beide Bereiche völlig getrennt wären, ist so nicht erklärt, wie sie ineinander übergehen könnten, es sei denn die „Zirbeldrüse" selbst wäre dieser Übergang und dann wäre sie weder das eine noch das andere und damit gäbe es einen weiteren, dritten Seinsbereich.

Die sogenannten **Okkasionalisten** (von *lat*. occasio: „Gelegenheit"), wie z. B. NICOLE MALEBRANCHE (1638–1715), sind dagegen konsequent: Wenn Körperliches und Geistiges völlig getrennt sind, können sie nicht kausal aufeinander wirken. Das Zusammenfallen eines Willensaktes und einer Körperbewegung wird nach ihnen daher von **Gott** bei der richtigen Gelegenheit bewirkt: Möchte ich meinen Arm heben, so sorgt Gott dafür, dass der Körper diese Bewegung ausführt.

Der Okkasionalismus ist ein gutes Beispiel dafür, zu welchen Theorien man gelangen kann, wenn man seine Annahmen nicht überprüfen, sondern durch *ad-hoc* (d. h. zu diesem Zweck erfundene) Hypothesen stützen will.

Monismus

Die Alternative zum Dualismus ist die Ansicht, dass es entweder nur Körperliches oder nur Geistiges gibt.

Einen **Materialismus** vertritt LA METTRIE (1709–1751). Der Mensch ist, wie die Tiere auch, nur eine sich selbst steuernde **Maschine**. Die Willensfreiheit ist eine Illusion, der

---

PLÖTZLICH DENKEN, DASS MAN EINEN SCHÄDEL HAT – UND NICHT DEN VERSTAND VERLIEREN!

—

E. M. CIORAN

METAPHYSIK IST DER VERSUCH, IN EINEM VERDUNKELTEN ZIMMER EINE SCHWARZE KATZE ZU FANGEN, DIE SICH GAR NICHT DARIN BEFINDET

—

BERTRAND RUSSELL

Organismus reagiert auf innere Zustände und äußere Reize nach festgelegten, kausalen Gesetzen.

Der materialistische Standpunkt zu dieser Zeit war im Allgemeinen mit einem Determinismus verbunden, weil der Stand des naturwissenschaftlichen Wissens ein mechanistisches Weltbild nahelegte, wie es in der Vorstellung von Lebewesen als „Maschinen" zum Ausdruck kommt.

Unsere heutigen Erkenntnisse haben dieses Bild korrigiert. Die Quantenphysik zeigt, dass auf atomarer Ebene das Verhalten einzelner Teilchen nicht genau bestimmbar ist. Ein so komplexes System wie das Gehirn erzeugt Eigenschaften, die aus den Anfangsbedingungen nicht genau vorhersehbar sind.

Die **idealistische** Gegenposition nimmt GEORGE BERKELEY (1685–1753) ein. Für ihn gibt es gar keinen Grund anzunehmen, dass irgendetwas anderes außer unseren **Vorstellungen** existiert. Die „Dinge", die wir wahrnehmen, sind uns nur als Bewusstseinsinhalte gegeben. Von etwas anderem können wir nichts wissen. Also ist das gesamte Sein der Dinge entweder die Tätigkeit des Vorstellens oder Vorgestelltes (Inhalt des Vorstellens).

Dabei entsteht allerdings das Problem, dass z. B. verschiedene Personen, die an dem gleichen Ort sind, denselben Gegenstand und aus unterschiedlichen Perspektiven wahrnehmen. Wie ist das zu erklären, wenn es keine materiellen Dinge außerhalb von uns gibt, sondern nur Vorstellungen in uns? BERKELEY löst dies durch die Annahme, dass die Welt die Gesamtheit der Vorstellungen in Gott ist. Dieser sorgt dafür, dass die einzelnen Vorstellungen im Menschen der Ordnung der Welt entsprechen. Auch BERKELEY muss also, wie die Okkasionalisten, Gott zu Hilfe nehmen, um seine Theorie zu retten.

Identität und Bedeutungsverschiedenheit

Nach unserem heutigen Wissen kann kein Zweifel darüber bestehen, dass das, was wir als psychische Phänomene bezeichnen (Bewusstsein, Denken, Gefühl, Vorstellung) auf neurophysiologischen Vorgängen im Gehirn beruht. Durch entsprechende elektrische oder chemische Stimulation lassen sich z. B. Wahrnehmungsbilder hervorrufen.

DER MENSCH IST, WAS ER ISST

—

LUDWIG FEUERBACH

DER MATERIALISMUS IST DIE PHILOSOPHIE DES BEI SEINER RECHNUNG SICH SELBST VERGESSENDEN SUBJEKTS

—

ARTHUR SCHOPENHAUER

Dennoch werden wir daran festhalten, dass die Aussagen:
- „Ich empfinde Angst" und
- „Die Sendefrequenz des Neurons ist auf 100 Hertz angestiegen"

etwas anderes bedeuten.

Daraus, dass wir mit unterschiedlichen Aussagen über eine Sache etwas Unterschiedliches *meinen*, können wir jedoch nicht zwingend schließen, dass es etwas Unterschiedliches *ist*. Wir können uns z. B. auf verschiedene Eigenschaften von etwas beziehen, die nicht dieselbe Bedeutung haben, weil wir sie in ein anderes Deutungssystem einordnen. Ein Beispiel kann das veranschaulichen:

> *Nehmen wir ein Gemälde: Ein Wissenschaftler kann die aufgetragenen Farbpartikel analysieren und feststellen, aus welchen chemischen Elementen das Bild zusammengesetzt ist. Die selbe Person sieht das Bild und erkennt eine englische Landschaft, empfindet es als schön und gerät vielleicht in eine melancholische Stimmung.*

Das Bild ist eine Ansammlung von Farbpigmenten und ein Kunstwerk. Beides ist es nicht an sich, sondern im Hinblick auf das Deutungssystem, von dem her wir es beschreiben: dem des chemischen Periodensystems oder unserer inneren Vorstellungswelt.

Dass wir die Vorgänge in unserem Gehirn physiologisch oder psychisch beschreiben können, heißt daher nicht, dass sie das eine oder andere sind. Derjenige, in dessen Kopf sie ablaufen, registriert sie auf andere Weise als derjenige, der Elektroden anlegt. In beiden Fällen werden daher auch andere sprachliche Ausdrücke verwendet, um sie zu kennzeichnen.

Die Schwierigkeit besteht darin, dass alle Theorien über unsere Bewusstseinsvorgänge Theorien über sich selbst sind. Eine physiologische Aussage über eine Vorstellung im Gehirn ist eine Vorstellung im Gehirn. Wir können daher gar nicht sagen, *was* sie ist, weil wir dazu aus uns selbst heraustreten müssten, wir können nur sagen, *wie* sie uns erscheint, anhand verschiedener Modelle, die sich unsere Vorstellungen über sich selbst machen.

GEHIRN: EIN ORGAN, MIT DEM WIR DENKEN, DASS WIR DENKEN

—

AMBROSE BIERCE

Überblick über klassische und moderne Positionen

KLASSISCHE POSITIONEN		
Dualismus	Interaktionismus	Körper und Seele sind getrennt, sie können aber aufeinander wirken.
	Parallelismus	Körper und Seele sind getrennt, es gibt keine gegenseitige Beeinflussung.
	Epiphänomenalismus	Der Körper kann auf die Seele wirken, aber nicht umgekehrt.
Monismus	Materialismus	Auch psychische Phänomene sind physisch-materiell.
	Panpsychismus	Es gibt keine Körperwelt, alles ist psychisch.
	Neutraler Monismus	Die eine Wirklichkeit ist weder körperlich noch psychisch.

NEUE POSITIONEN	
Identitätstheorie	Körperliche und psychische Zustände sind identisch.
Funktionalismus	Geist und Körper verhalten sich wie Software und Hardware beim Computer.
Emergenztheorie	Das Geistige ist zwar mit dem Körper verbunden, zeichnet sich aber durch Auftreten neuer Eigenschaften aus.

7. Geschichte und Geschichtlichkeit

Warum reichen wir bei Bewerbungen einen Lebenslauf ein? Wir nehmen an, dass unsere Lebensgeschichte Aufschluss darüber gibt, wer wir heute sind und welche Leistung in Zukunft von uns erwartet werden kann.

Dies bestätigt den Satz JEAN-PAUL SARTRES (1905–1980): „Ich bin meine Geschichte". Dass sich mancher Personalchef aber gründlich täuscht, könnte HEGELS Behauptung Recht geben, dass wir aus der Geschichte nichts lernen können.

Geschichte ist keine kausale Abfolge, weshalb sich aus der Vergangenheit nicht mit Notwendigkeit auf die Zukunft schließen lässt. Dies gilt für Biografien ebenso wie für die Menschheit. Die Beschäftigung mit dem, was war, dient dem Verstehen der gegenwärtigen Situation als einer historisch gewordenen. Diese bildet zwar die faktische Grundlage unserer Handlungsmöglichkeiten, ist aber zugleich offen für das, was wir daraus machen – für die in die Zukunft reichenden Entwürfe.

Zu seiner Geschichte steht der Mensch in einem zwiespältigen Verhältnis:
– Zum einen sind es seine Handlungen, die ihren Verlauf beeinflussen,
– zum anderen ist das komplexe Zusammenspiel aller Faktoren, die dazu führen, dass die Geschichte diesen oder jenen Weg nimmt, nicht absehbar.
Der Mensch ist einer Dynamik unterworfen, die er selbst mithervorbringt, ohne sie zu beherrschen.

Was wir im eigentlichen Sinn unter Geschichte verstehen, sind nicht die faktischen Ereignisse selbst, sondern die Weise, in der wir von ihnen wissen.

– Das Bild der Geschichte hängt so zum einen von dem ab, was uns an Zeugnissen überliefert ist, *was* wir erinnern oder vergessen. Wer in die Zukunft wirken will, muss daher Sorge tragen, dass die Späteren von ihm wissen.

Ägyptische Pharaonen setzten sich unübersehbare Monumente, damit die Erinnerung an sie bewahrt wird, ebenso wie sie der Ächtung verfallene Vorgänger durch Ausmeißeln aller Inschriften mit deren Namen dem Vergessen anheimgeben wollten. Von wem nichts überliefert ist, der hat für die Späteren nie gelebt.

– Zum anderen wird die Bedeutung historischer Ereignisse dadurch bestimmt, *wie* wir Erinnern, d. h. wie wir sie gegenwärtig deuten (z. B. als Vorbild oder abschreckendes Beispiel). Und da unsere Interpretationen wiederum unserem geschichtlichen Standpunkt entspringen, ist die Geschichte in Veränderung begriffen, sie wandelt sich mit uns.

7.1 Vom Sinn der Geschichte

Ist die Geschichte nichts anderes als die Aneinanderreihung von Ereignissen, denen wir im Nachhinein eine Bedeutung geben – oder hat sie einen ihr selbst innewohnenden **Sinn**, verfolgt sie ein eigenes Ziel? Eine **Gesetzmäßigkeit** im Ablauf der Geschichte zu entdecken, ist das Ziel der meisten geschichtsphilosophischen Entwürfe.

Aufstieg und Niedergang

Der italienische Geschichtsphilosoph GIAMBATTISTA VICO (1668–1744) glaubt drei Stufen des Aufstiegs von Völkern zu erkennen, auf deren Höhepunkt dann wieder der Verfall einsetzt.

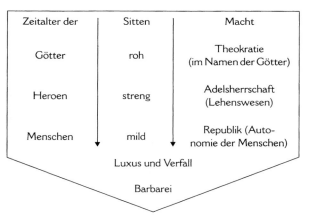

Diese Bewegung kehrt immer wieder, da sie im Wesen des Menschen begründet ist, aus dessen Handlungen die Geschichte entspringt.

> *So beginnt nach dem Niedergang des römischen Reiches der Aufstieg der nordischen Barbaren, der über das Lehenswesen des Mittelalters (der Kaiser als von Gott eingesetzter Herrscher) zum Humanismus der Renaissance führt.*

Aufstieg der Wissenschaft

Während VICO von einem zyklischen Geschichtsbild ausgeht, zeigt sich bei AUGUST COMTE (1798–1857) der typische **Fortschrittsoptimismus** der neuzeitlichen Wissenschaft. In der Entwicklung des menschlichen Geistes sieht er drei Stadien aufeinander folgen, die jedes Individuum ebenso wie Kulturen durchlaufen:

JETZT IST ES DER MENSCH, DER SCHEITERT, WEIL ER MIT DEM FORTSCHRITT SEINER EIGENEN ZIVILISATION NICHT SCHRITT HALTEN KANN
—
ORTEGA Y GASSET

97

Stadium	theologisch-mythologisch	metaphysisch	positiv-wissenschaftlich
Erklärung der Welt durch	übernatürliche Kräfte	abstrakte Wesenheiten	wissenschaftliche Gesetzmäßigkeiten
Gesellschaftsform	feudal	revolutionär	wissenschaftlich-industriell

Die Vernunft in der Geschichte

Der im Zeitalter der Aufklärung herrschende Glaube an die **Vernunft** kommt bei GEORG FRIEDRICH WILHELM HEGEL (1770–1831) in der Überzeugung zum Ausdruck, dass

> *„die Vernunft die Welt beherrsche, dass es also auch in der Weltgeschichte vernünftig zugegangen sei."*

> Das Ziel der Geschichte ist es, dass der Geist zum Bewusstsein dessen gelangt, was er ist und dies in der Welt verwirklicht.

Um Klarheit über sich zu gewinnen, muss der Geist Gestalten annehmen, durch die er sich selbst zum Gegenstand seines Wissens machen kann, und diese Gestalten sind die weltgeschichtlichen Völker.

Da nach HEGEL das Wesen des Geistes **Freiheit** ist, ist der Fortschritt in der Geschichte der Fortschritt im Bewusstsein der Freiheit. Weil nun „der Geist tut, was er weiß", hängt die tatsächliche politische Freiheit von diesem Bewusstsein ab.

HEGEL unterscheidet drei welthistorische Reiche:

> *Die orientalische Welt wusste nicht, dass der Mensch an sich frei ist und darum war nur einer frei – der Herrscher. Seine „Freiheit" ist deshalb Willkür und Despotismus.*
> *Bei den Griechen und Römern waren einige frei. Die Freiheit war daher zufällig und bedroht, weil jeder auch zum Sklaven werden konnte.*
> *Erst in der christlich-germanischen Welt kam das Bewusstsein zum Durchbruch, dass jeder frei ist.*

> Die geschichtliche Bewegung entspringt den in jeder Epoche enthaltenen **Widersprüchen** zwischen dem Bewusstsein und den tatsächlichen politischen Verhältnissen.

GESCHICHTE IST NUR DAS, WAS IN DER ENTWICKLUNG DES GEISTES EINE WESENTLICHE EPOCHE AUSMACHT

—

G. W. F. HEGEL

So hat der christliche Gedanke der Gleichheit und Freiheit aller Menschen weder sofort die Sklaverei abgeschafft noch ist er in entsprechende Staatsformen umgesetzt worden. Die endgültige Realisierung erhoffte HEGEL von den im Zuge der französischen Revolution sich ausbildenden modernen Staaten.

HEGEL musste seine Vorstellung, dass die Weltgeschichte notwendig vernünftig voranschreitet und somit ihren Endzweck – Selbstbewusstsein des Geistes und Realisierung der Freiheit – erreicht, damit in Einklang bringen, dass dieses Ziel durch die Handlungen der Menschen verwirklicht werden muss, die ihren partikulären, egoistischen Antrieben folgen.

Er sieht daher eine „**List der Vernunft**" am Werk, die sich bestimmter Menschen ohne deren Wissen bedient, um ihre allgemeinen Ziele zu vollenden, denen die Interessen des Einzelnen untergeordnet werden müssen. Solche **welthistorischen Individuen** – wie ALEXANDER DER GROSSE oder CÄSAR – sehen instinktiv die unentfalteten Möglichkeiten ihrer Epoche als Aufgabe. Sie glauben aus eigenem Antrieb zu handeln, sind aber nur die „Geschäftsführer des Weltgeistes".

> DIE WELTGE-
> SCHICHTE IST NICHT
> DER BODEN DES
> GLÜCKS. DIE PERI-
> ODEN DES GLÜCKS
> SIND LEERE BLÄTTER
> IN IHR
> —
> G. W. F. HEGEL

Aufhebung der Entfremdung

KARL MARX (1818–1883) greift den dialektischen Gedanken HEGELS auf, dass der Verlauf der Geschichte durch die in einer Epoche bestehenden Widersprüche vorangetrieben wird, gibt ihm jedoch eine materialistische Wendung.

- Das Entwicklungsgesetz der Geschichte ist in den materiellen Lebensbedingungen des Menschen begründet.
- Das gesellschaftlich-ökonomische Sein bestimmt das Bewusstsein des Menschen.
- Die Vernunft ist nicht das in der Geschichte Vorausgesetzte, sondern das durch Änderung der tatsächlichen Verhältnisse zu Realisierende.

Um an den Ursprung der Geschichte zu gelangen, muss man sich nach MARX die einfache Voraussetzung vor Augen halten, dass die Menschen erst einmal leben müssen, um Geschichte machen zu können.

> DIE PHILOSOPHEN
> HABEN DIE WELT
> NUR VERSCHIEDEN
> INTERPRETIERT, ES
> KOMMT DARAUF AN,
> SIE ZU VERÄNDERN
> —
> KARL MARX

Die Herstellung der Mittel zur Lebensführung ist also die „erste geschichtliche Tat". **Arbeit** ist der Ausdruck für diese Selbsterzeugung des Menschen.

Der jeweilige Zusammenhang von **Produktionsverhältnissen** (Gesamtheit der Beziehungen der Produzierenden un-

tereinander, besonders Eigentumsverhältnisse) und **Produktivkräften** (Arbeiter, Maschinen, Wissen) ist für eine bestimmte historische Epoche charakteristisch.
Zwischen beiden treten Widersprüche auf, die sich in **Klassengegensätzen** ausdrücken und zu ihrer Auflösung durch Revolutionen führen.
Die sich bisher ablösenden Gesellschaftsformen waren:
- **Sklavenhaltergesellschaft** (Freie – Sklaven)
- **Feudalismus** (Adlige – Leibeigene)
- **bürgerliche Gesellschaft** (Bourgeois – Proletarier).

Am Beispiel des **Kapitalismus** lässt sich der die Geschichte vorantreibende Widerspruch zwischen Produktionsverhältnissen und Produktivkräften aufzeigen:
Die vom Arbeiter produzierte Ware wird Eigentum des Unternehmers. Beide entfremden sich damit von sich selbst, weil der Zusammenhang von Arbeit und Lebenserzeugung zerrissen wird: Der Arbeiter besitzt nicht, was er geschaffen hat und der Unternehmer besitzt, was er nicht geschaffen hat.
Mit der Ware wird ein Mehrwert produziert, da der Eigentümer nicht den Gesamtgewinn über den Lohn weitergibt. Er kann damit Kapital anhäufen, das er etwa für Rationalisierungsmaßnahmen einsetzt. Da nun mehr Arbeitskräfte vorhanden sind als benötigt werden, kann er den Lohn weiter drücken und den Mehrwert steigern.
Die Folge ist eine zunehmende Verelendung des Proletariats, die schließlich zur Revolution führt. Die Produzenten übernehmen das Eigentum an Waren und Produktionsmitteln, wodurch die Entfremdung und der Klassengegensatz aufgehoben wird.

> DAS UNSITTLICH HASTIGE STREBEN NACH BESITZ UND REICHTUM AUF SEITE DER FABRIKANTEN, DIE NOT AUF SEITE DER ARBEITER FÜHRT ZUR LOHNDRÜCKUNG, ZUM DRUCKSYSTEM, ZUR ABSOLUTEN HERRSCHAFT DES KAPITALS IN DER WIRTSCHAFT, IN DER GESELLSCHAFT, IM STAAT
> —
> GUSTAV SCHMOLLER

Hegel und Marx im Vergleich

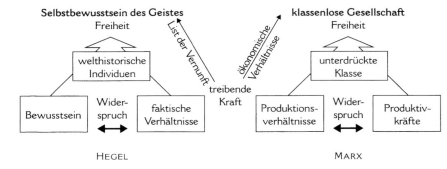

100

Kritik an der Geschichtsphilosophie

Die bisher vorgestellten Modelle erkennen zwar den handelnden Menschen als geschichtsbedingend an, meinen jedoch eine Gesetzmäßigkeit erkennen zu können, die sozusagen „hinter seinem Rücken" das Gesamtergebnis seines Tuns in eine bestimmte Richtung lenkt.

In der modernen Philosophie steht man solchen Konstruktionen kritisch gegenüber. Sie erscheinen als Sinngebungen, die der Betrachter im Nachhinein (oder im Vorgriff als Wunschvorstellung) in den Verlauf der Geschichte hineinlegt.

So betrachtet der Geschichtsphilosoph THEODOR LESSING (1872–1933) Geschichte sogar als „**Sinngebung des Sinnlosen**": Die Fakten, die Historiker zusammentragen, sind nichts als zufällige und zusammenhanglose Ereignisse. Da wir aber gewohnt sind, unserem Leben einen Sinn zu geben, indem wir es im Hinblick auf Absichten und Ziele deuten, verfahren wir mit der Geschichte genauso. Tatsächlich aber ist sie eine Erdichtung, Projektion der Wunschvorstellungen unserer eigenen Zeit.

Diese Kritik verweist uns auf das schon zu Beginn angesprochene Problem, dass die Bedeutung geschichtlicher Ereignisse von unserer Deutung bestimmt wird – also auf den Menschen, mit dessen Bewusstsein Geschichte erst entsteht.

GESCHICHTE IST DAS MUSTER, DAS MAN HINTERHER IN DAS CHAOS WEBT

—

CARLO LEVI

GESCHICHTE IST EINE NIE BEENDETE MENSCHHEITLICHE MYTHENDICHTUNG

—

THEODOR LESSING

7.2 Geschichtlichkeit des Menschen

Das Phänomen der Geschichte können wir nur richtig verstehen, wenn wir uns vor Augen halten, dass es sie nur gibt, weil die Existenz des Menschen selbst geschichtlich ist und dies ist sie wiederum aufgrund ihrer **Zeitlichkeit**.

Betrachten wir unsere Lebensgeschichte: Sie setzt sich zusammen aus Ereignissen, die miteinander dadurch verknüpft sind, dass sie eine Bedeutung für das Ganze meines Lebens haben, also für das, was ich bin.

Dass ich in jungen Jahren Platon gelesen habe, hat mich veranlasst, Philosophie zu studieren und heute unterrichte ich Philosophie an der Universität. Wären aber Umstände eingetreten, die mich zu einer Politikerlaufbahn geführt hätten, hätte ich vielleicht ganz vergessen, je Platon gelesen zu haben. Das Ereignis hätte dann keine Bedeutung. Oder nehmen wir an, ich wäre der Überzeugung, viel glücklicher zu sein, wenn ich Schauspieler wäre. Dann würde die Platonlektüre den Beginn eines Irrweges bedeuten.

In die Bedeutung der Ereignisse geht also nicht nur ein, was war, sondern auch das, was der einzelne für die Zukunft erhofft und plant.

> **Geschichtlichkeit** bedeutet, dass unsere Gegenwart von Vergangenheit (Gewordensein) und Zukunft (offene Möglichkeiten) geprägt ist.

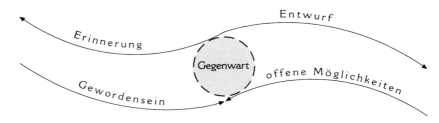

GESCHICHTE MUSS IMMER WIEDER NEU GESCHRIEBEN WERDEN, NICHT WEIL NEUE HISTORISCHE TATSACHEN BEKANNT WERDEN, SONDERN WEIL SICH DER STANDPUNKT DER BETRACHTER ÄNDERT

—

ARNOLD J. TOYNBEE

Geschichte als bewusster Zusammenhang spiegelt diese Weise der Verzeitlichung wider:

Ein geschichtliches Ereignis ist nur verständlich in seinem Gewordensein, d. h. dessen, was ihm voraus liegt. Es wird jedoch interpretiert von einem späteren Standpunkt, der das dem Ereignis Nachfolgende (d. h. von diesem selbst aus gesehen Zukünftige) mitberücksichtigt. Zugleich ist dieser Standpunkt selbst Ergebnis der Geschichte, deren Verständnis er wiederum prägt.

Wir befinden uns daher beständig in einem Fluss, in dem Vergangenes und Zukünftiges aufeinander bezogen wird. Der Sinnzusammenhang der Geschichte ändert sich, weil er von einer immer neuen Perspektive aus gedeutet wird.

Vergangenheit — historisches Ereignis — Interpretationsstandpunkt — Zukunft

> Anders als die Gegenstände, mit denen sich die Naturwissenschaft beschäftigt, ist Geschichte der Ausdruck menschlichen Wirkens. In der Beschäftigung mit ihr erkennt der Mensch daher sich selbst.

So wie ein einzelner seine Identität durch seine Biografie gewinnt, indem er erfährt, was er kann, will, erhofft und wie er von anderen erlebt wird, so erfassen wir Eigenschaften,

Möglichkeiten und Grenzen des Menschen durch das, was er in seiner Geschichte hervorgebracht hat.

Da die Geschichte aber im Fluss ist und mit ihr die geschichtliche Deutung unserer selbst, können wir das Wesen des Menschen nie abschließend begreifen, es bleibt offen auf die unabsehbaren Möglichkeiten der Zukunft hin.

WAS DER MENSCH SEI, SAGT IHM NUR SEINE GESCHICHTE

—

WILHELM DILTHEY

7.3 In Geschichten verstrickt

Deutung und Bedeutung

Um Geschichte zu verstehen, benötigen wir zwar historische Zeugnisse, diese gewinnen eine **Bedeutung** aber erst dadurch, dass wir sie interpretieren. Bedeutung ist nicht eine Eigenschaft, die etwas an sich hat, sondern sie ergibt sich aus der Art der Beziehungen, durch die es mit anderem verknüpft ist.

So ist die Bedeutung eines Hammers als Werkzeug erst im Zusammenhang mit Nägeln und Brettern, dem Zweck des Befestigens von Brettern und dem Menschen, der Werkzeuge gebrauchen kann, gegeben.

Wichtig ist, dass es Bedeutungen nur innerhalb einer **Deutung** gibt, die solche Beziehungen herstellt. Diese ist wiederum bestimmt durch den Horizont, innerhalb dessen sich der Interpret befindet, d. h. durch seine Erfahrungen, die Tradition seiner Kultur, das Deutungsmuster, das er benutzt (z. B. ein wissenschaftliches, künstlerisches oder religiöses).

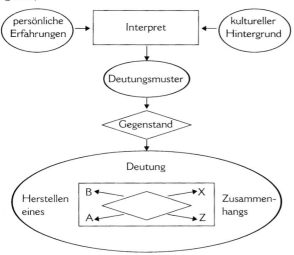

Ein Beispiel soll dies veranschaulichen:

Bei den australischen Ureinwohnern gibt es Gegenstände, sog. Tjuringas, die aus Stein oder Holz bestehen und auf die Zeichnungen eingeritzt sind, die sich auf Ahnenwesen aus der mythischen Urzeit beziehen.

- Für die Ureinwohner sind sie heilige Gegenstände, die nur Eingeweihten gezeigt werden dürfen. Die eingezeichneten Symbole sind nur verständlich durch ihren Bezug innerhalb der mythischen Geschichte. Diese wiederum schreibt die soziale Struktur des Stammes fest und enthält Regeln für die Ausführung von Ritualen.
- Im Museum sind Tjuringas ein Ausstellungsstück, das auf die fremde Welt Australiens verweist. Sie sind nicht tabu, sondern können von jedem gesehen werden. Der mit ihnen erzählte Mythos beeinflusst nicht das Leben des Betrachters.

Die Tjuringas haben so eine andere Bedeutung, je nach dem Zusammenhang, in dem sie gesehen werden – und dieser ist geprägt von der jeweiligen Geschichte. Für die australischen Ureinwohner ist es die Geschichte der Ahnenwesen und der Entstehung der Welt, für den europäischen Museumsbesucher die andere Geschichte seiner Kultur, der Ethnologie und damit verbunden des Kolonialismus (sonst wäre der Gegenstand nicht von seinem ursprünglichen Platz entfernt worden).

Der Bedeutungszusammenhang der Welt

Die Welt des Menschen ist immer bedeutungshaltige Welt, sonst könnten wir uns in ihr gar nicht zurechtfinden. Handeln und Sprechen ist im Grunde beständiges Deuten. Wenn uns dies im Alltag kaum auffällt, dann deshalb, weil unser Umgang mit der Welt bereits auf eingeübten Deutungsleistungen beruht, die nicht immer wieder ausdrücklich vollzogen werden müssen. Erst wenn unvertraute Gegenstände und Ereignisse auftauchen, fangen wir bewusst an zu interpretieren.

Dieses Phänomen lässt sich an einem Beispiel aus der modernen Kunst zeigen:

Der Künstler Joseph Beuys beklebt eine Badewanne und stellt sie ins Museum.

Betreten wir unser Badezimmer, rätseln wir nicht über die Funktion dieses seltsamen Gegenstandes. Wenn wir hineinsteigen, um darin zu baden, geben wir ihm eine bestimmte Bedeutung, in deren Hintergrund nicht nur der Wissenserwerb unserer eigenen Lebensgeschichte steht, sondern

---

DER WEISSE MENSCH KENNT KEIN TRÄUMEN, ER GEHT EINEN ANDEREN WEG

—

MUTA VON DEN MURIMBALA

KUNST MACHT AUS ETWAS ETWAS ANDERES, AUS REALEM FIKTIVES ODER AUS FIKTIVEM REALES

—

ANDRÉ THOMKINS

z. B. auch die Geschichte der Hygiene-Vorstellungen, der Einrichtung von Wohnräumen und des Handwerks.

Im Museum wird die Badewanne aus ihrem gewohnten Sinnzusammenhang herausgerissen. Wir werden aufgefordert, den Gegenstand pur, ohne den üblichen Hintergrund zu sehen und neu, z. B. in seiner Formgebung, zu erfahren.

Die Erschlossenheit der Welt

Der Philosoph WILHELM SCHAPP (1884–1965) hat die Weise unseres In-der-Welt-Seins als „**Verstricktsein in Geschichten**" bestimmt. Geschichten sind das, was man erzählen muss, um zu wissen, wer jemand und was etwas ist. Mit ihnen erschließen wir uns die Welt,

- indem wir sagen, woher etwas kommt,
- indem wir Zusammenhänge zwischen Personen, Dingen und Ereignissen herstellen,
- indem wir die Weise der Erschließung durch die Form der Erzählung wählen (Mythen, Philosophie oder Alltagserfahrung eröffnen die Welt in jeweils anderer Weise).

„Verstricktsein" heißt, dass wir nicht betrachtend außerhalb der Welt stehen, sondern handelnd, fühlend, wollend in das Geschehen und mit anderen Menschen verwoben sind.

Jeder einzelne, jede Kultur und jedes Zeitalter ist dabei in seine eigenen Geschichten verstrickt. Um die Geschichten anderer zu verstehen, suchen wir nach Erfahrungen, die uns aus unserer Eigengeschichte vertraut sind.

Beginne ich etwa ein Gespräch mit dem Satz: „Weißt du noch, damals…", dann fordere ich den anderen auf, sich in den Horizont einer gemeinsamen Geschichte zu begeben, um das Folgende zu verstehen.

Da aber die Gesamtheit der Geschichten nie gleich ist, haben Ereignisse, Vorstellungen und Handlungen in jedem Horizont eine andere Bedeutung. Unter Liebe, Weisheit, Recht oder Staat wird in verschiedenen Zeiten und Kulturen anderes verstanden.

Beschäftigen wir uns mit der Geschichte, so können wir deshalb nie herausfinden, wie es „eigentlich" gewesen ist. Wenn wir von den „Punischen Kriegen" sprechen, dann erzählen wir ihre Geschichte mit den Mitteln unserer „Jetztgeschichte" und nicht der der Römer oder Karthager. Indem wir aber vergangene Geschichten neu erzählen, werden sie Teil der Gesamtheit unserer Geschichten, mit denen wir die Welt erschließen, und verändern damit unser Selbstverständnis und unser Handeln.

WAS IHR DEN GEIST DER ZEITEN HEISST, DAS IST IM GRUND DER HERREN EIGENER GEIST, IN DEM DIE ZEITEN SICH BESPIEGELN

—

GOETHE, FAUST

7.4 Utopien

Unser gegenwärtiges Bewusstsein ist nicht nur von dem geprägt, wie wir unsere Vergangenheit verstehen, sondern auch davon, wie wir uns auf zukünftige Möglichkeiten beziehen.

Das Prinzip Hoffnung

ERNST BLOCH (1885–1977) sieht im Ausgerichtetsein auf noch unentfaltete Möglichkeiten einen Wesenszug des Menschen. Die Welt ist nicht fertig, kein unveränderliches So-Sein, sondern hat den Charakter des Noch-Nicht, eines Prozesses, für den der Mensch die Weichen stellen muss.

Die **Hoffnung** auf eine gerechte soziale und politische Ordnung ist für BLOCH eine treibende Kraft menschlichen Handelns. Diese Hoffnung ist keine Flucht vor der Welt, sondern kritischer Maßstab für die bestehenden Verhältnisse und Motor ihrer Veränderung. Ihren Ausdruck findet sie in der Utopie. Der Blick auf die Zukunft – auf das, was sein kann oder soll – bestimmt unser gegenwärtiges Verständnis und Handeln mit: „Das Morgen lebt im Heute."

Klassische Utopien

Die klassischen **Utopien** (von *griech.*: „an keinem Ort") sind nicht eigentlich Vorstellungen darüber, wie die Welt in Zukunft aussehen kann, sondern **Idealbilder** der menschlichen Gesellschaft. Literarisch sind sie daher oft nicht in fernen Zeiten, sondern auf unbekannten Inseln angesiedelt.

Das Urbild aller Utopien ist PLATONS (427–347 v. Chr.) Buch „**Der Staat**". Das Übel in den bestehenden Staaten sieht PLATON in der fehlenden Einsicht der Regierenden und Bürger begründet, die sich von Neigungen und Egoismus beherrschen lassen. Abhilfe kann nur geschaffen werden, wenn diejenigen an die Macht kommen, die die wahre Erkenntnis vom Guten und Gerechten haben – und dies sind die **Philosophen**.

PLATONS Idealgesellschaft ist in drei Stände aufgegliedert, denen man aufgrund charakterlicher Eigenschaften zugeordnet wird:

WIR SIND SUBJEKTE OHNE NAMEN, KASPAR-HAUSER-NATUREN, DIE MIT UNBEKANNTER ORDRE FAHREN

—

ERNST BLOCH

EHE NICHT ENTWEDER DIE PHILOSOPHEN KÖNIGE WERDEN IN DEN STAATEN ODER DIE SO GENANNTEN KÖNIGE WAHRHAFT UND GRÜNDLICH PHILOSOPHIEREN ... EHER GIBT ES KEINE ERHOLUNG VON DEM ÜBEL FÜR DIE STAATEN

—

PLATON

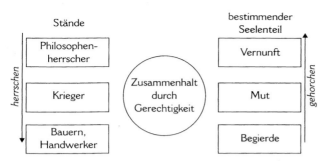

Oberstes Ziel ist das **Allgemeinwohl**, dem die Interessen des Einzelnen untergeordnet werden müssen. Garant für das Erreichen dieses Ziels ist
- die Gleichheit der Bürger,
- die auf Vernunfteinsicht und seelische Harmonie ausgerichtete Erziehung aller,
- die Abschaffung des Privateigentums und der Familie (als Parzelle des Egoismus).

Daneben gehören auch Zensur und „heilsame" Lügen zu den Mitteln der Herrscher, die sie im Interesse aller anwenden dürfen.

Im Zeitalter der Renaissance wurden einige Utopien verfasst, von denen die „Utopia" des Humanisten und Lordkanzlers THOMAS MORUS (1478–1535) die bekannteste ist: In der Gleichheit aller und in der Abschaffung des privaten Besitzes sieht er den Weg zur Beseitigung von Egoismus und Konflikten. Die Geringschätzung äußerer Güter und die soziale Absicherung bei Krankheit und im Alter sollen ein sorgenfreies Leben ermöglichen.

Bei genauer Betrachtung hat die Idylle aber einige Schattenseiten: So gibt es Sklaven, die aus Verbrechern des eigenen und anderer Staaten rekrutiert werden und auf wiederholte Vergehen gegen die festgelegte Ordnung stehen strengste Strafen.

> Ein Problem aller klassischen Utopien ist, dass sie ihr Idealbild der Gesellschaft nicht mit der Freiheit des Einzelnen in Einklang bringen können.

> *Wie PLATON es ausdrückt: Die ideale Gesetzgebung sorgt sich nicht um das Wohl des einzelnen, sondern um den Staat im Ganzen, „indem sie die Bürger durch Zuspruch und Zwang aufeinander abstimmt ... nicht um sie dann nach ihrem Willen leben zu lassen, sondern um sie für den Zusammenhalt des Staates zu verwenden."*

EIN UTOPIST KANN EIN MANN SEIN, DER ZU WOLLEN WAGT, WAS NOCH KEINEN PRÄZEDENZFALL GEHABT HAT. ABER AUCH EIN MANN, DER ES SICH LEISTET, ALLES AUSZUKLAMMERN, WAS DER UTOPIE IM WEGE STEHT

—

LUDWIG MARCUSE

Diese Utopien besitzen so einen doppelten Aspekt: Sie kritisieren bestehende soziale und politische Verhältnisse ihrer Zeit und sie offenbaren unbeabsichtigt die Gefahr eines totalitären Staatsentwurfes, der im Namen des Ideals den Menschen zu seinem Glück zwingen will.

Utopien sind Gedankenexperimente, mit deren Hilfe der Mensch sich vor Augen halten kann, welche Konsequenzen die Errichtung einer bestimmten politischen Ordnung in der Realität hätte.

Was die Utopien literarisch widerspiegeln, zeigt sich auch in der realen Praxis, z. B. am Versuch, den Kommunismus zu realisieren: Jedes Ideal, das sich absolut setzt und an Stelle der Freiheit tritt, gerät zur Diktatur.

JEDE UTOPIE, DIE
IHRER VERWIRKLI-
CHUNG ENTGEGEN-
GEHT, ÄHNELT
EINEM ZYNISCHEN
TRAUM
—
E.M. CIORAN

Negative Utopien

Wie ein Vergrößerungsspiegel sollen in der **Zukunft** angesiedelte Utopien wirken: Sie spielen durch, wie die Welt von morgen aussehen kann, wenn politische und technische Entwicklungen von Heute zu Ende gedacht werden.

> Viele Utopien sehen die Tendenz zu einer Massengesellschaft, in der die Individualität aufgelöst wird, und zugleich die moderne Technik als Werkzeug in der Hand totalitärer Staaten, um damit diese Masse zu beherrschen.

GEORGE ORWELLS (1903–1950) Roman „1984" schildert eine Zukunft, in der der „Große Bruder" mit Hilfe von Überwachungseinrichtungen jeden Schritt seiner Parteimitglieder kontrolliert. Um auch „Gedankenverbrechen" zu beseitigen, wird eine neue Sprache entwickelt, die es unmöglich machen soll, eine von der Ideologie abweichende Vorstellung auch nur zu denken.

KRIEG IST FRIEDEN –
FREIHEIT IST SKLAVE-
REI – UNWISSENHEIT
IST STÄRKE
—
ORWELL, „1984"

Ein wesentliches Machtinstrument ist die Veränderung der Vergangenheit. Ein Ministerium ist ausschließlich und ständig damit befasst, frühere Zeitungsberichte umzuschreiben und der jeweils geltenden Parteidoktrin anzupassen. Das kollektive Gedächtnis wird so zerstört, dem einzelnen bleiben keine Anhaltspunkte für seine eigenen Erinnerungen.

EVGENIJ ZAMJATIN (1884–1937) hat in seinem Roman „Wir" die Aussage der negativen Sozialutopien auf den Punkt gebracht: Da in der Freiheit die Möglichkeit zum Bösen liegt, muss die Freiheit beseitigt werden, um das Gute zu realisieren.

Der Ingenieur D-503 resümiert daher: „Ist die Freiheit des Menschen gleich Null, begeht er keine Verbrechen. Das ist völlig klar. Das einzige Mittel, den Menschen vor dem Verbrechen zu bewahren, ist, ihn vor der Freiheit zu bewahren."

Utopien als Modelle

Utopien spiegeln Strömungen ihrer Zeit wider:
— den Glauben an die Vervollkommnungsmöglichkeit des Menschen in der Renaissance,
— die Technikverliebtheit im 19. Jh. (z. B. JULES VERNE),
— Skepsis gegenüber der Fortschrittsgläubigkeit und Erfahrung mit totalitären Systemen im 20. Jh.

Heute zeigen Utopien eine Vielfalt von Formen und Entwürfen:
— als Sciencefiction: von Endzeit-Szenarien, in denen sich der Mensch nach einer atomaren oder ökologischen Katastrophe auf einer unzivilisierten Stufe im Kampf ums bloße Überleben wieder findet, bis zur Vision eines intergalaktischen Völkerbundes, der sich friedlich der Erforschung des Weltalls widmet;
— als wissenschaftliche Prognosen, die die Folgen technischer und sozialer Entwicklungen abschätzen (z. B. Bericht des „Club of Rome");
— als Neuentwürfe einzelner Lebensbereiche (z. B. Konzepte zukünftiger Stadtentwicklung).

So wie der Mensch in der Beschäftigung mit der Vergangenheit sich seiner selbst in dem bewusst wird, was er hervorgebracht hat, so sind Utopien Modelle, die der Aufklärung über uns selbst dienen:
— Sie enthüllen Ängste und Wünsche,
— sie spielen die Folgen von Handlungsmöglichkeiten durch,
— sie kritisieren bestehende Verhältnisse und Tendenzen,
— sie setzen der Stagnation im Bestehenden alternative Lebensentwürfe entgegen.

ES SOLLTE SICH AUCH NIEMAND VON DEN WISSENSCHAFTLERN DES CLUBS OF ROME ANSTECKEN LASSEN, DER UNS ERZÄHLT HAT, WIR SOLLTEN WIEDER ALLE ZU EINEM EINFACHEN LEBEN ZURÜCKKEHREN. ... DIOGENES KONNTE IN DER TONNE LEBEN UND WAR DAMIT ZUFRIEDEN. ABER ER WAR PHILOSOPH, UND DAS SIND WIR MEIST ALLE NICHT

—

HELMUT SCHMIDT

8. Individuum und Gesellschaft

Ende der 70-er Jahre verschärfte die Volksrepublik China ihre Maßnahmen zur Geburtenkontrolle dahingehend, dass jedes Ehepaar nur ein Kind haben sollte. Da die Familie in der chinesischen Kultur einen zentralen Stellenwert hat, bedeutete dies einen nachhaltigen Eingriff in die traditionelle Lebensweise. Begründet wurde die Ein-Kind-Familie mit den durch die große Bevölkerungszahl (in China lebt ein Viertel der Weltbevölkerung) einhergehenden wirtschaftlichen Problemen (z. B. des Lebensstandards und der Ernährung). Trotz der angedrohten Strafen widersetzen sich viele Paare der Anordnung.

Dieses Beispiel zeigt einen gravierenden Konflikt zwischen den Zielvorstellungen von Individuen und denen, die die Gesellschaft im Ganzen verfolgen muss. Auch wenn solche Konflikte nicht ständig aktuell offensichtlich werden, so ist die Spannung zwischen individuellen und gemeinschaftlichen Interessen doch ein Grundzug der Gesellschaftlichkeit überhaupt.

IMMANUEL KANT (1724–1804) nennt diesen Widerspruch die „ungesellige Geselligkeit" des Menschen: Jeder Einzelne verfolgt Interessen, in denen er durch die anderen eingeschränkt wird. Andererseits hat er Bedürfnisse, die ohne Zusammenarbeit nur schwer oder gar nicht erfüllt werden könnten.

Das gesellschaftliche Zusammenleben ist daher nicht frei von Konflikten, die geregelt werden müssen, wenn die Gesellschaft als Ganzes erhalten und ihren Aufgaben gerecht werden soll.

Solche „Regelsysteme" sind z. B. die Moral und das Recht, aber auch das Ethos einer Berufsgruppe, die „Spielregeln" des Geschäftsverkehrs oder des alltäglichen Umgangs. Sie dienen dazu, das Handeln und die Ziele des Einzelnen mit denen aller anderen vereinbar zu machen.

Dabei soll ein ausgewogenes Verhältnis zwischen den Interessen des Individuums und der Gesellschaft hergestellt werden. Der Handlungsspielraum des Einzelnen muss so gestaltet werden, dass die Gesellschaft ihre Aufgaben erfüllen kann: von der Versorgung mit den lebensnotwendigen Gütern bis hin zu kulturellen Leistungen wie Wissenschaft, Kunst und Literatur. Dies erfordert sowohl Beschränkung des Einzelnen als auch die weitestmögliche Freisetzung der individuellen kreativen Fähigkeiten, ohne die es keinen Fortschritt gibt und ohne die die Gesellschaft in überholten Mustern erstarrt.

„Die Gesellschaft" ist eine abstrakte Größe. Sie besteht konkret aus den Handlungen, Vorstellungen und Beziehungen ihrer Mitglieder. Sie ist daher um des Individuums willen da und erfüllt ihren Sinn nur, wenn sie auch dessen Selbstverwirklichung ermöglicht.

8.1 Ursprung der Gesellschaft

ARISTOTELES (384–322 v. Chr.) nennt den Menschen „ein von Natur aus gesellschaftliches Lebewesen". Das Leben in der Gemeinschaft ist für den Menschen nicht nur für sein einfaches Überleben erforderlich, sondern erst in der Beziehung zu anderen kann er alle Möglichkeiten entfalten, die sein Menschsein ausmachen.

Natürliche Sozialität und kulturelle Formung
Schon rein biologisch gesehen ist der Mensch kein Einzelgänger, sondern gehört zu den Arten, die soziale Verbände bilden. Für das Leben in der Gruppe bringt er bestimmte Verhaltensanlagen mit: die Fähigkeit der Herstellung von Bindungen, der Nachahmung, von Fürsorge und Solidarität, ebenso wie der Abgrenzung und Aggression. Damit gliedert er sich sowohl in die Gemeinschaft ein, wie er sich als er selbst von ihr absetzt und seine eigene Identität entwickelt.

Im Unterschied zu den meisten Tieren kommt der Mensch allerdings sehr unfertig zur Welt. Weitgehend ohne die Sicherheit instinktiver Verhaltensmuster muss er sich das Verständnis seiner Welt und die adäquaten Handlungsweisen erst lernend aneignen. Er unterliegt daher einer starken Formung durch die sozialen und kulturellen Einflüsse.

Die soziale Welt, in der der Mensch aufwächst, ist keine natürliche, sondern eine vom Menschen selbst geschaffene Welt der Kultur. Menschliche Sozialität ist wesentlich durch die **Sprache** geprägt. Mittels Sprache werden
- Erfahrungen und Erkenntnisse bewahrt und weitergegeben,
- kooperative Handlungen organisiert,
- anzustrebende Ziele entworfen und gegenseitige Ansprüche geltend gemacht,
- die Regeln des Zusammenlebens formuliert und kritisiert.

Formen der Beziehung
Die Gesellschaft ist kein einheitliches Gebilde, sondern gliedert sich in vielfältige **Sozialbezüge**: Freundschaft, Familie, Schule, Arbeitsplatz, Sportverein usw. Die Gesellschaftlichkeit des Menschen bewegt sich daher nicht in einem Raum unbestimmter Möglichkeiten, sondern wird inhaltlich konkret durch die Stellung in solchen Bezugsgruppen: als Mutter oder Kind, Lehrer oder Schüler, in einer

GESELLSCHAFT IST DIE VEREINIGUNG DER MENSCHEN UND NICHT DIE MENSCHEN SELBST
—
MONTESQUIEU

VGL. KAP. 6.1: DIE SONDERSTELLUNG DES MENSCHEN

Partnerschaft. Entsprechend beinhalten solche Bezüge Muster für Verhaltensweisen: hierarchisch – gleichberechtigt, selbstzwecklich – zweckrational, solidarisch – konkurrierend.

Sozialbezüge	Rollen	Verhaltensmodelle
Familie	Eltern-Kind, Geschwister	fürsorglich, erzieherisch, solidarisch
Partnerschaft	Freund/in, Ehepartner	partnerschaftlich, sexuell
Schule	Lehrer-Schüler Schüler	erzieherisch, hierarchisch leistungsorientiert, kameradschaftlich
Beruf	Vorgesetzter-Untergebener Kollege	hierarchisch, zweckrational konkurrierend, kooperativ
Verein	Mitglied	selbstzwecklich, gesellig, kooperativ
Religionsgemeinschaft	Priester Gläubiger	seelsorgerisch selbstzwecklich, sinnstiftend

OHNE ES ZU WOLLEN, OHNE JEDE ABSICHT, MUSS SICH JEDES ZUKÜNFTIGE MITGLIED DEN ANDEREN GRUPPENMITGLIEDERN GEGENÜBER SELBSTDARSTELLEN, D. H. ES TUT DIES! ... DIE SELBSTDARSTELLUNG IST KONSTITUIEREND ODER KENNZEICHNEND FÜR DEN DRUCK, DEN GRUPPENBILDUNG AUF DIE BETEILIGTEN AUSÜBT...

—

DIETER CLAESSENS

Das Finden der eigenen Stellung in der Gesellschaft wird daher beeinflusst durch Ansprüche und Erwartungen anderer und durch Rollen, die der Einzelne einnehmen, abwandeln oder ablehnen kann.

HELMUTH PLESSNER (1892–1985) vergleicht die soziale **Rolle** mit dem Agieren eines Schauspielers. Ein Schauspieler stellt eine bestimmte Rolle dar, aber er muss sie auf seine eigene, charakteristische Weise ausfüllen.

So kann der Mensch nicht umhin, eine Rolle einzunehmen, um in der Gesellschaft einen für andere verstehbaren Platz einzunehmen – aber er muss darin er selbst sein und er kann Rollen ablehnen, die ihm nicht entsprechen.

Gesellschaft als Regelsystem

Auch sozial lebende Tiere verhalten sich nach bestimmten Regeln, die als instinktive Muster festgelegt sind. Beim Menschen sind diese Regeln bewusst und veränderbar. Er muss sie sich selbst geben und über ihre Gültigkeit entscheiden.

> Gesellschaft ist nicht einfach das äußerliche Zusammensein von Individuen, sondern die Gesamtheit der bewussten und unbewussten Beziehungen zwischen ihnen, die sich in einem System von Regeln äußern.

Zwei der offenkundigsten Regelsysteme sind die **Moral** und das **Recht**. Beide enthalten Aussagen
- über die Grenzen, denen der Handlungsspielraum des einzelnen im Hinblick auf die Möglichkeit des Zusammenlebens aller unterliegen muss;
- über die Verpflichtungen und die Ansprüche, die ich gegenüber den anderen und der Gemeinschaft insgesamt habe;
- über Ziele und die Mittel, die erlaubt sind, um diese Ziele zu verfolgen.

Der wesentliche Unterschied zwischen ihnen besteht darin,
- dass die Moral auf der Ebene der Gesellschaft mit den Mitteln von Achtung, Verachtung und Ausgrenzung ihre Befolgung einfordert,
- während das Recht eine zentrale Gewalt voraussetzt, die die Einhaltung der Gesetze erzwingen kann.

TREFFEN SICH KINDER ZUM SPIELEN, SO WERDEN BALD REGELN AUSGEHANDELT, EIN „SPIELVERDERBER" WIRD AUSGESCHLOSSEN. DIESES SPONTANE VERHALTEN ZEIGT SCHON DIE URSPRÜNGLICHE BEDEUTUNG VON REGELN FÜR GEMEINSCHAFTLICHES HANDELN.

VGL. KAP. 9.1: MORALISCHE REGELN UND WERTUNGEN

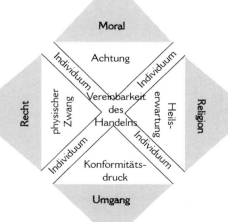

Das soziale Zusammenspiel

Auf der gesellschaftlichen Ebene müssen sich Formen des Zusammenspiels der handelnden Mitglieder herausbilden, die die Einzelinteressen zusammenbinden. Solche Formen sind:

- **Kommunikation**: als Raum des Entwurfs von Zielen, Geltendmachen von Ansprüchen, Analyse und Kritik der bestehenden Wirklichkeit, Weitergabe und Bewahrung von Wissensinhalten;
- **Kooperation**: als Organisation des Handelns im Hinblick auf gemeinsame Ziele;
- **Solidarität**: als Fähigkeit der Perspektivenübernahme, d. h. berechtigte Bedürfnisse und Interessen anderer zu erkennen, anzuerkennen und in die Motivation des eigenen Handelns zu übernehmen.

8.2 Gesellschaft und Staat

Gesellschaft im eigentlichen Sinne ist ein offenes Geflecht sich selbst regulierender Beziehungen. Der Staat entsteht erst durch die Schaffung einer zentralen Gewalt, die befugt ist, für alle verbindliche Entscheidungen zu treffen und durchzusetzen.

DER STAAT BIN ICH

—

LUDWIG XIV.

In der Antike hat man im Hinblick darauf, wer die Machtbefugnis inne hat, folgende **Herrschaftsformen** unterschieden:

	Machtausübung durch		
	einen	mehrere	alle
gerechte Form	Monarchie	Aristokratie	Politie
entartete Form	Tyrannis	Oligarchie	Demokratie

DAS IST JA KEIN STAAT, WELCHER EINEM MANN GEHÖRT

—

SOPHOKLES, „ANTIGONE"

Aufgaben des Staates

- eine **Rechtsordnung** schaffen und ihre Einhaltung gewährleisten,
- **Autarkie** und **Identität** des Staatswesens nach außen hin vertreten,
- die **sozialen** und **wirtschaftlichen** Bedingungen unterstützend so regulieren, dass für jeden einzelnen die grundlegenden Lebensbedingungen und die Entfaltung seiner Fähigkeiten gewährleistet sind.

Dabei stellt sich das Problem, wieweit die Befugnis des Staates gehen darf, sowohl in den Lebensvollzug des Einzelnen als auch in die Eigenständigkeit der gesellschaftlichen Dynamik einzugreifen. Bei der Beantwortung dieser Frage lassen sich idealtypisch zwei extreme Positionen einnehmen:

Individualismus und Kollektivismus

— Betrachtet man die freie Selbstverwirklichung des **Individuums** als obersten Wert, so dient der Staat nur dazu, den Rahmen zur Verfügung zu stellen, in dem diese am besten gewährleistet ist. Die Regulierungsbefugnis des Staates bezieht sich vor allem darauf, die Beeinträchtigung des Selbstbestimmungsrechts durch andere abzuwehren.

— Denkt man von der **Gemeinschaft** her, so kann man geltend machen, dass niemand erst Individuum ist und dann zur Gesellschaft hinzutritt. Vielmehr wächst er von Anfang an in sozialen Bezügen auf, ohne die er nicht zu dem wird, was er sein kann und die ihm auch die materiellen und ideellen Bedingungen zur Verfügung stellen, die seine Selbstverwirklichung ermöglichen. Daher ist der Bestand und das Funktionieren der Gemeinschaft vorrangig zu gewährleisten.

Der Konflikt zwischen den beiden Positionen wird z. B. deutlich an der Diskussion, inwieweit die Gemeinschaft Folgen zu tragen hat, die aus der Selbstverwirklichung des Einzelnen entstehen. Muss die Solidargemeinschaft der Krankenversicherten die Lasten mittragen, die durch riskante oder ungesunde Lebensweise entstehen (z. B. Extremsportarten oder Rauchen).

Je nach Ausgangsstandpunkt kann man zu unterschiedlichen Ergebnissen kommen:

— Der Staat hat das Recht, dem Einzelnen zu dessen eigenem Wohl „unvernünftige" Verhaltensweisen zu verbieten.

— Der Staat kann dem Einzelnen zwar nicht in dessen Lebensweise hineinreden, solange es niemand anderen beeinträchtigt. Er muss aber auch nicht hinnehmen, dass die daraus entstehenden Kosten von der Gemeinschaft getragen werden.

— Das Recht des Einzelnen, in der Gemeinschaft die Lebensweise verwirklichen zu können, die ihm entspricht, ist so hoch zu veranschlagen, dass die Gemeinschaft auch für die evtl. Lasten aufkommen muss.

ALS WICHTIGSTE AUFGABE DES STAATES SEHE ICH DIE, DAS INDIVIDUUM ZU SCHÜTZEN UND IHM DIE MÖGLICHKEIT ZU BIETEN, SICH ZUR SCHÖPFERISCHEN PERSÖNLICHKEIT ZU ENTFALTEN. DER STAAT SOLL ALSO UNSER DIENER SEIN UND NICHT WIR SKLAVEN DES STAATES

—

ALBERT EINSTEIN

Vertragstheorie

Die im Zeitalter der Aufklärung (17./18. Jh.) entwickelten Vertragstheorien versuchen eine Antwort auf die Frage zu geben, wodurch die Machtbefugnis des Staates legitimiert ist und wieweit sie reicht. Um dies zu klären, stellen sich z. B. THOMAS HOBBES (1588–1679) und JOHN LOCKE (1632–1704) vor, wie ein Naturzustand vor Gründung des Staates aussehen würde:

> Im **Naturzustand** ist jeder Mensch gleich und frei, alles zu tun und zu besitzen, was er will. Da nun aber jeder seinen eigenen Vorteil verfolgt und Richter in eigener Sache ist, herrscht ein Zustand dauernder Bedrohung und des Krieges. Um diese Unsicherheit zu beenden, schließen die Menschen einen **Gesellschaftsvertrag** ab: Sie unterwerfen sich einer zentralen Gewalt, die im Namen aller für Ordnung und Frieden zu sorgen hat.

DER NATÜRLICHE ZUSTAND DER MENSCHEN, BEVOR SIE ZUM STAAT ZUSAMMENTRATEN, IST DER KRIEG ALLER GEGEN ALLE

—

THOMAS HOBBES

Die Vertreter einer solchen Vertragstheorie glauben nicht, dass eine Staatsgründung auf diese Weise tatsächlich stattgefunden hat. Sie wollen mit ihrem Gedankenexperiment ausdrücken, dass jeder Mensch von Natur aus frei ist und der Staat nur dadurch legitimiert ist, dass er beauftragt wird, die rechtlichen Verhältnisse zu schaffen, innerhalb derer die Ausübung der natürlichen Freiheit am besten gewährleistet ist.

ALLE MACHT GEHT VOM VOLKE AUS – UND KEHRT NIE WIEDER ZURÜCK

—

GABRIEL LAUB

Für den auf diesen Gedanken fußenden **politischen Liberalismus** ist es so z. B. Aufgabe des Staates, jedem das gleiche Recht auf Eigentum zuzusprechen, ansonsten aber die Wirtschaft dem freien Spiel des Marktes zu überlassen. Der Ökonom ADAM SMITH (1723–1790) ist der Überzeugung, dass das Eigeninteresse jedes einzelnen am Wohlstand durch eine der Marktwirtschaft innewohnenden Gesetzlichkeit von selbst zum größten Gesamtwohl führt.

Formale Gleichheit und materielle Ungleichheit

Der Liberalismus gesteht jedem formal die gleiche Freiheit zu, überlässt jedoch deren Realisierung der Eigendynamik der sozialen und wirtschaftlichen Kräfte. Dies bewirkt aber faktisch eine große wirtschaftliche Ungleichheit, weil diejenigen, die einmal zu Besitz und Einfluss gelangt sind, ihn auf Kosten der anderen unbeschränkt ausweiten können.

Kurz gesagt: Die Reichen werden immer reicher, die Armen immer ärmer. Diese Entwicklung zeigte sich im 19. Jh. an der verheerenden Verelendung der Massen von Industriearbeitern.

Diese geschichtliche Erfahrung hat gezeigt, dass der Staat, um gerechte Verhältnisse zu schaffen, die gesellschaftliche Dynamik und die Wirtschaft nicht völlig sich selbst überlassen kann. In Gegenposition zum Liberalismus ist daher der **Sozialismus** – mit KARL MARX (1818–1883) als seinem wichtigsten Vertreter – der Überzeugung, dass erst die bestehenden Besitz- und **Produktionsverhältnisse** geändert werden müssen, um Gleichheit und tatsächliche Freiheit herzustellen.

Das private Eigentum an den industriellen Produktionsmitteln sowie der Großgrundbesitz führen zur Abhängigkeit vieler von einigen wenigen. Nach sozialistischer Vorstellung muss daher der Staat die Produktionsmittel übernehmen und für eine gerechte Verteilung sorgen.

Die tatsächliche Erfahrung in sozialistisch geführten Staaten hat aber gezeigt, dass die Verfolgung dieser Idee zu einer erheblichen Einschränkung der persönlichen Freiheit führte. Zudem konnte die Planwirtschaft auf dem Weltmarkt nicht mit der Effektivität freier Marktwirtschaft konkurrieren.

> DAS GESETZ IN SEINER ERHABENEN MAJESTÄT VERBIETET ES ARMEN UND REICHEN GLEICHERMASSEN, UNTER BRÜCKEN ZU SCHLAFEN, BROT ZU STEHLEN UND AN ECKEN BETTELN ZU GEHEN
>
> —
>
> ANATOLE FRANCE

Verschiedene Staatsmodelle

	Erstrebenswerte Staats-/Gesellschaftsform	Wichtige Gedanken
PLATON	Aristokratie (Philosophenherrscher)	Unterordnung aller unter das Wohl der Gemeinschaft. Kein Privateigentum.
ARISTOTELES	Politie (gemäßigte Volksherrschaft)	Das vollendet gute Leben bedarf der staatlichen Gemeinschaft.
HOBBES	Absolutistische Staatsgewalt (Person oder Versammlung)	Der Staat ist der „sterbliche Gott", dem wir Frieden und Schutz verdanken.
KANT	Republikanische Verfassung	Föderalistischer Friedensbund der Staaten.
HEGEL	Konstitutionelle Monarchie	Der Staat ist die Wirklichkeit der konkreten Freiheit.
MARX	Klassenlose Gesellschaft	Notwendige historische Entwicklung hin zum Kommunismus: Urgesellschaft, Sklavenhaltergesellschaft, Feudalismus, Kapitalismus, Sozialismus.

Kriterien staatlichen Handelns

Die Machtbefugnis des Staates besteht nicht um ihrer selbst willen, sondern um das Funktionieren der Gesellschaft im Interesse der Selbstverwirklichung aller zu gewährleisten. Daher muss genau abgewogen werden, in welche Bereiche der Staat ordnend einzugreifen hat und welche Freiheitsräume bestehen bleiben müssen. Diese Abwägung muss im Einzelnen aufgrund der konkreten sozialen, kulturellen und historischen Situation erfolgen. Unter philosophischer Perspektive lassen sich jedoch einige allgemeine Forderungen aufstellen:

- Die politische Macht muss beständig durch **demokratische Wahlen** legitimiert werden. Ihre Entscheidungen müssen gegebenenfalls durch direkte Volksabstimmungen korrigierbar sein.
- Ökonomisch effektives Handeln ist mit den Grundsätzen **sozialer Gerechtigkeit** zu verbinden. Im Hinblick auf den Weltmarkt ist zu bedenken, dass Umverteilungsmaßnahmen nicht nur national stattfinden dürfen.
- Die sozialen und ökonomischen Verhältnisse müssen so gestaltet sein, dass **Freiheitsrechte** nicht nur formal gewährt werden, sondern von jedem auch inhaltlich realisiert werden können.
- Das geltende Recht muss auf **überstaatliche Normen** verpflichtet sein, wie sie der Idee nach in den Menschenrechten zum Ausdruck kommen.

DER STAAT IST UM DES MENSCHEN WILLEN DA, NICHT DER MENSCH UM DES STAATES WILLEN
—
ENTWURF DES VERFASSUNGSKONVENTS ZUM GRUNDGESETZ

8.3 Gleichheit und Gerechtigkeit

Ein wesentlicher Grundgedanke moderner Staatsauffassungen liegt in der Gleichheit aller Mitglieder der Gesellschaft. In der Unabhängigkeitserklärung der Vereinigten Staaten von Amerika von 1776 wird festgehalten:

> *„... dass alle Menschen als Gleiche geschaffen werden, dass ihnen von ihrem Schöpfer bestimmte unveräußerliche Rechte verliehen sind..."*

Von unserer späteren Perspektive aus muss verwundern, dass dies die Erklärung eines Landes ist, in dem noch Sklaverei bestand und Frauen vom Wahlrecht ausgeschlossen waren. Der Widerspruch zwischen Idee und Realisierung ist ein kennzeichnendes Merkmal faktischer Gesellschaften. Während die Idee vorauseilt, ist deren Umsetzung aufgrund bestehender sozialer und wirtschaftlicher Gegebenheiten, vor allem aber von Machtinteressen, ein nachfolgender Pro-

IN DEN USA WURDE DIE SKLAVEREI MIT DEM ENDE DES BÜRGERKRIEGES 1865 ABGESCHAFFT, IN BRASILIEN BESTAND SIE NOCH BIS 1888.

zess. Normative Leitideen des sozialen Wandels sind die von Gleichheit und Gerechtigkeit.

Unterschiedliche Begriffe von Gleichheit

- **Formale** Gleichheit soll in rechtlicher Hinsicht bestehen. Die Gesetze müssen jeden gleichermaßen binden und dürfen niemanden von Rechten ausschließen.
- **Materiale** (d. h. die den tatsächlichen Inhalt betreffende) Gleichheit bestünde darin, dass jeder gleichen Besitz, gleiche Bildung, gleichen Handlungsspielraum hätte.

Dem steht gegenüber, dass in Bezug auf die **individuellen** Eigenschaften keine Gleichheit bestehen kann, da sich jeder Mensch als Persönlichkeit gerade in seiner Einmaligkeit auszeichnet.

Das gesellschaftlich zu lösende Problem besteht in dem Zusammenspiel dieser drei Aspekte.

So verlangt z. B. die formal zugestandene Chancengleichheit aufgrund der individuellen Verschiedenheit der Begabung und des Lernverhaltens gerade eine inhaltlich unterschiedliche schulische Förderung, um die individuellen Möglichkeiten angemessen entfalten zu können.

Die tatsächliche Gleichheit des Besitzes ist der Gedanke einiger (auch kommunistischer) Staatsutopien. Sie ließ sich in der Praxis nicht verwirklichen, da sie offenbar den vorhandenen menschlichen Handlungsantrieben und -zielen widerspricht. Diese Art materialer Gleichheit findet sich in heutigen Staaten allenfalls in Form einer Mindestversorgung mit lebensnotwendigen Gütern („Sozialhilfe").

Formen der Gerechtigkeit

ARISTOTELES unterscheidet folgende Grundformen der Gerechtigkeit:

Gleichheit vor dem Gesetz	Gesetze gelten für alle. Niemand soll sich durch ihre Nichtbeachtung einen Vorteil verschaffen.	
Gleichheit der Verhältnisse	ausgleichende Gerechtigkeit	Wiederherstellung gleicher Verhältnisse. Ausgleich von Schaden.
	verteilende Gerechtigkeit	Zuteilung von Aufgaben und Gütern.

ALLE MENSCHEN SIND VOR DEM GESETZ GLEICH

—

GRUNDGESETZ, ARTIKEL 3

DASS DER BESITZ NUR DANN AUF GLEICHMÄSSIGE UND GERECHTE WEISE VERTEILT WERDEN KANN UND DIE GESCHICKE DER MENSCHEN NUR DANN GLÜCKLICH GESTALTET WERDEN KÖNNEN, WENN DAS PRIVATEIGENTUM AUFGEHOBEN WORDEN IST

—

THOMAS MORUS, „UTOPIA"

- Die **ausgleichende** Gerechtigkeit gilt z. B. bei Vergehen wie Vertragsbruch oder Diebstahl. Hier ergibt sich die herzustellende Gleichheit aus der Sache, nicht im Hinblick auf die Personen. Für die Höhe des angerichteten Schadens ist nicht von Bedeutung, wer wen bestohlen hat.
- Bei der **verteilenden** Gerechtigkeit ist die anzustrebende Gleichheit unter Ansehung der individuellen Voraussetzungen, wie z. B. der Bedürftigkeit, herzustellen. Deshalb gilt hier der Grundsatz:

 Jedem das Seine – nicht das Gleiche.

Eine moderne Theorie der Gerechtigkeit

Nun stellt sich natürlich das Problem, auf welche Weise das jedem zukommende Seine zu bestimmen ist. Der Sozialphilosoph JOHN RAWLS (1921–2002) sucht daher nach einem Verfahren, mit dem man zu einer begründeten Feststellung der Inhalte gelangen kann.

Grundvoraussetzung ist die **Unparteilichkeit** der Entscheidung. RAWLS stellt sich daher in einem Gedankenexperiment vor, welche Grundsätze sich Menschen geben würden, die zusammen kommen, um über die künftige Einrichtung ihrer Gesellschaft zu beschließen. Um unvoreingenommen zu sein, dürften sie nichts über ihre persönlichen Fähigkeiten und ihre künftige soziale Stellung wissen. Sie würden erwarten, dass die Gesellschaft jedem die gleichen Chancen zu einer möglichst weitgehenden Verwirklichung seiner selbst gibt. Daher würden sie zwei Grundsätze festlegen:

1. Jedermann hat das gleiche Recht auf das umfangreichste System gleicher Grundfreiheiten, das für alle möglich ist.
2. Soziale und wirtschaftliche Ungleichheiten sind so zu gestalten, dass sie zu jedermanns Vorteil dienen und sie mit Positionen verbunden sind, die jedem offen stehen.

Das erste Prinzip legt fest, dass die Freiheit Einzelner nur eingeschränkt werden darf, wenn dadurch insgesamt die Freiheit aller größer wird, z. B. durch Aufrechterhaltung der gesellschaftlichen Ordnung.

Nach dem zweiten sog. Differenzprinzip ist eine wirtschaftliche Ungleichverteilung dann gerechtfertigt, wenn die Schwächsten in dieser Gesellschaft immer noch einen höheren Lebensstandard haben als dies in einem anderen Wirtschaftssystem der Fall wäre.

IM EIGENTLICHEN WORTSINN BEDEUTET GLEICHHEIT VOR DEM GESETZ DAS RECHT AUF BETEILIGUNG AN DER ERSTELLUNG DER GESETZE, DENEN MAN UNTERWORFEN IST, BEDEUTET EINE VERFASSUNG, DIE ALLEN GRUPPEN DER BEVÖLKERUNG DEMOKRATISCHE RECHTE GARANTIERT

—

NELSON MANDELA

9. Handeln und Bewerten

Leben wir in Gesellschaft mit anderen, so hat unser Handeln Folgen, die die Handlungs- und Lebensmöglichkeiten der anderen beeinflussen. Ob und wie ich meine Interessen und Bedürfnisse verwirklichen, mein Leben gestalten und meinen Freiheitsspielraum wahrnehmen kann, hängt von dem Zusammenspiel aller ab. Mein Handeln schränkt andere ein oder fördert sie, so wie andere mich einschränken oder fördern.

Moralische Regeln enthalten deshalb Aussagen darüber:
– welche Verhaltensweisen erwartet werden, um anderen in ihrer Lebensgestaltung nicht zu schaden bzw. sie zu fördern;
– welchen Grenzen meine Handlungen im Interesse des Zusammenlebens aller unterliegen müssen;
– welche Wertvorstellungen verfolgt werden.

Über den Inhalt solcher Regeln können jedoch unterschiedliche Vorstellungen bestehen:

– Innerhalb einer Gesellschaft: Tierversuchsgegner befreien Versuchstiere aus Laboren, weil sie deren Leiden für unverantwortbar halten. Die Befürworter machen die Notwendigkeit für den medizinischen Fortschritt geltend.
– In verschiedenen Kulturen: Bei uns ist Polygamie strafbar, in etlichen Kulturen ist sie erlaubt.
– Zu verschiedenen Zeiten: Bis in die Neuzeit hinein galt die Folterung als legitimes Mittel der Strafe oder um Geständnisse zu erzwingen. Heute ist sie international geächtet, auch wenn sie von einigen Staaten weiterhin praktiziert wird.

Soll eine Regel für alle verbindlich sein, so müssen Gründe dafür angegeben werden. Die bloße Berufung auf die Tradition, die Meinung der Mehrzahl oder das eigene Empfinden genügen aus philosophischer Sicht nicht.

Der Gegner von Tierversuchen wird in seiner Argumentation
– **sachliche Gründe** angeben (z. B. ob die Ergebnisse von Tierversuchen überhaupt auf den Menschen anwendbar sind),
– seine **Wertehierarchie** klar machen (Leiden von Tieren gegen mögliche Verringerung des Leidens beim Menschen),
– **moralische Grundsätze** anführen (z. B. Mitleid, Ehrfurcht vor dem Leben).

Unter **Ethik** wird die kritische Reflexion auf die in einer Gesellschaft geltenden moralischen Vorstellungen, ihre Herkunft und Funktion verstanden. Ethik sucht nach einer unabhängigen **Begründung** moralischer Grundsätze, was eine Kritik an der bestehenden Moral und Neuentwürfe beinhaltet.

9.1 Moralische Regeln und Wertungen

Wir können **moralische Regeln** als eine Form der Verständigung der Menschen untereinander betrachten, in denen sie zum Ausdruck bringen
- welche **Ansprüche** sie gegeneinander haben,
- welchen **Grenzen** die Handlungsfreiheit des Einzelnen unterliegt, um mit der der anderen vereinbar zu sein,
- welche **Wertvorstellungen** Menschen haben.

In jeder Regel ist daher implizit eine Aussage darüber enthalten, was wir als erstrebens-*wert* betrachten.

Die Forderung: „Du sollst nicht töten" beruht auf dem vorausgesetzten Wert des Lebens – „Du sollst nicht stehlen" bringt die Wertschätzung von Eigentum zum Ausdruck.

Wertvorstellungen und Regeln für das Verhalten finden wir in jeder Gesellschaft bereits vor. Sie sind immer Ausdruck eines bestimmten historischen und sozialen **Selbstverständnisses** einer Kultur. Obwohl einige Grundvorstellungen über die Zeiten im wesentlichen gleich geblieben sind, verändern sich viele Einstellungen, sie sind unterschiedlich in verschiedenen Kulturen und auch innerhalb einer Gesellschaft kontrovers.

Die Entwicklung des moralischen Urteils

Welche moralischen Einstellungen in unserer eigenen Kultur vorhanden sind, lernen wir durch die Erziehung und in der Begegnung mit anderen. Entwicklungspsychologisch vollzieht sich dieser Vorgang in Stufen, auf denen das Kind die Bedeutung und Anwendung einer Regel verstehen lernt, dann aber auch dazu gelangen muss, sie kritisch zu hinterfragen.

Der Psychologe LAWRENCE KOHLBERG (1927–1987) hat versucht, verschiedene Stufen der Form moralischer Urteile herauszuarbeiten. So kann sich die Bewertung egozentrisch an Gehorsam und Bestrafung orientieren, an konkreten Vorstellungen der Aufrechterhaltung von Autorität und sozialer Ordnung oder an abstrakten Prinzipien wie Widerspruchsfreiheit und Verallgemeinerungsfähigkeit. Obwohl die Allgemeingültigkeit seiner Ergebnisse im entwicklungspsychologischen Sinne umstritten ist, verdeutlichen sie doch mögliche unterschiedliche Motivationen für die Einhaltung von Regeln und Weisen ihrer Begründung.

NACHDEM MAN EINE GEMEINHEIT BEGANGEN HAT, IST MAN FAST IMMER BESTÜRZT. EINE UNREINE BESTÜRZUNG: KAUM SPÜRT MAN SIE, DA PLUSTERT MAN SICH AUF, STOLZ, EINE SO EDLE ENTRÜSTUNG EMPFUNDEN ZU HABEN, UND SEI ES AUCH ÜBER SICH SELBST

—

E. M. CIORAN

Form und Inhalt

Eine Regel muss einen Grad an Allgemeinheit haben.

1. Es war falsch, heute vormittag in der Stadt zu schnell zu fahren.

Diese Aussage enthält zwar ein moralisches Urteil, aber keine Regel, da sie sich nur auf diesen einen Fall bezieht. Um dieses Urteil zu begründen, kann man auf die allgemeinere Regel zurückgreifen:

2. Du sollst das Leben anderer nicht in Gefahr bringen.

Dieser Satz ist allgemeiner als der erste, aber er besagt z. B. immer noch nichts darüber, ob es erlaubt ist zu stehlen. Der folgende als „goldene Regel" bezeichnete Satz dagegen kann von seiner Form her für alle moralischen Fragen herangezogen werden:

3. Was du nicht willst, das man dir tut, das füge auch keinem anderen zu.

Anwendung von Regeln

Je allgemeiner die Form eines Satzes ist, auf um so mehr Fälle kann man ihn anwenden, aber um so weniger konkret ist sein Inhalt. So sagt der zweite Satz nichts darüber aus, in welchen Situationen jemand gefährdet ist. Um die Geschwindigkeit bewerten zu können, muss also der moralischen Grundsatz auf den speziellen Fall angewendet werden; dazu wird Sachwissen über die Grenzen der Beherrschbarkeit eines Fahrzeugs benötigt.

Unterschiedliche moralische Einschätzungen von Situationen beziehen sich deshalb oft gar nicht auf die Grundsätze des Handelns, sondern beruhen auf unterschiedlichen Urteilen über die sachlichen Gegebenheiten.

So wird kaum jemand bezweifeln, dass wir die Gesundheit anderer nicht gefährden sollen (moralischer Grundsatz). In welchem Maß Kernkraftwerke dies tun, wird aber technisch verschieden eingeschätzt (Sachurteil).

Ein weiteres Problem der Anwendung von Regeln beruht auf der Vielschichtigkeit von Handlungssituationen. Daher kann es vorkommen, dass verschiedene Regeln und die darin enthaltenen Wertsetzungen in Konflikt geraten. In diesem Fall muss eine Entscheidung darüber getroffen werden, welcher Wert höherrangig einzustufen ist.

Stehle ich z. B. Lebensmittel, um damit jemanden vor dem Verhungern zu retten, so ist diese Handlung moralisch gerechtfertigt, weil das Leben einen höheren Wert als das Eigentum darstellt.

DIE GERECHTIGKEIT ENTHÄLT IN SICH EINE UNÜBERWINDLICHE SPANNUNG: GLEICHHEIT IST IHR WESEN, ALLGEMEINHEIT IST DESHALB IHRE FORM – UND DENNOCH WOHNT IHR DAS BESTREBEN INNE, DEM EINZELFALL UND DEM EINZELMENSCHEN IN IHRER EINZIGKEIT GERECHT ZU WERDEN

—

GUSTAV RADBRUCH

Ethische Urteilsbildung

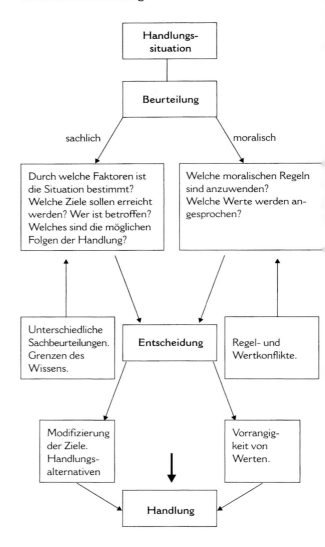

9.2 Grundsätze und Gründe

Moralische Prinzipien sind oberste Grundsätze, die allgemein angeben, welche Bedingung eine Handlung erfüllen muss, um als moralisch **gut** gelten zu können.

Weichen wir in einer bestimmten Handlung vom Guten unbeabsichtigt ab, weil wir uns in unserer Urteilsbildung getäuscht haben, dann nennen wir dieses Verhalten moralisch falsch (schlecht). Als **böse** gilt erst der bewusste Verstoß, der sich mit Absicht gegen das Gute richtet.

Die folgende Übersicht enthält einige Grundsätze, die im Laufe der Philosophiegeschichte aufgestellt wurden.

ARISTOTELES	Ethische Tugend ist die Mitte zwischen zwei Extremen.
KANT	Handle so, dass die Maxime deines Willens jederzeit zugleich als Prinzip einer allgemeinen Gesetzgebung gelten könnte.
FICHTE	Ich muss den Anderen als freies Wesen anerkennen, d. h. meine Freiheit durch den Begriff seiner Freiheit beschränken.
J. ST. MILL	Diejenige Handlung ist gut, die das größtmögliche Glück der größtmöglichen Zahl von Menschen bewirkt.
HABERMAS	Nur die Normen dürfen Geltung beanspruchen, die die Zustimmung aller Teilnehmer an einem idealen Diskurs finden.

WENN DA DIE MENSCHEN WIE UNGEZIEFER SIND, UND IHRE TAT IST VERBRECHEN UND IST NICHT ZU TILGEN, ALS DURCH GRÖSSERES VERBRECHEN UND NIMMT SO KEIN ENDE, DANN IST ES BESSER, ES IST NICHTS MEHR DA, NUR DIE LEERE ERDE UND WIND DARÜBER HIN

—

EURIPIDES

Begründungen

Wenn ich z. B. die Auffassung begründen will, dass es falsch sei zu rauchen, so muss ich
1. einen Grundsatz anführen („Du sollst deine Gesundheit nicht gefährden") und
2. zeigen, dass die vorliegende Handlung unter diesen Grundsatz fällt („Rauchen ist gesundheitsgefährdend").
Die Begründung meiner Auffassung ist richtig, sofern beide

Teile Gültigkeit haben. Ob das zweite zutrifft, muss anhand von Erfahrung und Sachwissen geklärt werden.

Die philosophische Schwierigkeit liegt in der Begründung der Grundsätze.

Fragt jemand nach, warum er denn seine Gesundheit nicht gefährden soll, so könnte ich antworten: „Weil Leben das höchste Gut ist." Auf die Frage, warum Leben das höchste Gut sei, könnte ein christlich-religiöser Mensch noch antworten: „Weil es von Gott geschenkt ist." Irgendwann aber bricht eine solche Reihe ab, weil ich zu einer Aussage gelange, die nicht wieder durch den Bezug auf eine andere Aussage gerechtfertigt werden kann.

Die philosophische Begründung eines moralischen Grundsatzes beansprucht von jedermann vernünftig nachvollziehbare Argumente aufzuzeigen. Sie will bis zu den letzten Gründen hinführen, die als Voraussetzungen nicht weiter begründet werden können.

Folgende „Begründungen" sind daher philosophisch nicht hinreichend:

— Die Rechtfertigung aus der Tradition: Diese zeigt nur empirisch auf, dass eine moralische Vorstellung besteht, nicht durch welche vernünftigen Gründe sie gerechtfertigt ist.

— Der Bezug auf eine Autorität: Hierbei bricht die Begründungsreihe an einer Stelle willkürlich ab. Die Autorität beendet die weitere Argumentation.

— Der Bezug auf eine religiöse Autorität oder Offenbarung: Dieser ist nur für einen Angehörigen der Glaubensgemeinschaft überzeugend.

— Die Begründung eines moralischen Grundsatzes mit einem moralischen Grundsatz dreht sich nur im Kreise.

Um zu erkennen, nach welchen Grundsätzen wir unser gemeinsames Handeln aufeinander ausrichten sollen, müssen wir verstehen:

— welche Bedürfnisse und Interessen Menschen haben,

— welche Erfahrungen in ihren Wertungen zum Ausdruck kommen,

— wie gesellschaftliches Zusammenleben funktioniert.

Wir suchen also nach Aussagen, die auf die Lebenswirklichkeit des Menschen gegründet sind und auf die geschichtlich erworbenen Erfahrungen, wie ein für alle wünschenswertes Zusammenleben möglich ist.

MORAL PREDIGEN IST LEICHT, MORAL BEGRÜNDEN SCHWER

—

ARTHUR SCHOPENHAUER

DIE MODERNE MENSCHHEIT HAT ZWEI ARTEN VON MORAL: EINE, DIE SIE PREDIGT, UND EINE ANDERE, DIE SIE ANWENDET, ABER NICHT PREDIGT

—

BERTRAND RUSSELL

9.3 Streben und innere Haltung

Jeder Mensch macht sich eine Vorstellung davon, wie er sein Leben gestalten und welche Ziele er verwirklichen will. Die Erfüllung dieses Strebens ist eine wesentliche Bedingung für ein als gelungen empfundenes Leben.

Obwohl der Mensch in Gesellschaft mit anderen lebt, muss er sich daher nicht nur fragen: „Wie soll ich anderen gegenüber handeln?", sondern auch „Wie will ich selbst sein?", „Was will ich in meinem Handeln für mich erreichen?" Der Teil der Ethik, der sich damit beschäftigt, wie ich mich zu mir selbst verhalten soll, heißt **Strebensethik**.

Das höchste Gut

ARISTOTELES (384–324 v. Chr.) stellt fest, dass jede Handlung nach irgendeinem Gut strebt. Vieles von dem, was wir erreichen wollen, wird aber nicht um seiner selbst willen begehrt.

Die meisten Menschen sind am Geld verdienen nicht um des Geldes willen interessiert, sondern um sich damit andere Güter leisten zu können – sie genießen den sozialen Status oder die Macht über andere. Wir können aber auch weiter fragen, weshalb jemand Wohlstand, Ansehen oder Macht anstrebt.

Das letzte Ziel unseres Handelns muss etwas sein, das nicht wegen etwas anderem, sondern nur um seiner selbst willen erstrebt wird. Ein Zustand, in dem der Mensch mit sich selbst in Einklang ist, in dem sein Planen und Streben zur Erfüllung gekommen ist. Die antiken Philosophen nennen dieses höchste Gut „**Eudaimonie**" (**Glückseligkeit**).

Damit sind nicht augenblickliche Momente von Freude oder Lusterfüllung gemeint, sondern eine dauerhafte Haltung, die der Mensch zu sich und der Welt erworben hat, wenn er seinem Wesen entsprechend lebt.

Wie die meisten Philosophen sieht ARISTOTELES das den Menschen bestimmende Wesensmerkmal in der **Vernunft**, durch die er sich von allen anderen Lebewesen unterscheidet. Der Mensch wird daher dann im Einklang mit seiner Natur sein, wenn er sein Leben von der Vernunft leiten lässt.

DENN DAS GLÜCK ERWÄHLEN WIR UNS STETS UM SEINER SELBST WILLEN UND NIEMALS ZU EINEM DARÜBER HINAUSLIEGENDEN ZWECK

—

ARISTOTELES

Die Tugenden

Tugenden sind der Ausdruck einer solchen vernunftgeleiteten Haltung.

ARISTOTELES unterscheidet:
- die sogenannten **Verstandestugenden,** die in der Ausbildung und Betätigung der geistigen Fähigkeiten bestehen, und
- **ethische Tugenden,** die Haltungen sind, bei denen der Einzelne die richtige **Harmonie** zwischen seinen Affekten, Willensstrebungen und der vernünftigen Einsicht hergestellt hat. Diese Tugenden bedürfen der Erfahrung und Einübung, weil der Einzelne seine Emotionen kennen und lernen muss, mit ihnen selbstbestimmt umzugehen.

Beide zusammen ermöglichen es, die richtigen ethischen Entscheidungen zu treffen und im Handeln das rechte Maß einzuhalten.

Verstandestugenden		Ethische Tugenden	
	Extreme	(Mitte zwischen zwei Extremen)	*Extreme*
Weisheit	Tollkühnheit	Tapferkeit	Feigheit
Wissenschaft	Verschwendung	Großzügigkeit	Geiz
Klugheit	Zügellosigkeit	Besonnenheit	Stumpfheit

Glückseligkeit wäre für ARISTOTELES erreicht, wenn der Mensch die ethischen und geistigen Tugenden verwirklicht hat und frei von materiellen Sorgen und beruflichen Verpflichtungen sein ganzes Leben der Philosophie und Wissenschaft widmen könnte.

Muße und Arbeit

Dieses antike Ideal der **Muße** zeigt sich von unserer heutigen Sicht aus als das Privileg derjenigen freien Bürger, die durch Besitz und Sklaven von Lohndiensten entlastet sind, im Unterschied zu den sogenannten „Banausen", die sich ihren Lebensunterhalt durch Handarbeit verdienen müssen.

Seit der Neuzeit sind wir dagegen gewohnt, unser Selbstverständnis an die durch **Arbeit** hervorgebrachte Leistung zu knüpfen. Der zweckfreie Raum der Muße verschwindet und die nicht von Arbeit ausgefüllte Zeit wird zur „**Freizeit**", die ihrerseits zweckgebunden und durchgeplant wird.

In der ununterbrochenen Vereinnahmung durch Beruf, Freizeitgestaltung, Konsumdruck und Konformitätsansprüchen kommt in der modernen Gesellschaft aber der freie Raum abhanden, in dem der Einzelne sich überhaupt erst einmal Klarheit darüber verschaffen könnte, wer er selbst ist, welches Leben ihm entspricht und wie er mit sich in Einklang kommen kann.

„ICH BIN ZUFRIEDEN." „ICH AUCH." „ICH AUCH." „WIR SIND ZUFRIEDEN." „WIR SIND ZUFRIEDEN." „WAS SOLLEN WIR JETZT MACHEN, DA WIR ZUFRIEDEN SIND?"

—

SAMUEL BECKETT, „WARTEN AUF GODOT"

Das Streben nach Lust
Wenn für ARISTOTELES das höchste Gut in der Betätigung der geistigen Vermögen besteht, so kann man dagegenhalten, dass der Mensch auch ein **Sinnenwesen** ist und nach körperlichem Wohlbefinden strebt.
Der hellenistische Philosoph EPIKUR (ca. 342–271 v. Chr.) geht daher von folgendem Grundsatz aus:

> Jeder Mensch (und jedes Lebewesen) strebt von Natur aus nach **Lust** und meidet **Unlust** (Schmerz).

Die Frage, wie man ein möglichst hohes und dauerhaftes Maß an Lust erreichen kann, ist aber nicht so einfach zu beantworten, wie es vielleicht aussieht.
- Starke Lustempfindungen sind nicht von Dauer und die länger anhaltenden nicht so intensiv.
- Bei der Wahl unserer Genüsse unterliegen wir perspektivischen Täuschungen: Beim reichlichen Alkoholgenuss denken wir nicht an den möglichen Kater am nächsten Tag.
- Sinnliche Genüsse stumpfen ab. Dem kann man eine Zeit lang durch intensivere und immer neue Anreize entgehen. Irgendwann kann aber auch dies nicht mehr den Überdruss und die Gleichgültigkeit verhindern.

> Wirklicher Genuss bedarf daher nach antiker Vorstellung des rechten Maßes und kommt somit nicht ohne Vernunft zustande. Der Umgang mit der Lust ist eine Weise der „Sorge um sich selbst", die der Erfahrung, Einsicht und Einübung bedarf.

Lust- und Unlustempfindungen sind nicht rein körperlich zu bestimmen; vielmehr greifen beim Menschen Sinne und Geist ineinander. Erotik beruht auf sexueller und geistiger Anziehungskraft, ebenso wie das Lesen eines guten Buches auch eine körperliche Zufriedenheit hinterläßt.
Zum strebensethisch reflektierten Umgang mit sich selbst gehört auch die Erkenntnis, dass es trügerisch ist, unsere Zufriedenheit von äußeren Dingen abhängig zu machen.

> *Setzt jemand auf einen möglichst hohen Lebensstandard, so muss er einen immer höheren Arbeitsaufwand betreiben, um ihn sichern zu können. Was er sich mit seinem Geld erwirbt, kann er oft mangels Zeit und Aufmerksamkeit gar nicht mehr wirklich genießen. Zudem kommt die Angst, dies alles – vielleicht durch Arbeitslosigkeit – zu verlieren.*

ES IST LEICHTER, EINER BEGIERDE GANZ ZU ENTSAGEN, ALS IN IHR MASS ZU HALTEN

—

FRIEDRICH NIETZSCHE

GLÜCK IST DAS HEIKLE GLEICHGEWICHT ZWISCHEN DEM, WAS MAN IST, UND DEM, WAS MAN HAT

—

J. H. DENISON

DER KYNIKER DIO-
GENES SOLL AUF DIE
FRAGE ALEXANDER
DES GROSSEN, WAS
ER SICH VON IHM
WÜNSCHE, GEANT-
WORTET HABEN:
„GEH MIR AUS DER
SONNE."

EPIKUR kommt daher sogar zu der Ansicht: Gerade in der **Bedürfnislosigkeit** und **Unabhängigkeit** von äußeren Gütern liegt der Weg zum Glück. Die Jagd nach immer neuen sinnlichen Genüssen stumpft ab und führt zum Überdruss. Dagegen ist die Freude an einfachen Dingen beständiger und liegt in unserer eigenen Verfügbarkeit.

Der dauerhafte Zustand von Lust ist für EPIKUR erreicht, wenn

– der Körper die notwendigen Bedürfnisse (wie Essen, Schlafen) befriedigt hat und frei von Schmerzen ist, und
– die Seele frei von Ängsten, Wünschen und falschen Vorstellungen zur **Ruhe** gefunden hat.

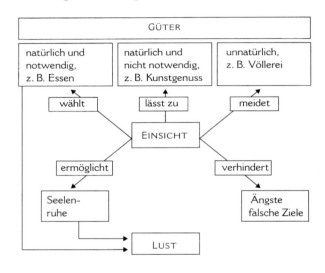

Strebensethik heute

Die antiken Überlegungen über den rechten Umgang mit sich selbst traten in späterer Zeit als Teil der Ethik immer mehr in den Hintergrund. Sie wurden seit der Neuzeit von der Pflichtenethik verdrängt, wie sie im nächsten Kapitel vorgestellt wird.

Wenn wir heute danach fragen, wie wir uns über uns selbst im Klaren werden sollen und ein geglücktes Leben führen können, dann können wir von den antiken Philosophen lernen, dass

– wir uns einen freien Raum der **Muße** schaffen müssen, in dem wir herausgenommen aus den täglichen Verpflichtungen uns auf uns selbst besinnen können;

- wir uns eine geistige **Unabhängigkeit** von allen nur vermeintlich wesentlichen Zielen und von außen herangetragenem Konformitätsdruck schaffen müssen;
- wir uns **bewusst** zu uns selbst verhalten und den **selbstbestimmten** Umgang mit unseren Wünschen und Emotionen lernen und einüben müssen.

Dagegen wird man eine inhaltliche Festlegung auf eine bestimmte Lebensweise – sei es der philosophischen Kontemplation oder der völligen Selbstgenügsamkeit – nicht mehr treffen wollen. In der Vielfalt der möglichen Verwirklichungen muss jeder letztlich für sich zur Gewissheit gelangen, wer er selbst ist und welcher Lebensentwurf ihm entspricht.

9.4 Pflicht und Gesinnung

Die Strebensethik legt ihr hauptsächliches Augenmerk darauf, wie der Einzelne sein soll, wie er zur Vollendung seines Menschseins gelangen kann. Betrachten wir das ethische Problem unter dem Aspekt des gesellschaftlichen Zusammenlebens, so steht die Frage im Vordergrund, welche **Pflichten** ich anderen gegenüber habe und welches Verhalten ich von ihnen erwarten kann. Einer der wichtigsten Vertreter dieser Form von Ethik ist IMMANUEL KANT (1724–1804).

Freiheit und Gesetzlichkeit
KANT stellt sich die Frage, wie das Handeln eines **freien** Wesens gedacht werden kann. Zunächst stellt er fest, dass alles in der Natur nach **Gesetzen** geschieht. Als Naturwesen ist der Mensch nicht frei, weil er von den biologischen und physikalischen Gesetzlichkeiten bestimmt ist. Nur als **Vernunftwesen** kann er frei sein, weil hier sein Wille eigenen Gesetzen (**autonom**) folgen kann.
Gesetze müssen allgemein gültig sein. Wenn also ein einzelner Mensch danach fragt, wann denn sein Handeln der Gesetzlichkeit entspricht, so ist die Antwort: wenn alle, ohne in Widerspruch zu geraten, so handeln könnten.

Das Sittengesetz
Die Form der Gesetzlichkeit, der das Handeln entsprechen muss, um moralisch zu sein, findet ihren Ausdruck im **kategorischen Imperativ.**
- **Kategorische** Imperative gelten absolut, nicht nur unter bestimmten Bedingungen.

ZWEI DINGE ERFÜLLEN DAS GEMÜT MIT IMMER NEUER UND ZUNEHMENDER BEWUNDERUNG UND EHRFURCHT: DER BESTIRNTE HIMMEL ÜBER MIR UND DAS MORALISCHE GESETZ IN MIR

—

IMMANUEL KANT

– Dies unterscheidet sie von **hypothetischen** Imperativen, die nur im Hinblick auf bestimmte Zwecke gelten; z. B.: „Wenn ich Arzt werden will, muss ich das Abitur machen."

KANT findet nun folgende kategorische Imperative, die die obersten Grundsätze moralischen Handelns darstellen:

PFLICHT IST DIE HANDLUNG, DIE SCHLECHTHIN GEBOTEN, D.I. DURCH DIE VERNUNFT UNBEDINGT NOTWENDIG GEMACHT WIRD

—

IMMANUEL KANT

Grundformel
Handle nur nach derjenigen Maxime, durch die du zugleich wollen kannst, dass sie ein allgemeines Gesetz werde.
„Naturgesetz"-Formel
Handle so, als ob die Maxime deiner Handlung durch deinen Willen zum allgemeinen Naturgesetz werden sollte.
„Selbstzweck"-Formel
Handle so, dass du die Menschheit sowohl in deiner Person als in der Person eines jeden andern, jederzeit zugleich als Zweck, niemals bloß als Mittel brauchest.

An einem Beispiel lässt sich die Bedeutung dieser Gesetze besser erläutern:

Ein Bekannter leiht mir eine größere Summe Geld, wenn ich verspreche es zurückzugeben, sobald er danach verlangt. Ich nehme das Geld an, habe aber nicht vor, mich an mein Versprechen zu halten und es zurückzugeben.

Nach der Grundform des kategorischen Imperatives müßte ich mein Vorhaben folgendermaßen prüfen:

Die Maxime (meine persönliche Handlungsregel) ist: Ich darf **Versprechen** abgeben, ohne sie zu halten.

Wenn ich daraus nun ein allgemeines Gesetz machen wollte, hieße das: Jedermann darf jederzeit Versprechen abgeben, ohne sie zu halten.

Dies hätte zur Konsequenz, dass niemand einem Versprechen glaubt und ich das Geld, das ich nur aufgrund meines Versprechens mir aneignen konnte, nicht bekommen hätte.

Meine Maxime ist daher in sich widersprüchlich und nicht mit dem kategorischen Imperativ vereinbar: sie setzt die Möglichkeit des Versprechen-könnens voraus und zerstört sie zugleich.

Damit habe ich in Wirklichkeit meine Handlungsfreiheit beschränkt. Alle Handlungen, die ich oder andere ausführen könnten, indem sie Versprechen abgeben, sind durch die Aufhebung der Institution „Versprechen" nicht mehr möglich.

Selbstzwecklichkeit und Würde

Die dritte Formulierung des kategorischen Imperativs hat offensichtlich einen anderen Inhalt als die ersten beiden. Wir dürfen einen anderen Menschen, heißt es dort, nicht nur für unsere Zwecke gebrauchen, sondern müssen ihn als Zweck an sich selbst achten.

Die Begründung liegt darin, dass der Mensch als Vernunftwesen sich selbst gegeben ist und damit der beliebigen Verfügbarkeit durch andere entzogen. Die Freiheit des Menschen liegt darin, sich selbst Zwecke setzen zu können (Selbstgesetzlichkeit). Unterwerfe ich ihn meiner Zwecksetzung, dann behandle ich ihn nicht als freies Vernunftwesen und damit letztlich nicht als Menschen.

Dies ist auch ein Grund, weshalb der kategorische Imperativ in der vorher besprochenen Form verlangt, dass meine Maxime ein **allgemeines Gesetz** werden kann. Nur dann ist gewährleistet, dass ich die anderen nicht nur aus meiner eigenen Zwecksetzung heraus behandle, sondern so, dass die Zwecke aller miteinander vereinbar sind.

Als sich selbst bestimmendes Wesen ist der Mensch frei und in der Einmaligkeit seines Lebensvollzuges unersetzlich. Darin liegt seine **Würde**, die von jedem anderen geachtet werden muss und daher auch die Eingriffsmöglichkeiten des Staates begrenzt.

So hat das Bundesverfassungsgericht im Hinblick auf die Datenerfassung durch den Staat klargestellt: „Mit der Menschenwürde wäre es nicht zu vereinbaren, wenn der Staat das Recht für sich in Anspruch nehmen könnte, den Menschen zwangsweise in seiner ganzen Persönlichkeit zu registrieren und zu katalogisieren, sei es auch in der Anonymität einer statistischen Erhebung, und ihn damit wie eine Sache zu behandeln, die einer Bestandsaufnahme in jeder Beziehung zugänglich ist."

Gesinnung und die Folgen

KANT ist der Auffassung, dass wir moralisch nur verantwortlich sind für unsere **Gesinnung**, d. h. dafür, dass unser Handlungsvorsatz mit dem Sittengesetz vereinbar ist. Wir können nicht verantwortlich sein für die tatsächlich eintretenden Folgen, weil wir diese gar nicht insgesamt absehen können und sie von Bedingungen abhängen, die wir nicht beeinflussen können.

DER SATZ ‚DER MENSCH MUSS IMMER ZWECK AN SICH SELBST BLEIBEN' GILT UNEINGESCHRÄNKT FÜR ALLE RECHTSGEBIETE

—

BUNDESVERFASSUNGSGERICHT

Dazu führt KANT folgendes Beispiel an:

Ein Freund hat sich vor einem Verbrecher in mein Haus geflüchtet. Der Gewalttäter fragt mich, ob er sich im Haus befindet. Muss ich ihm die Wahrheit sagen?

KANT kommt zu dem eindeutigen Ergebnis: ja, „denn eine Lüge schadet immer, wenngleich nicht einem einzelnen Menschen, so doch der Menschheit überhaupt." Lügen kann nicht zu einem allgemeinen Gesetz erhoben werden, weil es letztlich die Kommunikationsmöglichkeit unter Menschen überhaupt untergraben würde.

Dagegen seien die Folgen unserer Handlung gar nicht absehbar. Wenn wir lügen, um den Freund zu schützen, erreichen wir vielleicht das Gegenteil: Der Verbrecher bleibt auf der Straße und erwischt den Freund dort, weil der sich ohne unser Wissen durch ein Fenster dahin geflüchtet hat.

Dass uns KANTS Lösung intuitiv widerstrebt, zeigt die Probleme einer solchen Gesinnungsethik:

Der moralisch bedeutsame Inhalt ist oft nicht die Handlung selber, sondern das, was wir damit erreichen wollen. Das Lügen ist hier nur Mittel zur Ausführung der moralisch gebotenen Handlung, einen anderen zu schützen.

Das Beispiel zeigt auch, dass Handlungssituationen zumeist komplex sind. Lügen ist nur einer der relevanten Momente. Hinzu kämen noch: eine Freundschaft zu verraten und jemand anderen zu gefährden – Handlungen, die ebenfalls nicht verallgemeinerungsfähig sind. Der kategorische Imperativ gibt uns bei Konflikten aber keinen Anhalt über die vorrangigen Werte.

> DIE STRAFE DES LÜGNERS IST NICHT, DASS IHM NIEMAND MEHR GLAUBT, SONDERN DASS ER SELBST NIEMANDEM MEHR GLAUBEN KANN
>
> —
>
> GEORGE BERNARD SHAW

9.5 Das Glück der Vielen

Eine philosophische Richtung, die sowohl das Glücksstreben des Menschen als auch die Folgen der Handlung zur Grundlage der Ethik macht, ist der **Utilitarismus** (von *lat*. utilis: „nützlich"), der von JEREMY BENTHAM (1748–1832) und JOHN STUART MILL (1806–1873) begründet wurde.

So wie jeder einzelne von Natur aus nach Glück strebt, so ist das Glück aller das höchste Gut für die Gesamtheit der Menschen.

Die moralische Richtigkeit einer Handlung ist an den zu erwartenden **Folgen** zu bemessen. Dabei ist der Maßstab: das größtmögliche **Glück** für die größtmögliche **Anzahl** von Menschen.

134

Die kalkulierten Folgen

Der Unterschied zur Gesinnungsethik lässt sich an einem Beispiel gut zeigen.

Mein Freund nimmt mir das Versprechen ab, nach seinem Tod sein Vermögen dem Golfclub zu spenden. Niemand anderes weiß von dieser Absicht.

Nach KANT ist klar, dass das Versprechen in jedem Fall gehalten werden muss. Utilitaristisch gedacht müssen wir dagegen erst erwägen, welche Folgen verschiedene Handlungen haben würden.

Die Mitglieder des Golfclubs sind wohlhabend. Das Geld würde vielleicht dazu beitragen, die Einrichtung des Clubhauses luxuriöser zu gestalten. Als Alternative könnte die Spende einem Krankenhaus ermöglichen, dringend benötigte medizinische Geräte anzuschaffen. Da niemand von dem ursprünglichen Versprechen weiß, kann auch das Vertrauen in die Institution „Versprechen" nicht erschüttert werden, wenn sein Inhalt zugunsten des Krankenhauses abgeändert wird. Im Gegenteil würde dies vielleicht zum Vorbild für andere werden, ihr Vermögen gemeinnützigen Einrichtungen zu stiften. Das Ergebnis dieser Überlegungen ist eindeutig, die alternative Handlung verspricht größeren Nutzen für mehr Menschen und ist daher vorzuziehen.

VERANTWORTLICH IST MAN NICHT NUR FÜR DAS, WAS MAN TUT, SONDERN AUCH FÜR DAS, WAS MAN NICHT TUT —

LAOTSE

Das utilitaristische Handlungskalkül

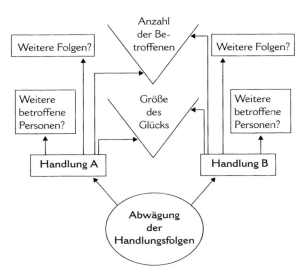

Vorteile und Probleme

Die **Vorteile** der utilitaristischen Überlegungsweise liegen vor allem darin, dass
- das Streben des Menschen nach Erfüllung seiner Bedürfnisse und Interessen berücksichtigt wird,
- die Vielschichtigkeit von Handlungssituationen erkannt und durchdacht wird,
- ein Maßstab zur Lösung von Wertkonflikten angegeben wird,
- alle übersehbaren Folgen zu berücksichtigen sind.

Die **Nachteile** sind darin zu sehen, dass eine Vielzahl inhaltlicher Entscheidungen zu treffen sind, für die erst Kriterien aufgestellt werden müssen:
- Wie lässt sich Quantität und Qualität des „größtmöglichen Glücks" objektiv bestimmen?
- Wie weit lassen sich alle möglichen Konsequenzen einer Handlung überblicken?
- Wie lässt sich abschätzen, welche Personen tatsächlich in der Folge von einer Handlung betroffen sind?
- Wie lassen sich die Kriterien „Anzahl von Personen" und „Größe des Glücks" gegeneinander „verrechnen"?

So könnte es z. B. bei reiner Anwendung des utilitaristischen Kalküls als erlaubt gelten, dass eine größere Anzahl von Menschen ihren Wohlstand auf die Versklavung von einigen Wenigen gründet.

Neuere Vertreter des Utilitarismus haben daher versucht, ihn durch weitere Prinzipien zu ergänzen.

So etwa durch die Hinzuziehung von **Grundrechten** (z. B. Freiheit der Person), die auch nicht verletzt werden dürfen, wenn dadurch ein größeres Maß an Glück für andere erreicht werden könnte.

Weiter durch die Einführung von **Regeln**, die die Handlungsentscheidung leiten. Wenn die Folgen einer Handlung so weit reichen, dass nicht alle abgesehen werden können, gilt z. B. die Regel:

Wähle diejenige der zur Alternative stehenden Handlungen, die deinen künftigen Handlungsspielraum (Korrekturmöglichkeit) am wenigsten einschränkt.

Habe ich die Wahl zwischen Solarenergie und Atomkraft, so würde ein technisches Versagen des Sonnenkraftwerkes zwar einen Stromausfall bewirken, ich könnte aber Alternativen entwickeln. Geht das Atomkraftwerk in die Luft, so ist das betreffende Gebiet auf Jahrhunderte verseucht und ich kann für die Natur und die Menschen dort nichts mehr tun.

ES IST BESSER, EIN UNZUFRIEDENER MENSCH ZU SEIN, ALS EIN ZUFRIEDENGESTELLTES SCHWEIN; BESSER EIN UNZUFRIEDENER SOKRATES, ALS EIN ZUFRIEDENER NARR

—

J. ST. MILL

9.6 Der herrschaftsfreie Diskurs

Wir haben zu Beginn dieses Kapitels moralische Regeln als eine Form der Verständigung der Menschen betrachtet, in der sie zum Ausdruck bringen, welche Erwartungen und Ansprüche sie gegeneinander haben. Es ist daher naheliegend, Konflikte, die sich aus unterschiedlichen Auffassungen über Normen und Werte ergeben, auch kommunikativ zu lösen.

Der praktische Diskurs

Ein überzeugter Pazifist weigert sich, Wehrdienst abzuleisten. Er hält es unter allen Umständen für verwerflich, andere zu bedrohen und die Existenz von stehenden Heeren überhaupt schon für eine permanente Kriegsgefahr.

Sein älterer Bruder, der sich freiwillig verpflichtet hat, hält dagegen, dass jeder, der in diesem Land lebt, die bestehende Sicherheit und Freiheit in Anspruch nimmt und daher auch bereit sein muss, sie zu verteidigen.

Die von JÜRGEN HABERMAS (geb. 1929) vertretene **Diskursethik** (von *lat.* discurrere: „argumentativ durchlaufen") setzt bei der praktischen Auseinandersetzung um solche moralisch strittigen Fragen an. Jeder, der ernsthaft argumentiert, macht dabei schon bestimmte Voraussetzungen:

> ES SCHEINT AUF DER HAND ZU LIEGEN, DASS PRAKTISCHE FRAGEN, DIE SICH IN ANSEHUNG DER WAHL VON NORMEN STELLEN, NUR DURCH EINEN KONSENS UNTER ALLEN BETEILIGTEN UND ALLEN POTENTIELL BETROFFENEN ENTSCHIEDEN WERDEN KÖNNEN
>
> —
>
> JÜRGEN HABERMAS

A	Voraussetzungen	B
Es ist moralisch geboten, niemanden mit Waffen zu bedrohen.	RICHTIGKEIT VON NORMEN	Es ist moralisch geboten, Freiheit mit Waffen zu verteidigen.
Es ist wahr, dass stehende Heere den Frieden gefährden.	WAHRHEIT DER AUSSAGEN	Es ist wahr, dass stehende Heere die Freiheit schützen.
Ich bin aufrichtig darin, dass es mir um den Frieden geht.	WAHRHAFTIGKEIT DER INTENTION	Ich bin aufrichtig darin, dass es mir um den Schutz der Freiheit geht.
Ich verwende die Sprache so, dass sie von B angemessen verstanden werden kann.	VERSTÄNDLICHKEIT DES AUSDRUCKS	Ich verwende die Sprache so, dass sie von A angemessen verstanden werden kann.
Die Argumente behaupten allgemeine Bedürfnisse und Interessen.	EIN ALLGEMEINER KONSENS WIRD ANGESTREBT	Die Argumente behaupten allgemeine Bedürfnisse und Interessen.

Der ideale Diskurs

Die Erfüllung dieser Voraussetzungen, die jeder vernünftig Argumentierende implizit machen muss, sind die Grundlage für einen idealen Diskurs. In ihm können die erhobenen normativen Geltungsansprüche problematisiert und eine gemeinsame Lösung gesucht werden.

Der in einem idealen Diskurs gefundene Konsens aller Beteiligten kann dann als moralisch allgemeinverbindlich gelten, wenn weiterhin folgende Regeln eingehalten sind:

- Jedes sprach- und handlungsfähige Subjekt darf am Diskurs teilnehmen.
- Jeder darf jede Behauptung problematisieren und seine Bedürfnisse und Interessen äußern.
- Niemand darf durch irgendeinen Zwang daran gehindert werden, diese beiden Rechte wahrzunehmen.

HABERMAS' Diskursethik ist ein Verfahren zur Prüfung vorgeschlagener Normen, nicht zur Erzeugung neuer Inhalte. Sie ist daher verwiesen auf die in der Gesellschaft vorhandenen unterschiedlichen moralischen Vorstellungen und die Bereitschaft, diese kommunikativ klären zu wollen. Das Verfahren bietet auch keine Garantie für eine eindeutige Lösung. So ist es im obigen Beispiel durchaus fraglich, ob die zum Ausdruck kommenden Grundwerte nicht unter den faktischen Gegebenheiten unvereinbar sind und deshalb eine persönliche Gewissensentscheidung getroffen werden muss.

NUR IM WIDER-
STREIT GEGENSÄTZ-
LICHER MEINUNGEN
WIRD DIE WAHRHEIT
ENTDECKT UND AN
DEN TAG GEBRACHT
—
C. A. HELVÉTIUS

III. Herausforderungen

10. Können und Dürfen

„Mephistopheles: Was gibt es denn?
Wagner: Es wird ein Mensch gemacht.
M.: Ein Mensch? Und welch verliebtes Paar
habt ihr ins Rauchloch eingeschlossen?
W.: Behüte Gott! Wie sonst das Zeugen Mode war,
erklären wir für eitel Possen. ...
So muss der Mensch mit seinen großen Gaben
doch künftig höhern, höhern Ursprung haben."

Diese Szene aus GOETHES „Faust", in der Wagner in der Phiole den künstlichen Menschen erschafft, spiegelt einen alten Menscheitstraum wider: dass der Mensch die Grenzen seiner eigenen Natur überwindet und sich selbst neu erschaffen kann.

Die moderne Gentechnik wird es eines Tages möglich machen, den Text der Erbinformation selbst so zu schreiben, dass wir Lebewesen nach unseren Vorstellungen erschaffen können. Die Frage aber ist, ob wir dürfen, was wir können?

Die moderne Wissenschaft und Technik stellt an die Begründung von Moral neue Anforderungen:

- Moralvorstellungen entstehen nicht im luftleeren Raum, sondern innerhalb konkreter sozialer und kultureller Gegebenheiten. Daher müssen sie auch im Hinblick auf neue Handlungsmöglichkeiten und sich wandelnde Zielvorstellungen neu geklärt werden. Fanden kulturelle Veränderungen in der Vergangenheit eher langsam statt, so dass sich mit der Zeit ein Konsens herausbilden konnte, so vollzieht sich der technische und soziale Wandel heute so schnell, dass die moralische Bewusstseinsbildung kaum nachkommt. Die Gefahr besteht, dass Technik und Wirtschaft Tatsachen schaffen, die anstelle „nachhinkender" moralischer Kriterien treten.
- Es sind häufig gerade die noch nicht eingetretenen Folgen technischer Entwicklungen, die moralisch beurteilt werden sollen. Diese abzuschätzen, erfordert das Sachwissen von Experten aus verschiedenen Bereichen. Es ist daher interdisziplinäre Zusammenarbeit erforderlich.
- Da nicht alle Folgen überblickt werden können, brauchen wir ethische Kriterien für den Umgang mit dem, was wir nicht wissen.
- Durch die Verhinderung oder Förderung von Entwicklungen fällen wir Entscheidungen, deren Folgen zukünftige Generationen betreffen. Wir können aber nicht sicher sein, ob unsere heutigen Wertmaßstäbe auch von diesen geteilt werden.
- Der traditionelle Verantwortungsbegriff setzt eine individuelle Zuschreibung voraus. Forschung und technische Umsetzung erfolgt heute aber in der Zusammenarbeit vieler, die in ungleichem Maß über Informationen verfügen und Entscheidungen treffen können. Wie kann man solchen institutionellen Abhängigkeiten Rechnung tragen, ohne die individuelle Verantwortung aufzuheben?

10.1 Verantwortung und Institutionen

„...dass ich mich keiner Hoffnung hingebe, jemals mein Gewissen läutern zu können. So schrecklich sind ja unsere Forschungen, dass unsere Seelen weder durch Proteste noch durch politische Einmischungsversuche gerettet werden können. ... Und ich kann auch nicht behaupten, dass ich lediglich meine Pflicht zu erfüllen suchte. Im Gegenteil, echtes Pflichtgefühl hätte mich doch von solcher Arbeit abgehalten.“
Dieses Eingeständnis von EDWARD TELLER, dem leitenden Konstrukteur bei der Entwicklung der Wasserstoffbombe, zeigt, dass die Faszination, mit der er als Wissenschaftler das Projekt verfolgte, und die Pflicht, die er gegenüber seinem Land empfand, doch nicht das Bewusstsein überdecken konnten, in seiner moralischen Verantwortung gegenüber der Menschheit versagt zu haben.

Schwierigkeiten mit der Verantwortung

Bei nahezu allen technischen Entwicklungen sind heute eine Vielzahl von Personen in unterschiedlichen strategischen Positionen beteiligt, ebenso wie wissenschaftliche, wirtschaftliche, politische und soziale Interessen mit hineinspielen. Die Frage, wer für was die **Verantwortung** trägt und wie er sie wahrnehmen kann, lässt sich daher nicht mehr einfach beantworten.

Der traditionelle ethische und rechtliche Verantwortungsbegriff ging von einer eindeutigen Zuschreibung zu einem Individuum aus, das Ursache für eine Handlung ist, deren mögliche Folgen von ihm sowohl übersehbar als auch bewertbar sind. Dies trifft aber auf die Situation, in der sich ein Forscher oder Ingenieur heute befindet, oft nicht mehr zu:

- Die **hierarchische Stellung** innerhalb des gesamten Produktionsprozesses bestimmt den Grad der Überschaubarkeit und der Einflussmöglichkeit. Ein Informatiker, der an einem Teil eines Steuerungsprogrammes arbeitet, kann nicht überblicken, in welchen Anwendungsbereichen dieses schließlich eingesetzt werden wird.

- Alle **Folgen** einer Erfindung sind – oft auch wegen der langen Zeitspanne bis zu deren Eintritt – kaum abzuschätzen.

- Ein Einzelner hat oft nicht die Möglichkeit, eine technische Entwicklung selbst direkt zu beeinflussen oder zu verhindern. Er ist auf Unterstützung durch die **Öffentlichkeit** angewiesen.

NIEMAND BESTREITET DIE WUNDER DER MODERNEN WISSENSCHAFT. JETZT WÄRE ES AN DER ZEIT, DASS SIE AUCH FÜR IHRE MONSTER DIE VERANTWORTUNG ÜBERNIMMT

—

JAKOB V. UEXKÜLL

HEUTE DAGEGEN
HAT DIE VERANT-
WORTUNG IHREN
SCHWERPUNKT
NICHT IM MEN-
SCHEN, SONDERN IN
DEN SACHZUSAM-
MENHÄNGEN. ... ES
IST EINE WELT VON
EIGENSCHAFTEN
OHNE MANN ENT-
STANDEN
—
ROBERT MUSIL, „DER
MANN OHNE EIGEN-
SCHAFTEN"

Diese Situation bringt die Gefahr mit sich, dass Verantwortung verwässert oder gänzlich aufgelöst wird:

- Die Verteilung auf viele unterstützt **psychologische Beruhigungsmechanismen**: „Wenn ich es nicht tue, tut es ein anderer", „Ich bin Wissenschaftler, kein Politiker."
- Die **berufliche Abhängigkeit** („Karriereknick", drohende Entlassung) führt dazu, Bedenken zurückzustellen oder nicht weiter nachzufragen.
- Tatsächliches **Informationsdefizit** (Unkalkulierbarkeit der Folgen) oder absichtlich erzeugtes (Firmenpolitik) machen es dem Einzelnen schwer, eine Bewertung seiner Handlungen vorzunehmen. Sie verführen andererseits auch dazu, sich nicht aktiv um Informationen zu bemühen.

Hinzu kommen die **wirtschaftlichen Zwänge**, denen die Unternehmen selbst unterstehen, und die dazu führen, Kosten im Entwicklungs- und Sicherheitsbereich zu sparen oder Risiken bewusst in Kauf zu nehmen.

Für den Bereich der Technik- und Wissenschaftsethik muss eine Klärung des Verantwortungsbegriffs der institutionellen Eingebundenheit der Handlungen Rechnung tragen, ohne die individuelle Verantwortlichkeit aufzugeben.

Relationen und Aspekte der Verantwortung
(nach G. ROPOHL):

WANN vorher/nachher	WOVOR Instanz

WER *Akteur*	**Verantwortungsrelationen**	WAS *Handlung*

WESWEGEN Werte	WOFÜR Folgen

142

Aufgrund dieses Beziehungsnetzes lassen sich im Anschluss an die Technikethik HANS LENKS (geb. 1935) verschiedene Aspekte des Verantwortungsbegriffes unterscheiden:

Wer – Was – Wofür	Handlungsverantwortung	Ich verantworte die durch das eigene Handeln verursachten Folgen.
	Führungsverantwortung	Der Vorgesetzte verantwortet die Handlungen ihm Unterstellter.
	Fürsorgeverantwortung	Ich bin verantwortlich für das Wohlergehen Anvertrauter.
Wann	Präventivverantwortung	Aktive Suche nach Risiken, Minimierung möglicher Schadensfolgen
Wovor – Weswegen	Aufgabenverantwortung	gegenüber Vorgesetzten, Grundlage: Loyalitätspflicht
	Universelle moralische Verantwortung	gegenüber allen Menschen, Grundlage: moralische Werte

Verantwortung in Wissenschaft und Technik

Für die Verantwortung in komplexen Systemzusammenhängen gilt demnach folgender Grundsatz:

> Jeder trägt Verantwortung entsprechend seiner strategischen Position im Handlungs-, Macht- und Wissenszusammenhang. Jeder ist als Teil für das System im Ganzen mitverantwortlich gemäß seinem Wirkungsbereich. Innerhalb dieses Wirkungsbereiches kommt ihm die volle Verantwortung zu.

Dies beinhaltet auch die Pflicht, sich über die eigene Rolle und den Einflussbereich klar zu werden und sich entsprechende Informationen gegebenenfalls aktiv zu verschaffen. Die Trennung von Aufgabenbereichen darf nicht zu einer Verantwortungsabschiebung führen. Ein Beispiel hierfür ist der Zusammenhang von **Forschung – Herstellung – Anwendung**.

FRÜHER HATTE DER REINE WISSENSCHAFTLER ODER DER REINE GELEHRTE NUR EINE VERANTWORTUNG, DIE ÜBER DIE HINAUSGING, DIE JEDERMANN HAT: NÄMLICH DIE WAHRHEITSSUCHE ... DIESE GLÜCKLICHE SITUATION GEHÖRT DER VERGANGENHEIT AN.

—

KARL R. POPPER

So wird traditionell auf die Freiheit der Forschung verwiesen und darauf, dass der Wissenschaftler keinen Einfluss auf die Anwendung seiner Ergebnisse hat. Dies ist aber nur bedingt richtig:

- Auch für die Forschung selbst können ethische Kriterien gelten, wenn man etwa an Tierversuche und Arzneimitteltests beim Menschen denkt.
- Forschung ist heute kaum noch zufällige Entdeckung, sondern geplantes und teuer finanziertes Vorgehen, was eine Vorstellung von den angezielten Ergebnissen beinhaltet.
- Zwei Drittel der Forschungsgelder in Deutschland kommen von Wirtschaftsunternehmen mit entsprechenden ökonomischen Interessen. Vieles wird auch staatlicherseits nur finanziert, wenn ein militärischer Verwendungszweck ersichtlich ist.

Hersteller beziehen gern die Position, dass sie für den Missbrauch ihrer Produkte beim Anwender nicht verantwortlich sind.

Auch wenn im Sinne der Handlungsverantwortung z. B. der Fahrer selbst für seine Raserei gerade stehen muss, ist im Blick auf die Präventivverantwortung doch zu fragen, ob es überhaupt Autos geben muss, die über 200 km/h schnell sind. Umgekehrt ist es vor allem in den USA beliebt, den Hersteller auch für den unsinnigsten Fehlgebrauch seiner Produkte haftbar zu machen und so die eigene Handlungs- auf die Präventivverantwortung abzuwälzen.

Die Wahrnehmung von Verantwortung nach dem oben genannten Grundsatz beinhaltet weiterhin:

- die Klarstellung der **Werthierarchie**: So müssen allgemeine moralische Werte (Würde, Freiheit, Gesundheit) etwa gegenüber der Firmenloyalität vorrangig sein.
- Der **Informationsfluss** muss gewährleistet sein: Mitarbeiter müssen über die institutionsinternen Erkenntnisse verfügen, die sie zur Wahrnehmung ihrer Verantwortung benötigen. Dies gilt ebenso für die Information gegenüber der Öffentlichkeit.
- Eine systematische **Technikfolgenabschätzung** ist sowohl für einzelne Produkte als auch für die Gesellschaft insgesamt betreffende Entwicklungen durchzuführen.
- Durch **rechtlichen Rückhalt** (z. B. Kündigungsschutz) muss sichergestellt werden, dass der einzelne seine Verantwortung wahrnehmen kann, ohne mit negativen sozialen Folgen rechnen zu müssen.

WENN MAN AUS SONNENSTRAHLEN BOMBEN BAUEN KÖNNTE, GÄBE ES SCHON LÄNGST WIRTSCHAFTLICH ARBEITENDE SONNENKRAFTWERKE

—

HELMAR NAHR

10.2 GenEthik

1993 gelang es dem Amerikaner JERRY HALL erstmals, nicht lebensfähige menschliche Embryonen zu vervielfältigen (zu „klonen"). Mögliche Anwendungsgebiete wurden gleich mitgenannt: Ein Klon könnte tiefgefroren aufbewahrt werden für den Fall, dass der andere stirbt. Die Kopie könnte auf genetische Defekte untersucht werden und zum Test für Heilmethoden dienen. Man könnte sie außerdem als „Ersatzteillager" für einen späteren Organersatz verwenden.

Diese Vision scheint aus einer düsteren Sciencefiction zu stammen, aber sie stellt doch künftige reale Handlungsmöglichkeiten dar, über die wir uns beizeiten ethische Klarheit verschaffen müssen.

Mit der Entzifferung der Sprache der Erbinformation und der Möglichkeit, gezielte Veränderungen an den Anweisungen vorzunehmen, ergeben sich für die **Gentechnologie** verschiedene Anwendungsgebiete:

Genomanalyse	die Erfassung der (vollständigen) Erbinformation eines Individuums.
Gentherapie an Körperzellen	Einschleusung gesunder Gene in die Zellen des erkrankten Organs. Die Korrektur ist lokal begrenzt und wird nicht vererbt.
Genmanipulation an der Keimbahn	Manipulation an den Geschlechtszellen oder am Embryo im frühen Stadium. Die veränderten Eigenschaften finden sich in allen Zellen des Individuums und werden an die Nachkommen vererbt.
Klonen	Herstellung genetisch identischer Kopien eines Individuums durch Verwendung der Erbinformation in den Körperzellen.

Bei diesen Verfahren gelten zum einen die gleichen ethischen Kriterien wie bei jeder anderen Technologie auch:
— Läßt sich mit hinreichender Sicherheit eine Gefährdung bei der Anwendung ausschließen?
— Lassen sich die weiterreichenden Folgen ausreichend abschätzen?
Beim momentanen Stand des Wissens bestehen in beiden Bereichen hohe **Risiken**.

DIE RISIKEN DER FORSCHUNG WERDEN ZU RISIKEN DER GESELLSCHAFT

—

W. KROHN/J. WEYER

So ist etwa die Aussetzung genmanipulierter Pflanzen ins Freiland äußerst umstritten, weil die Folgen für das Ökosystem nicht abzusehen sind. Außerdem können durch Kreuzung wiederum neue, nicht vorhersehbare Eigenschaften auftreten.

Darüberhinaus jedoch werfen die Möglichkeiten der Gentechnologie beim Menschen spezifische ethische Probleme auf, die in engem Zusammenhang mit der Klärung unseres Menschenbildes stehen.

Der Umgang mit dem Wissen: Genomanalyse

Die Erfassung der genetisch bedingten Eigenschaften eines Individuums kann Aufschluss über Veranlagungen und die Anfälligkeit für bestimmte Krankheiten geben.

– Für den Einzelnen kann dieses Wissen, solange keine Heilungsmöglichkeiten bestehen, eine große Belastung darstellen. Andererseits besteht die Möglichkeit, sein Leben bewusst darauf einzustellen. Es muss daher in der Entscheidung des Einzelnen liegen, ob er solch eine Untersuchung vornehmen lassen will.

– Die Gefahr besteht, dass sozialer Druck auf diejenigen ausgeübt wird, die ihre genetischen „Daten" nicht erfassen lassen oder preisgeben wollen. Sowohl Arbeitgeber als auch Versicherungen könnten versuchen, ihr eigenes „Risiko" durch diese Informationen zu verringern und die Offenlegung zur Voraussetzung für eine Einstellung (bzw. Aufnahme) machen.

– Der Übergang von „normal" zu „krank" ist fließend. Je genauer die Analyse und je besser die genetischen Therapiemöglichkeiten, um so mehr ist zu erwarten, dass z. B. bereits prognostizierte Abweichungen von einer bestimmten Körpergröße als unnormal und korrekturbedürftig betrachtet werden. Eltern könnten sich dem Diktat der Mode unterworfen sehen, was die Eigenschaften ihres Kindes betrifft.

Die Überschätzung dessen, was messbar vorliegt, birgt die Gefahr in sich, den Menschen als durch seine Gene vollständig bestimmt und seine Leistungsmöglichkeiten als „programmiert" zu betrachten. Demgegenüber liegt es aber wesentlich am Einzelnen, was er aus seinen Anlagen macht. Sein Leben bleibt immer eine von ihm selbst zu gestaltende Aufgabe.

WISSEN WIR DIE OBJEKTIVIERUNG UNSERER SELBST NICHT MIT DER SCHEU VOR DEM UNERKENNBAREN IN GRENZEN ZU HALTEN, SO WERDEN WIR UNSERE FREIHEIT AUFGEBEN, UND DIE VERFÜGUNGSGEWALT ÜBER UNS SELBST WIRD UNSER TOD SEIN

—

HELMUTH PLESSNER

Die Verführung der Machbarkeit: Veränderung von Erbeigenschaften

Durch die Änderung der genetischen Information in der Keimbahn ist es im Prinzip möglich, Lebewesen mit beliebigen Eigenschaften zu erschaffen, die diese dann an die Nachfahren weitergeben. Diese Technik wird bereits zur Produktion von Arzneimitteln sowie in der Pflanzen- und Tierzucht verwendet; ebenso kann sie zur Heilung von Erbkrankheiten dienen.

Das grundsätzliche ethische Problem liegt darin, ob wir berechtigt sind, Lebewesen beliebig unseren Zwecken zu unterwerfen. In der Konsequenz könnten sich Eltern Kinder „nach Maß" bestellen oder Staaten je nach Bedarf willige Sklaven oder „Übermenschen" schaffen. Durch Klonen könnten die gewünschten Eigenschaften beliebig oft reproduziert werden, weil dabei keine Neukombination von Genen stattfindet.

In der ethischen Diskussion wird oft ins Feld geführt, dass durch Genmanipulationen die **Natürlichkeit** des Lebens verletzt wird, in die wir nicht eingreifen sollen. Dies allein kann aber kein Argument sein, weil es zum Menschen als Kulturwesen gehört, die Natur zu verändern und wir ansonsten z. B. auch jegliche medizinische Maßnahmen unterlassen müssten. Vielmehr ist nach einem Kriterium zu suchen, wo die *Grenzen* unserer Eingriffe in die Natur liegen sollen.

> Das maßgebende Kriterium liefert der bei IMMANUEL KANT (1724–1804) formulierte Grundsatz, dass wir den Menschen als **Zweck an sich selbst** behandeln sollen und nicht als bloßes Mittel für unsere eigenen Ziele.

Dieser Grundsatz greift eindeutig dort, wo etwa Staaten willenlose Sklaven oder Soldaten züchten wollten.

Wenn aber z. B. Eltern dafür Sorge tragen, dass ihr Kind mit möglichst guten intellektuellen oder körperlichen Anlagen ausgestattet ist, wird man zwar fragen müssen, wer die Norm für „gut" festlegen soll, aber man müsste zugestehen, dass sie im Interesse des Kindes handeln wollen.

Ein weiteres Argument bezieht sich auf die **Einmaligkeit** des Individuums, das ein Recht auf eine offene und ungeplante Lebensgeschichte haben soll. Es ist allerdings zu bedenken, ob wir dieses „Recht auf Zufall" nicht nur deshalb proklamieren, weil wir bisher faktisch damit gelebt haben. Ob jemand lieber mit einer definitiven Veranlagung zum Musiker geboren werden möchte oder nicht, ist eher eine

1997 HABEN ENGLISCHE WISSENSCHAFTLER DAS SCHAF „DOLLY" SOWIE EIN WEITERES MIT EINEM MENSCHLICHEN GEN ZUR PRODUKTION VON PROTEINEN GEKLONT.

VGL. KAP. 9.4: PFLICHT UND GESINNUNG

ES IST MÖGLICH, DAS GENMATERIAL VON ZWEI FRAUEN ZU EINER EIZELLE ZU KOMBINIEREN. DIE SPÄTEREN KINDER HABEN DANN ZWEI BIOLOGISCHE MÜTTER.

existenzielle Entscheidung, nicht eine ethische. Hinzu kommt, dass von der Perspektive des Individuums aus auch bisher seine Erbanlagen fremdbestimmt waren.

Es macht allerdings für das eigene Bewusstsein einen Unterschied, ob an dieser Bestimmung durch Zufall niemand etwas ändern konnte, oder ob man durch die Entscheidung anderer geprägt wird.

Auch die Erzeugung eines **Klons** würde die Individualität verletzen. Im Unterschied zu eineiigen Zwillingen bedingt hier die zeitliche Versetzung, dass die „Kopie" das Leben seines Vorgängers vor Augen hat. Dennoch bedeutet die gleiche genetische Ausstattung nicht, dass die Individualität gleich wird. Genauso entscheidend ist das geschichtlich jeweils unterschiedlich gelebte Leben.

Ein anderes Problem liegt in der Frage nach dem Status des **Embryo** im frühen Stadium der Zellteilung begründet. Je nach Standpunkt kann eine Genmanipulation zu diesem Zeitpunkt gegen die menschliche Würde verstoßen. Dabei lassen sich drei prinzipielle Standpunkte unterscheiden:

essentialistisch	Der Embryo besitzt bereits der Möglichkeit nach alle Eigenschaften des Menschseins, die sich durch seine Entwicklung nur entfalten, und genießt damit entsprechenden Schutz.
aktualistisch	Wesentliche Eigenschaften des Menschen sind faktisch noch nicht vorhanden, weshalb dem Embryo auch nicht die gleichen Rechte zukommen.
repräsentalistisch	Unabhängig davon, ob dem Embryo Eigenschaften eines Subjekts zukommen, würde seine beliebige Behandlung unser Menschenbild negativ beeinflussen.

Folgen für das Menschenbild

Das Potential der Gentechnologie verführt die einen zu einer Machbarkeits-Euphorie, die anderen zu einer völligen Ablehnung. Es ist sicher illusorisch und auch nicht wünschenswert, auf die sich eröffnenden positiven Möglichkeiten verzichten zu wollen. Man darf auch nicht übersehen, dass z. B. „Genmanipulation" in der Tierzucht bereits seit Jahrtausenden praktiziert wird.

Neu ist die Geschwindigkeit, der Umfang und die Gezielt-
heit, mit der die Gentechnik Veränderungen möglich macht.
Es ist daher die Frage, ob wir wirklich noch begreifen und
beherrschen, was wir tun.

Bisher war der Mensch gewohnt – bei allem technischen
Fortschritt – doch innerhalb bestimmter Grenzen zu bleiben, die durch die Natur vorgegeben waren. Wenn alles als
verfügbar erscheint, schwinden aber auch Orientierungs-
punkte, die durch Grenzen gegeben sind.

So haben z. B. die Folgen der Umweltzerstörung korrigie-
rend auf unsere Handlungen und unser Bewusstsein ge-
wirkt. Wenn wir aber genetisch in der Lage sein werden,
uns selbst und andere Lebewesen widerstandsfähig gegen
Schadstoffe zu machen, dann ist zu befürchten, dass wir
keinen Grund mehr sehen, unserem Handeln in Bezug auf
die Umwelt ein Maß aufzuerlegen.

Die Eigengesetzlichkeit der Natur, auf die der Mensch hören musste, tritt zurück und alles wird den Gesetzen der
technischen Zivilisation unterworfen. Mit Sicherheit ist zu
erwarten, dass sich durch die neuen Möglichkeiten unser
Verhältnis zur Natur, anderen Lebewesen und uns selbst
ändern wird. Dies zeigt sich schon daran, dass Patente auf
Lebewesen zugelassen werden. Leben wird zur disponier-
baren Ware.

Der bisher zumindest von anderen Lebewesen klar abgegrenzte Begriff des Menschseins wird fließend. Ab welcher
Anzahl veränderter Gene werden wir noch vom Menschen
sprechen? Welche Rechte haben die neuen „nicht mehr
menschlichen" Lebewesen, außer denen, die ihnen ihre
Schöpfer zusprechen? Die Einmaligkeit und Unverfügbarkeit des Menschseins war ein Kriterium der ethischen
Handlungsbeschränkung. Was aber von jemandem zu einem Zweck geschaffen wurde, kann auch wieder abgeschafft werden, wenn es den Zweck nicht erfüllt.

Unsere ethischen Kriterien fußten bisher auf unserem Menschenbild. Worauf sollen wir sie gründen, wenn der Mensch
selber disponierbar geworden ist?

WER MIT UNGEHEU-
ERN KÄMPFT, MAG
ZUSEHEN, DASS ER
NICHT SELBST ZUM
UNGEHEUER WIRD;
UND WENN DU
LANGE IN DEN
ABGRUND BLICKST,
BLICKT DER
ABGRUND AUCH IN
DICH HINEIN

—

FRIEDRICH
NIETZSCHE

10.3 Rechte der Natur

„Durch das Schürfen nach Erz werden die Felder verwüstet. ... Durch das Umhauen der Wälder werden die Vögel und andere Tiere ausgerottet... Durch das Waschen des Erzes werden, weil es die Bäche und Flüsse vergiftet, die Fische aus ihnen vertrieben oder getötet. ... Da also die Einwohner der betreffenden Landschaften infolge der Verwüstung in große Verlegenheit kommen ... so ist es vor aller Augen klar, dass bei dem Schürfen mehr Aufwand entsteht, als in den Erzen, die durch Bergbau gewonnen werden, Nutzen liegt."

Diese Feststellung stammt von GEORG AGRICOLA aus dem Jahr 1556. Heute sind die Folgen der Technik für unsere Umwelt für jeden unübersehbar. Die Wahrnehmung der eigenen Gefährdung, der sich der Mensch durch seinen Umgang mit der Natur aussetzt, hat aber überhaupt die Frage nach dem Eigenwert der außermenschlichen Natur und unserem Verhältnis zu ihr neu ins Bewusstsein gebracht.

Ansätze ökologischer Ethik

Unsere moralischen Regeln sind ursprünglich für das Verhalten der Menschen untereinander konzipiert. Bei der Ausweitung auf die Natur (Tiere, Pflanzen, Landschaften) müssen zunächst zwei Fragen geklärt werden:

– Wieweit soll der Bereich der zur moralischen Gemeinschaft Gehörenden erweitert werden (bestimmte oder alle Tiere, Pflanzen, Gebirge)?
– Welches ist das Kriterium für diese Erweiterung?

Dabei lassen sich vier grundsätzliche Positionen unterscheiden:

FAUST: „DU NENNST DICH EINEN TEIL UND STEHST DOCH GANZ VOR MIR?" – MEPHISTOPHELES: „BESCHEIDNE WAHRHEIT SPRECH' ICH DIR. WENN SICH DER MENSCH, DIE KLEINE NARRENWELT, GEWÖHNLICH FÜR EIN GANZES HÄLT."

—

GOETHE, „FAUST"

anthropozentrisch	Nur dem Menschen kommt ein eigenständiger Wert zu. Der Schutz der Natur ist ein abgeleiteter Wert, insofern er in Bezug zum Menschen steht.
pathozentrisch	Alle leidensfähigen Wesen sind moralisch zu berücksichtigen und haben bestimmte Rechte.
biozentrisch	Alles Leben hat einen Wert in sich.
holistisch	Auch die unbelebte Natur muss um ihrer selbst willen berücksichtigt werden.

Der Mensch als Maß

Die Vertreter eines **anthropozentrischen** Ansatzes ziehen als Begründungskriterien letztlich nur menschliche Interessen heran. Der Erhalt der Umwelt ist demnach eine moralische Forderung, weil der Mensch sonst seine eigenen Lebensgrundlagen und die künftiger Generationen zerstört.

In diesem Sinne vertrat KANT die Ansicht, dass wir Tiere nicht grausam behandeln dürfen, weil unsere sittlichen Empfindungen ansonsten verrohen und dies Auswirkungen auf unser Verhalten anderer Menschen gegenüber hat.

Es ist allerdings nicht unmittelbar einsichtig, warum sich Pflichten nur auf den Menschen beziehen sollen. Zwar gibt es Unterschiede zwischen Mensch und Tier (z. B. Selbstbewusstsein) – dies heißt aber noch nicht, dass es sich dabei um *moralisch relevante* Unterschiede handelt.

Leid und Mitleid

Wir halten Rücksichtnahme auf Bedürfnisse und Vermeiden von Leiden beim Menschen für moralisch relevant und es besteht kein Grund, dies nicht überall zu tun, wo Leidensfähigkeit gegeben ist. Aufgrund der neurophysiologischen Organisation höherer Tiere kann kein Zweifel bestehen, dass diese Schmerz, Angst und Stress empfinden können.

URSULA WOLF (geb. 1951) sieht daher im **Mitleid** das Prinzip einer Ethik, die nicht von vorneherein nur den Menschen einbezieht. Vermeidung und Verringerung von Leiden ist danach eine generelle Forderung, die sich auf alle Lebewesen erstreckt.

Auch bei der Anwendung dieses Prinzips bleiben noch Inkonsequenzen: Wir dürften Tieren kein Leiden zufügen, aber sie dennoch töten, sofern dies leidfrei geschieht – ein Satz, dem wir beim Menschen kaum zustimmen dürften. Außerdem ist offensichtlich, dass wir mit dem Leidenskriterium von vorneherein die Lebewesen einschließen, die dem Menschen von ihrer Organisation her möglichst nahe sind, und somit doch von einer anthropozentrischen Sicht ausgehen.

Ehrfurcht vor dem Leben

Der **biozentrische** Standpunkt ist insofern konsequenter.

So vertritt ALBERT SCHWEITZER (1875–1965) eine „Ethik der Ehrfurcht vor dem Leben in allen seinen Erscheinungsformen".

DAS VERSCHWINDEN DER TIERE IST EIN UNVERGLEICHBARER, SCHWERWIEGENDER TATBESTAND. IHR HENKER HAT DIE LANDSCHAFTEN BESETZT. ES GIBT NUR NOCH RAUM FÜR IHN

—

E. M. CIORAN

ICH BIN LEBEN, DAS LEBEN WILL, INMITTEN VON LEBEN, DAS LEBEN WILL

—

ALBERT SCHWEITZER

Das Problem ist, dass es in der Praxis nicht möglich ist, jegliches Leben zu schützen. Wir müssen uns von anderen Lebewesen ernähren, um selbst zu leben, und es ist unmöglich, auf jedes Insekt auf dem Weg zu achten.

Ein Biozentrismus müsste also doch wieder Kriterien angeben, welches Leben im Konfliktfall vorrangig ist, etwa weil es höher entwickelt ist.

Ähnlich wird ein **holistischer** Ansatz verfahren müssen. Will man nicht soweit gehen, z. B. jeglichen Eingriff in eine Landschaft zu unterlassen, muss man Kriterien für die Schutzwürdigkeit angeben, wie Alter, Einmaligkeit, Vielfalt. Ästhetische Gründe können eine Rolle spielen, sind dann aber wieder eindeutig auf den Menschen bezogen.

Die moralische Gemeinschaft

Ein grundsätzliches Problem ist, ob wir alle Mitglieder, die wir aufgrund bestimmter Kriterien in die moralische Gemeinschaft aufnehmen, gleich behandeln müssen (zwischen Menschen gilt dieser Grundsatz). Das hieße: Alle leidensfähigen oder mit Bewusstsein begabten Wesen haben die gleichen Rechte.

Im Falle einer Hungersnot müssten wir dann unsere Nahrungsmittel mit allen höher entwickelten Tieren teilen. Wir müssten ihnen ebenfalls die gleiche medizinische Versorgung zukommen lassen.

Die meisten Menschen dürften kaum gewillt sein, eine solche Konsequenz zu ziehen. Als Rechtfertigung für eine Ungleichbehandlung ließen sich Unterschiede im Grad des Bewusstseins oder der Leidensfähigkeit anführen.

So leidet der Mensch vielleicht mehr, weil er ein Bewusstsein z. B. von der Dauer oder Ungerechtigkeit des zugefügten Schmerzes hat. Man könnte aber genauso umgekehrt annehmen, dass das Tier mehr leidet, weil es seinen Zustand nicht verarbeiten kann und dem Schmerz unmittelbarer ausgeliefert ist.

Kritiker machen daher geltend, dass wir im Grunde nur einem **Speziesismus** frönen (von *lat.* spezies: „Art", in Analogie z. B. zu Rassismus): Wir bevorzugen den Menschen lediglich aus dem Grund, weil er Mensch ist.

Dieses Argument ist kaum von der Hand zu weisen. Selbst wenn wir ins Feld führen, dass der Mensch eben ein höher entwickeltes Lebewesen ist, sagen wir nichts anderes als dass er bevorzugt werden muss, weil er Mensch ist.

Wenn ich mit meiner Katze spiele, wer weiss, ob sie sich nicht mehr noch die Zeit mit mir vertreibt, als ich mit ihr?

Michel de Montaigne

Nun lässt sich andererseits auch nicht leugnen, dass das moralische Verhältnis zwischen Mensch und Tier asymmetrisch ist: Wir können uns Pflichten gegenüber Tieren auferlegen, aber sie nicht verpflichten. Die Natur selbst kennt keine ethischen Grundsätze. Wir können aus dem, wie sich Tiere untereinander verhalten, keine Maßstäbe für unser Verhalten ihnen gegenüber ableiten. Daher müssen wir von unserer Perspektive ausgehen, also letztlich anthropozentrisch bleiben.

Eine konsensfähige ökologische Ethik wird sich auf folgende **Grundsätze** stützen müssen:
1. Der Geltungsbereich moralischer Regeln ist die gesamte Natur.
2. Innerhalb dieses Bereiches bestehen graduelle Unterschiede in den Rechten und Pflichten, die sich auf begründete Kriterien stützen müssen.
3. Im Konfliktfall sind Interessen gegeneinander abzuwägen, wobei einzelne Interessen nicht bloß deshalb Vorrang haben dürfen, weil es die einer bestimmten Spezies sind.

DIE ERDE GEHÖRT NICHT DEM MENSCHEN, DER MENSCH GEHÖRT DER ERDE
—
SEATTLE

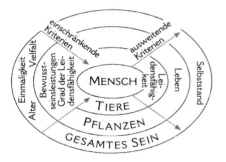

Anwendung der Grundsätze
Die Reihenfolge der genannten Regeln besagt, dass immer von den größtmöglichen (d. h. aber auch: realisierbaren) Rechten auszugehen ist, sofern nicht einer der nachfolgenden Punkte eine Einschränkung begründet. Einige Beispiele:

- *Alles was ist, hat seinen eigenen Wert. Die Lebensentfaltung des Menschen muss sich daher immer Grenzen unterwerfen (folgt aus Punkt 1).*
- *Eine Katze hat Anspruch auf ärztliche Versorgung, eine Spinne nicht (Einschränkung aus Punkt 2).*
- *Das geschmackliche Interesse am Fleischessen rechtfertigt nicht die Tötung höherer Lebewesen (Abwägung aus Punkt 2 und 3).*

11. Moderne und Postmoderne

„Das Verfahren ist nämlich im Allgemeinen nicht nur vor der Öffentlichkeit geheim, sondern auch vor dem Angeklagten. ... Die Rangordnung und Steigerung des Gerichtes sei unendlich und selbst für den Eingeweihten nicht absehbar. ... Das einzig Richtige sei es, sich mit den vorhandenen Verhältnissen abzufinden. Einzusehen versuchen, dass dieser große Gerichtsorganismus gewissermaßen ewig in der Schwebe bleibt und dass man zwar, wenn man auf seinem Platz selbstständig etwas ändert, den Boden unter den Füßen sich wegnimmt und selbst abstürzen kann, während der große Organismus sich selbst für die kleine Störung leicht an einer anderen Stelle – alles ist doch in Verbindung – Ersatz schafft und unverändert bleibt, wenn er nicht etwa, was sogar wahrscheinlich ist, noch geschlossener, noch aufmerksamer, noch strenger, noch böser wird."

So wird Herrn K. – „der eines Morgens verhaftet wurde, ohne dass er etwas Böses getan hätte" – in FRANZ KAFKAS Roman „Der Prozeß" das Walten des allgegenwärtigen „Gerichtes" erläutert, das allerdings weder Herr K. noch sonst jemand je zu greifen bekommt. KAFKAS Werk gilt als eindringliche Diagnose der Befindlichkeit des Menschen in der **Moderne**, dessen Kultur durch Bürokratisierung, Technisierung und Anonymität ihm zunehmend unüberschaubar und fremd geworden ist.

KAFKAS „Prozeß", so könnte man auch sagen, ist die Vision einer Gesellschaft, in der der Einzelne verloren und fremd ist, weil ihm die **Informationen** fehlen, die er benötigt, um die sozialen und kulturellen Zusammenhänge verstehen zu können. Die Welt ist „dicht", im Sinne ALBERT CAMUS', die Absurdität entspringt der Kluft zwischen dem Menschen, der fragt, und der Welt, die vernunftwidrig schweigt. Herr K. bemüht sich verzweifelt um Auskunft, aber er erfährt weder, wessen er angeklagt ist, noch etwas Greifbares über das Gericht. Im unsichtbaren Hintergrund scheinen die Fäden gesponnen zu werden, an denen K.s Schicksal hängt. Den entscheidenden Hinweis allerdings übersieht er und verspielt daher seine Möglichkeiten:

„Das Gericht will nichts von dir. Es nimmt dich auf, wenn du kommst, und es entlässt dich, wenn du gehst."

Was KAFKA literarisch zum Ausdruck bringt, lässt sich als Konsequenz der zunehmenden Komplexität kultureller Systeme verstehen. **Systeme** – wie z. B. Wirtschaft, Rechtswesen oder Verwaltung – haben die Tendenz, aus sich heraus komplexer zu werden, eigene Gesetzmäßigkeiten zu entwickeln und die von ihnen erfassten Subjekte zur Anpassung an ihre Strukturen zu zwingen. Das Individuum als eigenständig handelnde Größe verschwindet bzw. erscheint nur noch in der **Funktion**, die ihm das System zuweist.

Dem gegenüber müssen wir uns aber immer wieder bewusst machen, dass es der Mensch selbst ist, der seine Kultur hervorbringt, und dass es daher an uns liegt, wie wir mit ihr umgehen und unser Leben in ihr gestalten. So ist es ein Anliegen der sog. „**Postmoderne**", ein anderes Selbstverständnis in unserem Umgang mit der modernen Kultur zu erwecken: weg vom Subjekt als dem „Unterworfenen" hin zum **Akteur**, der aktiv und selbstbewusst seine Möglichkeiten ergreift.

154

11.1 Die Herrschaft der Systeme

Der Lebensraum des Menschen ist die künstliche, von ihm selbst geschaffene Welt der **Kultur**. Sie hält für ihn das erforderliche Wissen über die Welt bereit, bietet Rollen und Handlungsmuster für die Orientierung seines Verhaltens an und ist der Raum, in dem er anderen Menschen begegnet. Für den Lebensvollzug des Einzelnen ist daher entscheidend, wie er verstehend und handelnd an seiner Kultur und Gesellschaft Anteil hat.

Das Phänomen der Entfremdung

Je komplexer die Kultur aber ist, um so mehr Bereiche des Ganzen entziehen sich dem Verständnis und der direkten Einwirkungsmöglichkeit des einzelnen. Er sieht sich zunehmend in Strukturen eingebunden, die er nicht überblickt und die ihm Handlungs- und Lebensweisen aufzwingen können, die seinen eigenen Vorstellungen nicht entsprechen.

Das Phänomen des Schwindens von Vertrautheit und Verstehbarkeit sei an zwei Beispielen verdeutlicht:

Ein Hammer ist ein unmittelbares und leicht verständliches Werkzeug. Seine Schwere und die Verstärkung der Kraft durch die Länge des Stiels sind im Hantieren mit ihm direkt erfahrbar und machen die Funktion deutlich. Wenn er unbrauchbar ist, weil er zu leicht oder der Stiel zerbrochen ist, dann liegt dies ebenso offen zu Tage. – Ganz anders beim Computer. Kein einzelner Mensch dürfte in allen Details wissen, wie er funktioniert. Wenn er einmal nicht tut, was er soll, dann kann kaum ein Normalanwender nachvollziehen, wo in der Software der Fehler liegt. D. h. wir gewöhnen uns zunehmend daran, Dinge zu gebrauchen, die wir nicht verstehen.

Ein Beispiel aus einem anderen Bereich: Jedem dürfte es schon passiert sein, dass er beim Ausfüllen eines Antragsformulars verzweifelt ist. Die vorgegebenen Rubriken passen überhaupt nicht zu dem, was man sagen will und der Sinn mancher Fragen bleibt völlig im Dunkeln. Das Formular ist Teil eines Systems, das dem Anwender zum großen Teil verborgen ist: die Organisation der Verwaltung, der die Formalisierung entspringt, und die speziellen rechtlichen Vorgaben, von dem her der Sinn der Fragen klar würde. Dieses System hat seine eigene Gesetzlichkeit, die mit dem lebensweltlichen Kontext, in dem der Antragsteller sich befindet, nicht übereinstimmt.

DIE ENTWICKLUNG DER SUBJEKTE KANN JETZT NICHT MEHR DEN WEG GEHEN, DEN DIE DER OBJEKTE NIMMT; DIESEM LETZTEREN DENNOCH FOLGEND, VERLÄUFT SIE SICH IN EINER SACKGASSE ODER IN EINER ENTLEERTHEIT VON INNERSTEM UND EIGENSTEM LEBEN

—

GEORG SIMMEL

Was sich in diesen Beispielen widerspiegelt, ist eine Entwicklung, die mit der Zunahme von Wissen, technischen Möglichkeiten und sozialer Differenziertheit, also der **Komplexität** einer Kultur verbunden ist. Die verschiedenen Institutionen, die die Aufgaben der Gesellschaft wahrnehmen, werden spezialisierter, komplexer, verlangen eine hochgradige Organisation und entfalten eine eigene Dynamik.

Kultur als System

Ein **System** ist das Ganze des Zusammenspiels einzelner Elemente nach bestimmten Regeln, das durch seine **Funktion** (d. h. durch die Wirkungen, die es hervorbringt) gekennzeichnet ist. Der Systemtheoretiker NIKLAS LUHMANN (1927–1998) betrachtet Gesellschaft und Kultur als ein solches System, das wiederum aus verschiedenen Untersystemen, wie z. B. Wirtschaft, Erziehung, Recht oder Politik aufgebaut ist.

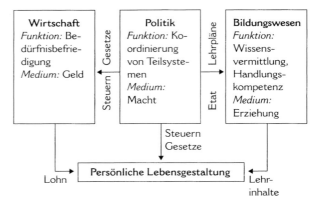

Systeme weisen bestimmte Eigenschaften auf:
– Sie sind eigengesetzlich, organisieren sich selbst und tendieren zu immer größerer Komplexität.
– Sie streben danach, sich selbst zu erhalten.
– Sie können nur das integrieren, was ihnen entspricht. Daher müssen sie alles, mit dem sie zu tun haben, ihrer eigenen Struktur anpassen.
– Sie tendieren dazu, sich selbst absolut zu setzen.
– Obwohl sie in sich eigengesetzlich sind, muss es „Schnittstellen" zu anderen Systemen geben. Die Politik etwa nimmt mit Hilfe von Gesetzen und Steuern Einfluss auf die Wirtschaft.

> DIE UNTERTANEN VON MICROSOFT SIND JEDENFALLS NICHT VOM HIMMEL GEFALLEN, SONDERN ... ERST EINMAL PRODUZIERT WORDEN. DAS PROBLEM IST NUR, WIE DIE UNTERWERFUNG, UM IHREN WELTWEITEN SIEGESZUG ANZUTRETEN, VOR DEN SUBJEKTEN VERBORGEN WERDEN KANN
>
> FRIEDRICH KITTLER

Gemäß dieser Eigenschaften ist z. B. das Gesundheitswesen paradoxerweise im Interesse der eigenen Existenz darauf angewiesen, Krankheit zu erhalten: Ist die Bettenkapazität im Krankenhaus nicht ausgeschöpft, dann verlängern sich die Liegezeiten; „Krankheiten" wie Schnupfen, die ohne Gesundheitswesen vielleicht ignoriert würden, veranlassen einen Gang zum Arzt oder zur Apotheke.

Auf vielen Gebieten zeigt sich die Einvernahme anderer Bereiche durch das Wirtschaftssystem, so z. B. im Bildungswesen: Universitäten sollen wie Unternehmen geführt werden, „Controlling" ist das Schlagwort, Bildung soll sich in Zahlen und Statistiken messen lassen. Studenten sind eine Ware, die möglichst effizient, schnell und im Hinblick auf den Endabnehmer (für den als einzig maßgebenden sich die Industrie hält) produziert werden muss.

Die Herrschaft der Systeme hat für das **Selbstverständnis des Individuums** verschiedene Auswirkungen:

- das Phänomen der „**Verkindlichung**", weil der Einzelne immer weniger Bereiche des Ganzen durchschaut und sich dem Urteil und der Führung von Experten (die auf immer schmaleren Gebieten Bescheid wissen) anvertrauen muss;

- das Gefühl der **Ohnmacht** und des „Ohnehin-nichts-ausrichten-Könnens";

- die **Angleichung** des Menschen an das System: Ein einfaches Werkzeug z. B. ist noch dem Menschen angepasst, es unterstützt seine organische Ausstattung. Fließbandproduktion in der Fabrik erfordert umgekehrt die Anpassung des Arbeiters an die Maschine. In den Anfängen des Computers musste der Benutzer die Sprache und „Denkweise" des Rechners beherrschen. Heute versucht man zunehmend solche Entwicklungen aufzufangen – der Computer lernt, die Sprache des Menschen zu verstehen.

- der einzelne wird durch seine **Funktion** definiert. So ist z. B. nicht von Interesse, dass er sich umfassend bildet, sondern er wird für einen bestimmten Beruf ausgebildet. Die „Funktionslosigkeit" eines Arbeitslosen wirkt sich nicht nur auf sein Selbstbild aus, sondern führt oft auch zu einer Auflösung seiner sozialen Beziehungen, wo man „nichts mehr mit ihm anfangen kann".

Da eine moderne Gesellschaft nicht ohne komplexe Systeme bestehen kann, sind die oben angesprochenen Probleme nicht durch deren „Abschaffung" zu lösen.

INDEM DIE KALKULIERENDE VERNUNFT ALLES VERSACHLICHT, UM ES ZU BEHERRSCHEN, VERSACHLICHT SIE AUCH DIE MENSCHLICHEN BEZIEHUNGEN. IM INDUSTRIALISMUS WIRD DER MENSCH SELBST ZUR AUSTAUSCHBAREN WARE; DAS ZWECKRATIONALE, TECHNISCHE DENKEN REDUZIERT IHN AUF DIE FUNKTION, DIE ER AUSZUÜBEN HAT

—

HORKHEIMER / ADORNO

„Zurück zur Einfachheit und Natur" ist gesamtgesellschaftlich kaum ein gangbarer Weg. Dagegen muss man versuchen, die **Autonomie** der individuellen Lebensgestaltung gegen das Verschwinden des Subjekts in unüberschaubaren Strukturen stark zu machen. Dazu gehört unter anderem:

- **Verstehbarkeit** und **Beeinflussbarkeit** der Lebenswelt: Der Einzelne muss soweit wie möglich die Strukturen, in denen er sich befindet, durchschauen können und eigene Gestaltungsmöglichkeiten haben.
- die „Schnittstellen" der Systeme müssen **kompatibel** sein: In unseren obigen Beispielen etwa müssen das Antragsformular oder der Computer der Sprache des Anwenders angepasst sein.
- der Vorrang von **Ethik** und **Ästhetik** in der eigenen Lebensgestaltung vor Ökonomie und Funktionalität, worauf im nächsten Kapitel noch eingegangen wird.

11.2 Die Macht der Diskurse

Die kulturellen Systeme üben **Macht** aus, indem sie die Sozialisation des Einzelnen beeinflussen, d. h. bestimmen, welche Verhaltensweisen er sich aneignet, welche Rollen er einnimmt oder welche Wertvorstellungen er hat.

Diese Form der Machtausübung ist zum einen nicht zentral gesteuert, sondern durchzieht die Gesellschaft auf vielfältigen Ebenen. Zum anderen dürfen wir sie uns nicht als bloßen äußerlichen Zwang vorstellen. Macht erlangt derjenige, dem es gelingt, unser Welt- und Selbstverständnis zu beeinflussen. Dies kann z. B. durch die Inhalte geschehen, die in der Schule behandelt (oder nicht behandelt) werden oder durch das von den Medien vermittelte Bild der Wirklichkeit.

Die Kontrolle der Diskurse

Der französische Philosoph und Historiker MICHEL FOUCAULT (1926–1984) nennt die vielfältigen Formen, in denen sich in einer Gesellschaft Wahrheit beanspruchende Aussagen über die Wirklichkeit niederschlagen, **Diskurse** (von *lat.* discurrere: „durchlaufen", „erörtern"). Dazu gehören die Erkenntnisse der Wissenschaften ebenso wie moralische Vorstellungen oder politische Reden. Wer die Diskurse kontrolliert, der besitzt die Macht auszuschließen, zum Schweigen zu bringen, Druck auszuüben.

FOUCAULT versucht zu zeigen, aufgrund welcher Diskurspraktiken ein bestimmtes Selbstverständnis des Menschen entsteht, das wiederum die Grundlage dafür ist, wie der ein-

IN GEORGE ORWELLS UTOPIE „1984" IST EIN WESENTLICHES HERRSCHAFTSINSTRUMENT DIE NEUGESTALTUNG DER SPRACHE, DIE ES UNMÖGLICH MACHEN SOLL, UNERWÜNSCHTE VORSTELLUNGEN AUCH NUR ZU DENKEN.

zelne sich verhält, d. h. ob er geneigt ist, sich Systemkonstellationen anzupassen oder nicht. Dabei unterscheidet er zwei grundsätzliche Möglichkeiten, das eigene Selbst zu gestalten: durch Praktiken der Unterwerfung oder der Freiheit.

Selbstgestaltung durch Unterwerfung

Die verschiedenen Formen der von FOUCAULT so genannten „**Disziplinarmacht**" zielen auf Unterwerfung und die Integration in soziale und ökonomische Kontrollsysteme.

Unter sie fällt z. B. die Ordnungsfunktion der Bewertung in „normal – unnormal" mit entsprechenden Ausschließungspraktiken (Bestrafung, Ächtung, psychiatrische Kliniken). Institutionen der Disziplinarmacht sind auch das Militär oder eine Fabrik. So setzt das Funktionieren einer Fabrik voraus, dass der Einzelne bereit ist, sich dem Rhythmus der Maschine anzupassen und sich eine Tugend wie Pünktlichkeit anzugewöhnen, die ihm als solche wiederum bereits in der Schule und Familie vermittelt wird.

Eine besondere Diskurspraxis, die der Erzeugung eines Unterwerfungssubjektes dient, sieht FOUCAULT im Geständnis. Der Einzelne wird gezwungen, sich selbst offenzulegen, zum beobachtbaren und greifbaren Objekt zu werden. Interessant ist in diesem Zusammenhang das Phänomen des öffentlichen Geständnisses, zu dem Regimekritiker in diktatorischen Staaten gezwungen werden oder – ganz modern – bestimmte Fernsehshows, in denen die Teilnehmer vor einem Millionenpublikum irgendein Fehlverhalten gestehen und den Betroffenen (und die Gesellschaft) um Verzeihung bitten.

Auf Kontrolle zielende Formen von Machtausübung:

Institutionen	Methoden	
z. B.	Einordnen	Überwachen
Schule	(Wissenschaftliche	Offenbaren
Militär	Klassifikation,	(Geständnis)
Fabrik	Statistik,	Verwalten
Gefängnis	Demographie)	

UNTER MACHT IST ZUNÄCHST ZU VERSTEHEN: DIE VIELFÄLTIGKEIT VON KRÄFTEVERHÄLTNISSEN, DIE EIN GEBIET BEVÖLKERN UND ORGANISIEREN; DAS SPIEL, DAS IN UNAUFHÖRLICHEN KÄMPFEN UND AUSEINANDERSETZUNGEN DIESE KRÄFTEVERHÄLTNISSE VERWANDELT, VERSTÄRKT, VERKEHRT; DIE STÜTZEN, DIE DIESE KRÄFTEVERHÄLTNISSE ANEINANDER FINDEN, INDEM SIE SICH ZU SYSTEMEN VERKETTEN

—

MICHEL FOUCAULT

UNTER DEN KÜNS-
TEN DER EXISTENZ
... SIND GEWUSSTE
UND GEWOLLTE
PRAKTIKEN ZU VER-
STEHEN, MIT DENEN
SICH DIE MENSCHEN
NICHT NUR DIE
REGELN IHRES VER-
HALTENS FESTLEGEN,
SONDERN SICH SEL-
BER ZU TRANSFOR-
MIEREN, SICH IN
IHREM BESONDEREN
SEIN ZU MODIFIZIE-
REN UND AUS IHREM
LEBEN EIN WERK ZU
MACHEN SUCHEN...
—
MICHEL FOUCAULT

Selbstgestaltung durch Freiheit

Eine Möglichkeit, der völligen systemkonformen Vereinnahmung ein selbstbestimmtes Ich entgegenzusetzen, sieht
FOUCAULT in den Praktiken der Freiheit, d. h. einer **Selbstethik.**

Dabei geht es im wesentlichen darum, einen eigenbe-
stimmten Umgang mit sich selbst zu erlernen, persönlich die Entscheidung zu treffen, welche Ziele man verfolgen
will und Klarheit darüber zu gewinnen, welche Lebensweise
einem entspricht. Ethische und ästhetische Kriterien sollen
den Vorrang vor ökonomischen und zweckbestimmten haben. Das Experimentieren mit einer Vielfalt von Lebensfor-
men ist einer einseitigen und autoritätsbestimmten Festlegung vorzuziehen.

11.3 Einheit und Vielheit

Eines der besonders kennzeichnenden Merkmale der **Moderne** ist das Ausmaß, in dem die Gesellschaft von **Technik**
und **Wissenschaft** geprägt ist. Damit ist eine Tendenz zur
kulturellen **Vereinheitlichung** in zweifacher Hinsicht verbunden:
- zum einen, weil das technisch-wissenschaftliche Denken
  andere kulturelle Ausdrucksformen zu verdrängen droht,
- zum anderen, weil die technische Zivilisation sich über alle Weltkulturen gleichermaßen ausdehnt und diese prägt.

Wenn man dagegen von einem beginnenden Zeitalter der
Postmoderne spricht, dann ist damit die der Standardisie-
rung des Denkens entgegenläufige Tendenz gemeint, die
Vielfalt der Denk-, Lebens- und künstlerischen Ausdrucksformen zur Geltung zu bringen. Vereinheitlichung und Pluralismus sind zwei Strömungen, die in unserer »postmoder-
nen Moderne" gleichermaßen wirksam sind.

Technisch-wirtschaftliche Einheitskultur

Wissenschaft und Technik sowie die wirtschaftlichen Ver-
flechtungen der Großunternehmen schaffen eine weltum-
spannende **Einheitskultur**, die die jeweiligen ursprünglichen
Regionalkulturen überlagert.
- Wissenschaftliche Forschung ist international, sie ver-
  langt überall die gleiche, von jedermann nachvollziehbare
  Denk- und Vorgehensweise.
- Moderne technische Produkte verbreiten sich in jeden
  Winkel der Welt.

- Die Arbeitsanforderungen in Fabriken gleichen sich überall, sie fordern eine Anpassung des Arbeitsverständnisses und greifen vielerorts in die vorhandenen Sozialstrukturen ein.
- Die freie Marktwirtschaft setzt sich nach dem Scheitern anderer Systeme als Wirtschaftsstandard durch.
- Moderne Verkehrsmittel führen zu einer „Entörtlichung". Reisende, die von einer Tagung zur anderen unterwegs sind, bewegen sich im normierten Standard internationaler Hotels, ebenso wie der Urlauber in den Badeorten überall die gleichen Hotelburgen und Speiselokale vorfinden kann.

Pluralismus

Mit der Verbreitung der technisch-wissenschaftlichen Kultur besteht die Gefahr, dass die mit ihr verbundene Denk- und Lebensweise die Vielfalt kultureller Ausdrucksformen zerstört.

Kunst, Literatur oder Religion ebenso wie unterschiedliche Formen des sozialen Lebens zeigen die Breite der Möglichkeiten menschlicher Lebensgestaltung, die sich nicht standardisieren lässt. Während das Aufgehen in technologischen Systemen die Gefahr der Entfremdung beinhaltet, bilden diese Formen den sinnstiftenden und identitätsbildenden Bereich der Kultur, der als Gegengewicht zur technisch-wirtschaftlichen Einheitskultur verstanden werden kann.

Pluralismus bedeutet in diesem Zusammenhang, zum einen den Eigenwert der unterschiedlichen Kulturleistungen innerhalb einer Gesellschaft zu bewahren, zum anderen vor allem die Begegnung mit anderen Kulturen zu suchen und darin eine Erweiterung der eigenen Möglichkeiten zu sehen. Pluralismus meint nicht einfach *anything goes* oder Beliebigkeit, sondern den eigenen Standpunkt in Auseinandersetzung mit dem Anderen zu gewinnen und verlangt daher die Fähigkeit zur Differenzierung und offenhaltender Kommunikation.

„Die Kultur" als die Lebenswelt, in deren Aneignung sich der Einzelne formt, wird in Zukunft nicht einfach mit der Tradition einer Kultur oder eines Kulturkreises identifiziert werden können, sondern sich facettenreicher aus den vielfältigen Möglichkeiten des Menschseins gestalten.

DER MACHT, DIE DIESE GESELLSCHAFT ÜBER DEN MENSCHEN GEWONNEN HAT, WIRD DURCH IHRE LEISTUNGSFÄHIGKEIT UND PRODUKTIVITÄT TÄGLICH ABSOLUTION ERTEILT

—

HERBERT MARCUSE

Dynamische Gesellschaft

Das Funktionieren einer Gesellschaft wird im traditionellen Verständnis damit verbunden, dass die Strukturen, aus denen sie sich aufbaut, relativ konstant sind und sich nur allmählich wandeln. Die künftige Gesellschaft wird sich damit auseinander setzen müssen, dass sich solche Strukturen sehr viel schneller verändern, dass soziale Rollen veraltet sind, bevor man sie sich zugelegt hat, und dass langwierige Rituale, durch die man sich in der Gesellschaftshierarchie hocharbeiten muss, durch die zunehmende Bedeutung der Fähigkeit, schnell und unkonventionell auf neue Herausforderungen zu reagieren, unterlaufen werden.

Die folgende Übersicht soll die mögliche Richtung eines solchen Wandels, der sich in verschiedenen Gesellschaftsbereichen bereits andeutet, verdeutlichen:

Wandel des Verständnisses

Arbeit	Materiell	Immateriell
	Industrielle Produktion	Informationsbereitstellung und -verarbeitung
	Vollzeit	Teilzeit
Organisation	Zentral	Dezentral
	Hierarchisch	Konsensuell
Gesellschaftliche Stellung	Übernahme vorgefundener Positionen	Flexibilität
		Gestaltung neuer Aufgabenbereiche
	Repräsentation	Konstitution

Insgesamt wird die Gesellschaft eine größere **Flexibilität** aufweisen müssen, wofür als ein Beispiel das Arbeitsplatzverständnis dienen soll:

Traditionell wird der Einzelne sehr stark mit einer bestimmten sozialen Rolle identifiziert. So ist es üblich, einen Beruf ein Leben lang auszuüben (der Beruf gilt in Fragebögen als eines der Identifikationsmerkmale). Es kann aber durchaus sinnvoll sein, mehrere Berufe hintereinander oder gleichzeitig auszuüben und so auch verschiedene Anlagen und Fähigkeiten zur Gestaltung zu bringen. Nach wie vor gilt bei Arbeitsplätzen die „Alles-oder-Nichts"-Mentalität. Wer einen Arbeitsplatz hat, übt ihn vollzeitig und durchgängig aus. Das Splitten von Stellen oder auch die Unterbrechung für eine bestimmte Zeit, in der man sich anderen Seiten des Lebens widmet, würden nicht einen Teil der Bevölkerung von der Berufsausübung ganz ausschließen, während ein anderer Teil völlig auf eine bestimmte soziale Rolle fixiert ist.

1990 HATTEN 86 % DER ARBEITSKRÄFTE IN DER BUNDESREPUBLIK EINE VOLLZEITSTELLE (15 % MIT ÜBER 40 STD).

12. Virtuelle Welten

Der amerikanische Vertreter der Künstlichen Intelligenz Forschung MARVIN MINS-KY ist überzeugt, dass der Mensch nur ein Zwischenstadium auf dem Weg zu vollkommeneren Wesen ist. Frei von den Schranken, die die biologische Evolution dem menschlichen Gehirn auferlegt hat, wird sich die künstliche Intelligenz in der Hardware des Computers zu ungeahnten Leistungen entfalten.

Auch wenn zu bezweifeln ist, dass sich der Mensch irgendwann ganz in die Maschine auflösen wird, so ist doch heute schon offensichtlich, dass die elektronisch erzeugten Welten uns immer stärker in ihren Bann ziehen. Dies reicht vom Fernsehen bis zum Computerspiel und schließlich dem Cyberraum, in dem man nun mit allen seinen körperlichen Sinnen in die künstliche Welt eintauchen kann.

Wie groß die Faszination dieser Medien ist, zeigt nicht nur ihre Verbreitung, sondern auch ihr Suchtpotential. Auch wenn die beiden folgenden Beispiele pathologisch sein mögen, so machen sie doch deutlich, wie weit die elektronischen Medien in der Lage sind, zu einem alles beherrschenden Lebensraum zu werden:

In den USA wurde eine Mutter wegen Vernachlässigung ihres Kindes verurteilt, weil sie nahezu ununterbrochen, bis auf wenige Stunden Schlaf, durchs Internet gesurft ist. – Ein Mann beging Selbstmord, weil er die Rechnungen für seine ununterbrochene Nutzung des Internets nicht mehr bezahlen konnte. Die Kündigung seines Netzzuganges durch die kalifornische Betreiberfirma empfand er als Kündigung seines Lebens und er beendete seine Existenz auch online, indem er alle seine Diskussionsbeiträge löschte.

Die Faszination, die von computergenerierten Welten ausgeht, gründet nicht zuletzt darin, dass hier der Widerstand des Materiellen aufgehoben ist. Während bei anderen gestaltenden Tätigkeiten die Grenzen des Machbaren durch die Beschaffenheit der realen Welt, des Materials, der zeitlichen und örtlichen Umstände gesetzt sind, steht die immaterielle Welt der Simulation der beliebigen Gestaltung offen. Wir können in ihr der Held in einem Fantasy-Abenteuer sein, die Pariser Straßen des 19. Jahrhunderts wieder zum Leben erwecken oder physikalische Ereignisse im Umfeld eines Schwarzen Lochs simulieren.

Die neuen elektronischen Medien haben wie alle anderen kulturellen Leistungen den Doppelaspekt: Werk des Menschen zu sein und zugleich eine eigenständige Dynamik zu entfalten, die auf den Menschen formend zurückwirkt. Der selbstbestimmte Umgang mit ihnen erfordert, dass wir uns klar darüber werden, welche Weltsicht sie uns vermitteln und wie sie auf unser Selbstverständnis wirken.

12.1 Informationsgesellschaft

Wenn wir uns vor Augen halten, dass im 20. Jh. mehr Wissenschaftler gelebt haben und mehr Bücher gedruckt wurden als in allen Jahrhunderten zuvor, dann wird daraus schon ersichtlich, in welchem Ausmaß sich unser Wissensbestand gesteigert hat.

Auch der Zugang zu **Informationen** scheint heute so einfach zu sein wie nie zuvor – vergleicht man ihn etwa mit der Zeit vor Erfindung des Buchdrucks, als Schriften nur in einzelnen handgeschriebenen Exemplaren verbreitet waren und nur von wenigen überhaupt gelesen werden konnten. Bücher und Zeitungen werden massenweise gedruckt, in jeder Stadt gibt es Bibliotheken und über das Internet ist man mit Datenbanken in der ganzen Welt verbunden.

Informationsflut und Wissensarmut

Auf der anderen Seite erzeugt allein das Vorhandensein von Informationen noch kein **Wissen**. Wissen entsteht erst aus der Verarbeitung von Information, aus deren Ordnung, Bewertung und Anwendung. Je größer die Informationsmassen werden, um so mehr droht die einzelne in einem Sumpf von Bedeutungslosigkeit zu versinken.

Die **Überinformation** schlägt ins Gegenteil um: Sie dient nicht mehr der Aufklärung und Emanzipation, sondern kann zu Unwissenheit und Abhängigkeit führen:

– Geht man davon aus, dass die Fähigkeit des Menschen, Wissen zu speichern und in Zusammenhang zu bringen, gleich geblieben ist, dann könnte man überspitzt sagen, dass die Menschen „dümmer" geworden sind, weil sie von der Gesamtheit des möglichen Wissens immer weniger überblicken. Die Folge ist, dass man in den meisten Bereichen nicht mehr selbst urteilen und entscheiden kann, sondern sich **Experten** anvertrauen muss, die ihrerseits auf immer begrenzteren Gebieten Bescheid wissen. Daraus ergibt sich, dass für den einzelnen die Welt immer zersplitterter, mosaikartiger wird, weil übergreifende Zusammenhänge nicht mehr hergestellt werden können.

– Je größer die Datenflut, um so mehr Zeit muss für die **Suche** nach Infomationen und ihre Verwaltung aufgewendet werden. Ein Wissenschaftler verbringt heute leicht mehr Zeit damit, sich über die Menge der erschienenen Literatur zu informieren als damit, sie zu lesen. Ein gutes Beispiel ist auch das Internet: Ein großer Teil der Arbeit

---

DER WEG VON DER MEDIENGESELLSCHAFT ZUR WISSENSGESELLSCHAFT IST DER WEG VON DER INFORMATION ZUR BEDEUTUNG, VON DER WAHRNEHMUNG ZUM URTEIL

—

HUBERT MARKL

muss darauf verwendet werden, sich mit Suchmaschinen (und Meta-Suchmaschinen) auseinanderzusetzen, die richtigen Suchwörter einzugeben und miteinander zu verknüpfen, während das schließlich zu Tage geförderte Ergebnis oft mehr als dürftig ist.
− Je unübersichtlicher das Informationsangebot, um so entscheidender wird die Notwendigkeit der **Selektion**. Um so größer wird aber auch der Einfluss und die Macht derer, die für uns die Selektion übernehmen. Nur ein ganz kleiner Prozentsatz aller bei Nachrichtenagenturen eingehenden Meldungen wird letztlich gesendet oder gedruckt.
− Schließlich macht erst ihre gezielte Beschränkung die Information zu einem **Wirtschaftsgut**. Verdienen kann an ihr nur der, der die Möglichkeit hat, sie zurückzuhalten und zu verkaufen. Ein offener Informationsmarkt wird daher kaum das Ziel ökonomischer Interessen sein.

JEDER HAT DAS RECHT, SEINE MEINUNG IN WORT, SCHRIFT UND BILD FREI ZU ÄUSSERN UND ZU VERBREITEN UND SICH AUS ALLGEMEIN ZUGÄNGLICHEN QUELLEN UNGEHINDERT ZU UNTERRICHTEN

—

ARTIKEL 5 DES GRUNDGESETZES

Die Kunst der Orientierung

Eine politische Aufgabe liegt daher darin, die Monopolisierung in Form von Medienkonzernen zu verhindern und Vielfalt sowie freie Verfügbarkeit der Informationsquellen zu sichern.

Aber damit allein ist nichts gewonnen, wenn wir nicht lernen, mit ihnen umzugehen. Der traditionelle Bildungsgedanke hatte ein Fundament in der Vorstellung des Erwerbs eines Wissens*bestandes*. Es ist heute aber nicht mehr möglich, sich ein umfassendes Wissen in einem Fach anzueignen. Das Festhalten an einer solchen Vorstellung führt zum Spezialistentum in immer kleineren Bereichen und der Konsequenz, sich nicht mehr mit anderen verständigen zu können. Weiterhin verändert sich das Wissen und die Anforderungen an die Fähigkeiten in vielen Bereichen so schnell, dass man sich nicht auf einen einmal erworbenen Wissens- und Könnensbestand zurückziehen kann.

165

Entscheidend ist nicht, Wissen zu speichern, sondern mit Wissen umgehen zu können, sich zu orientieren, Verknüpfungen herzustellen, Wesentliches von Unwesentlichem zu unterscheiden. Hierbei kann die Philosophie eine wichtige Aufgabe übernehmen, da es ihr nicht um die Sammlung von Faktenwissen geht, sondern um methodisches Bewusstsein, Strukturierung und Urteilsfähigkeit.

AUF DIE SCHIFFE, IHR PHILOSOPHEN! — FRIEDRICH NIETZSCHE

Bezeichnend für die Informationsgesellschaft ist die für das Internet gebräuchliche Metapher der **Navigation**, d. h. in einem Meer von Möglichkeiten die Orientierung zu behalten und ans Ziel zu steuern.

Unser traditionelles Verständnis von Lernen und Wissensverarbeitung wird daher einem Wandel unterliegen müssen, dessen Tendenz sich andeuten lässt:

Wissensbestand	⟶	Wissensstrukturen
lineare Wissensverarbeitung	⟶	vernetzte Wissensverarbeitung
statisch-auffüllender Wissenserwerb	⟶	dynamisch-assoziativer Wissenserwerb
Fachwissen	⟶	Orientierungswissen

Interessant ist in diesem Zusammenhang auch die wieder zunehmende Bedeutung des **Visuellen** bei der Wissensvermittlung. Wurden früher Bilder als Informationsträger einfach deshalb verwendet, weil ein großer Teil der Bevölkerung nicht lesen konnte, so zeigt sich im Rahmen der Bewältigung der Informationsflut ein Nachteil der Sprache in ihrer Linearität und geringen Informationsdichte.

„GEDÄCHTNISKÜNSTLER" ÜBERSETZEN Z. B. IM KOPF ZAHLENKOLONNEN IN BILDER, UM SIE SICH MERKEN ZU KÖNNEN.

Die bildliche Darstellung verlangt Vereinfachung, ermöglicht aber auf dem vorhandenen Raum mehr Informationen unterzubringen. Der entscheidende Unterschied ist jedoch, dass das sprachliche Nacheinander ein lineares Denken begünstigt, während die bildliche Gleichzeitigkeit auf vernetzte Zusammenhänge verweist und assoziative Verknüpfungen provoziert.

12.2 Die Welt im Medium

Medien sind **Vermittler**, sie stellen in der Form ihrer materiellen Gegenwart die Beziehung zwischen dem Benutzer und etwas Abwesendem her. So werden dem Leser die Gedanken des Autors durch das Buch vermittelt. Die Nachrichtensendung schafft den Bezug zu Ereignissen an einem anderen Ort und zu einer anderen Zeit.

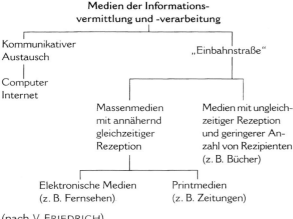

(nach V. FRIEDRICH)

Die Erzeugung von Wirklichkeit

Medien sind nicht einfach ein Abbild der Realität, sondern erzeugen ihre eigene Wirklichkeit und vermitteln damit eine bestimmte Weltsicht.

- Das Medium **inszeniert** Wirklichkeit. Es stellt eine Bühne dar, auf der die Dinge auftauchen und wieder verschwinden; wir sehen nur den Ausschnitt der Welt, der auf dieser Bühne erscheint und nur so, wie er dort aufgeführt wird. Dabei bestimmt die Art des Mediums die Form der Inszenierung. Im Fernsehen etwa ist die Ästhetik des Visuellen entscheidend.

Die Berichterstattung über den Golfkrieg im Fernsehen ist ein Beispiel für die dem „Zeitgeist" entsprechende Inszenierung eines Krieges. Der Einsatzbefehl erfolgte mediengerecht zur Hauptsendezeit in den USA. Die Bilder von Luftangriffen orientierten sich an der Video- und Computerspiel-Ästhetik. Die Betonung der hightech-gesteuerten Durchführung sollte den blutigen Ernst überdecken und dem ganzen den Eindruck einer klinisch sauberen Operation geben.

ANSTELLE DER WELTBILDER SIND DIE BILDERWELTEN DER MEDIEN GETRETEN. WIR HERRSCHEN MIT UNSEREN BILDERN ÜBER DIE DINGE UND DIE BILDER HERRSCHEN ÜBER UNS

—

JÜRGEN MITTELSTRASS

– Medien erzeugen **Bedeutung**, indem sie Sachverhalte in einen bestimmten Zusammenhang stellen. Dinge können aus ihrem ursprünglichen Kontext herausgenommen und in einen neuen versetzt werden. Durch das Aneinanderfügen von ausgewählten Aussagen und Ereignissen, die jede für sich wahr sind, ergibt sich ein neuer Sinn.

– Ein Effekt bei der Verwendung von Fotos in Berichterstattungen entsteht aus deren „ontologischer **Zweideutigkeit**": Bei Gemälden oder Geschriebenem ist uns ihre „Gemachtheit" bewusst. Fotos und Filmaufnahmen suggerieren uns, sie seien ein getreues Abbild der Wirklichkeit. Tatsächlich inszenieren sie diese aber gleichermaßen durch die Auswahl des Bildausschnittes, den Zusammenschnitt, den zeitlichen und räumlichen Bruchteil, den sie vom Ganzen erfassen.

– Nachrichtensendungen z. B. scheinen nur die Mitteilung von etwas Realem außerhalb ihrer selbst zu sein, das ihre Wahrheit verbürgt. Genau betrachtet bilden sie aber ein geschlossenes Ganzes, das **selbstreferentiell** ist, d. h. sich nur auf sich selbst bezieht.

Normalerweise findet ein Ereignis statt, dem irgendwann die **Nach***richt folgt, sie ist also seinsmäßig gesehen das Zweite, Abhängige. In der Nachrichtensendung ist dies aber umgekehrt.*

Der Zuschauer war in den meisten Fällen beim Ereignis nicht dabei, es existiert für ihn also nicht als faktisches Erlebnis. Als erstes erfolgt nun die Nachricht: „Eine Botschaft ist besetzt worden", danach kommen Filmaufnahmen von der Besetzung der Botschaft, die die Meldung belegen sollen. Aufgrund der oben erwähnten ontologischen Zweideutigkeit der Bilder erscheinen diese nun als das Ereignis selbst, das somit „jetzt" stattfindet. Die Nachricht als das erste wird zur Vorhersage, deren Wahrheitsgehalt sich selbst erfüllt. Die Nachrichtensendung wird so für den Zuschauer zur in sich geschlossenen Wirklichkeit, die keines Bezuges mehr auf ein außerhalb ihrer liegendes Faktum bedarf.

Die Auflösung ins Immaterielle

Ein weiteres Phänomen der elektronischen Medien besteht in ihrer Enträumlichung, Entzeitlichung und Entkörperlichung.

– Ohne das Haus zu verlassen, können wir uns per Fernsehen oder Internet an jeden Ort der Welt begeben. Die Folge ist, dass man nicht eigentlich mehr an einem Ort wohnt, der eine bestimmte körperliche Nachbarschaft

---

DER MENSCH IST HEUTE SELBER – SAMT SEINEM KÖRPER, SEINEM DENKEN UND SEINEM LEBENSRAUM – EXORBITANT, EIN SATELLIT GEWORDEN. ER IST NIRGENDWO MEHR HEIMISCH, ER IST AUS SEINEM EIGENEN KÖRPER, SEINEN EIGENEN FUNKTIONEN HERAUSGEDRÄNGT

—

JEAN BAUDRILLARD

bedeutet, sondern nur noch einen Platz im Raum einnimmt, der virtuell von verschiedenen Örtlichkeiten erfüllt werden kann. Wir kennen die Nachbarn von der „Lindenstraße" besser als die im eigenen Haus.

– Während körperliche Gegenstände ihren „Zeitindex" an sich haben, gerinnt Vergangenheit, Zukunft und Gegenwart in der Computerdarstellung und -simulation in ein ununterschiedenes Jetzt. Ob ein altes Bild, eine lebende Person oder die Simulation eines zukünftigen Ereignisses – alles kann gleichzeitig, auf derselben Bildfläche und in der gleichen Darstellungsweise (in Pixel aufgelöst) erscheinen.

– Die im Fernsehen vor unseren Augen ablaufenden Bilder verlangen von uns keine Reaktion, d. h. sie bleiben letztendlich konsequenzenlos. Wir müssen nicht helfen, eingreifen oder jemandem antworten. Dadurch gewöhnen wir uns an die Rolle des bloßen Zuschauers von Ereignissen, der nicht handelnd in das Geschehen einbezogen ist („Voyeurismus").

Die Erschaffung des Zuschauers und die Öffentlichkeit

Medien erzeugen nicht nur Wirklichkeit, sondern ihren eigenen Benutzer: das Buch den Leser, das Fernsehen den Zuschauer (und die Menge der Privatprogramme den „Zapper"), das Internet den Surfer. D. h., dass die Medien, die wir benutzen, unser Verhalten, unsere Weltsicht und mögliche gesellschaftliche Rollen, die wir einnehmen, beeinflussen.

Sie schaffen sich ein **Publikum**, dessen Teil wir sind, von dem wir uns aber gar kein Bild machen können, außer dem, das die Medien selbst vermitteln, weil „das Publikum" ein mediales Erzeugnis ist.

Angeblich bringen die Sendeanstalten das Programm, das der Zuschauer sehen will. In Wirklichkeit dürfte dies sehr viel mehr von anderen Kriterien abhängen, wie z. B. ökonomischen Erwägungen oder brancheninternen Produktionsbedingungen. So werden bei Serien Nebendarsteller dazu angehalten, absichtlich schlecht zu spielen, um den Hauptdarstellern nicht die „Show zu stehlen". Da diese selbst lustlos spielen, wird die ganze Serie schlecht und erzeugt den Zuschauer, der sich schließlich bei schlechten Filmen heimisch fühlt. Fernsehen hat für einen Großteil der Bevölkerung eine Eigenfunktion; d. h. man will Fernsehen und wenn es nichts anderes gibt, will man schließlich das, was man vorgesetzt bekommt.

ABER AUF COCA-COLA HAT SICH DER DURST NUN EINMAL EINGESPIELT; UND DAS ... OBWOHL DESSEN HEIMLICHE FUNKTION GAR NICHT IM DURST-LÖSCHEN BESTEHT, SONDERN IM DURST-ERZEUGEN; UND ZWAR IM ERZEUGEN EINES DURSTES, DER ZUM SPEZIFISCHEN DURST NACH COCA-COLA WIRD

—

GÜNTHER ANDERS

NACH EINER UMFRAGE VON 1998 TEILEN 61 % DER DEUTSCHEN IHRE ZEIT NACH DEM FERNSEHPROGRAMM EIN, FÜR 39 % WÄRE DAS LEBEN OHNE TV LEER UND UND 5 % BEZEICHNEN SICH ALS FERNSEH-SÜCHTIG.

> Der **öffentliche**, d. h. soziale und politische Raum wird heute zunehmend durch die Medien repräsentiert. Meinungsbildung, Kenntnisnahme sozialer Verhältnisse und politisches Problembewusstsein wird über die Darstellung in den Medien vermittelt. Positiv gewendet kann man sagen, dass in einer Massengesellschaft die Massenmedien die Aufgabe der **Selbstbeobachtung** der Gesellschaft und die der **Kommunikation** über öffentliche Inhalte übernehmen und damit eine erkenntniserweiternde und kritische Funktion haben können.

Das Problem ist auch hierbei die Gefahr einer verzerrten oder einseitigen Wirklichkeitsdarstellung:

> *So gibt es zeitweilig „Moden" der Berichterstattung etwa über bestimmte Arten von Verbrechen. Dadurch entsteht der Eindruck, als habe die Anzahl solcher Delikte zugenommen, selbst wenn sie faktisch gleich geblieben ist und nur häufiger über sie berichtet wird. – Die Anführung von Statistiken („Soviel Prozent der Bevölkerung tut dies, lehnt jenes ab, ist dieser Ansicht…") wirkt normierend, indem ein Bild von dem aufgebaut wird, was als normal, was als abweichend erscheint. Statistiken besagen aber gar nichts, solange man nicht weiß, auf welche Weise die Daten erhoben und ausgewertet wurden.*

12.3 Lost in Cyberspace?

Dass die Medien die Wirklichkeit nicht einfach abbilden, sondern selbst mitgestalten, ist bereits deutlich geworden. Eine neue Dimension ist aber dort erreicht, wo gar kein Bezug zu einer außerhalb liegenden Wirklichkeit mehr intendiert ist, sondern eine eigene künstliche Welt geschaffen werden soll, wie bei Computersimulationen. Dabei tritt der Effekt auf, dass nun umgekehrt die künstliche Welt zum Modell der „wirklichen" Welt wird.

> *Das menschliche Vorbild für „Lara Croft", die Heldin in einem Computerspiel, hat nach dem Erfolg dieser Spielserie ihrerseits ihr Aussehen verändern lassen, um bei Verkaufspräsentationen ihrem „Computer-Modell" ähnlicher zu sein.*

Aber nicht nur diese offensichtlich spielerisch-künstlichen Welten, sondern auch ein System wie das **Internet** erzeugt eine eigene Welt, die sich letztlich nur noch auf sich selbst bezieht. Hier geschieht die Auflösung der Wirklichkeit durch den amorphen und dynamischen Charakter dieses Netzes, das keinen Urheber und kein Zentrum mehr kennt.

ALLE MEDIEN MASSIEREN UNS GRÜNDLICH DURCH. SIE SIND DERMASSEN DURCHGREIFEND IN IHREN PERSÖNLICHEN, POLITISCHEN, ÖKONOMISCHEN, ÄSTHETISCHEN, PSYCHOLOGISCHEN, MORALISCHEN UND SOZIALEN AUSWIRKUNGEN, DASS SIE KEINEN TEIL VON UNS UNBERÜHRT, UNBEEINFLUSST, UNVERÄNDERT LASSEN

—

MARSHALL MCLUHAN

Wenn ich ein Buch gelesen habe und nach einem Tag aus dem Regal hole, dann kann ich etwas nachlesen, in Erinnerung rufen, klären. Das Buch und der Text haben eine physische Präsenz und erheben den Anspruch auf Dauerhaftigkeit. Habe ich eine Internet-Seite besucht, dann kann ich nach einem Tag nicht sicher sein, ob sie noch da ist und ob noch dasselbe auf ihr steht. Im Internet gibt es zwar viel Text, aber keinen eigentlichen Autor mehr. Er wird unsichtbar und verschwindet in der Masse der Autoren. So werden auch virtuelle Texte in Angriff genommen, die keine abschließende Aussage mehr vermitteln, weil jeder an ihnen weiterarbeiten kann und sie ständig in Veränderung begriffen sind.

Hier wird kein Anspruch auf Endgültigkeit oder Wahrheit mehr erhoben und es gibt keine bestimmte Botschaft, die vermittelt werden soll. Vielmehr gilt der Satz des Medientheoretikers MARSHALL MCLUHAN (1911–1980): „Das Medium ist die Botschaft", nämlich die Botschaft von einer Welt, in der alles möglich und beliebig gestaltbar ist.

Der französische Soziologe JEAN BAUDRILLARD (geb. 1929) bezeichnet die künstliche Welt solcher elektronischer Medien als „Simulacra dritter Ordnung", in denen die Gegensätze von Sein und Schein, von Realem und Imaginärem aufgehoben sind, in denen gar kein Bezug mehr auf eine außerhalb liegende Realität angezielt ist, sondern eine in sich geschlossene Welt von Zeichen und Bildern entsteht, die sich nur noch auf sich selbst bezieht.

BIN ICH NUN MENSCH, ODER BIN ICH MASCHINE?
—
JEAN BAUDRILLARD

Elektronische Medien sind aus der modernen Welt nicht wegzudenken, die Frage ist daher, wie wir mit ihnen umgehen. Der leiblich existierende Mensch kann nicht selbst virtuell bleiben, mögen es auch seine Medien sein. Er muss zu sich finden, zu seiner Identität und seiner eigenen Lebensgestaltung. RAFAEL CAPURRO (geb. 1945) sieht daher im Anschluss an Gedanken MICHEL FOUCAULTS in einer Selbstethik das Gegengewicht zur Reduzierung des Selbstverständnisses auf ein informationsverarbeitendes Subjekt.

VGL. KAP. 11.2:
DIE MACHT DER
DISKURSE

„Wenn das individuelle oder kollektive Selbst sich durch die technologische Mediatisierung bestimmen lässt, gerät es in die rastlose Kommunikation, es verliert das Maß gegenüber den es überwuchernden Informationen, anstatt Erfahrungen der Selbstgestaltung zu gewähren, werden wir medial selbstentfremdet und voneinander abgeschottet. ... Erst aus der Perspektive der ethischen Selbstformung vermögen wir dem Zynismus der Informationsgesellschaft, der Obsession ihrer Bilder und der Hysterie ihrer Anforderungen Widerstand zu leisten."

Literatur

Einführungen

Anzenbacher, A. (1995): Einführung in die Philosophie. 5. Aufl. Freiburg: Herder.
Ferber, R. (1994): Philosophische Grundbegriffe: Eine Einführung. München: C. H. Beck.
Hofmeister, H. (1997): Philosophisch denken. 2. Aufl. Göttingen: Vandenhoeck und Ruprecht.
Koslowski, P. (Hg.) (1991): Orientierung durch Philosophie. Tübingen: J.C.B. Mohr.
Martens, E. / Schnädelbach, H. (Hg.) (1994): Philosophie: Ein Grundkurs. 2 Bde. Reinbek: Rowohlt.
Pieper, A. (1997): Selber denken: Anstiftung zum Philosophieren. Leipzig: Reclam.
Pieper, A. (1998): Philosophische Disziplinen. Leipzig: Reclam.
Strombach, W. (1992): Einführung in die systematische Philosophie. Paderborn: Schöningh.

Nachschlagewerke

Hügli, A. / Lübcke, P. (Hg.) (1997): Philosophielexikon. Reinbek: Rowohlt.
Lutz, B. (Hg.) (1995): Metzler Philosophen Lexikon. 2. Aufl. Stuttgart / Weimar: Metzler.
Prechtl, P. / Burkard, F.-P. (Hg.) (1999): Metzler Philosophie Lexikon. 2. Aufl. Stuttgart / Weimar: Metzler.
Volpi, F./ Nida-Rümelin, J. (Hg.) (1988): Lexikon der philosophischen Werke. Stuttgart: Kröner.

Philosophiegeschichten

Coreth, E. u. a. (1983 ff.): Grundkurs Philosophie. Band 6 – 10. Stuttgart: Kohlhammer.
Helferich, Ch. (1992): Geschichte der Philosophie. 2. Aufl. Stuttgart / Weimar: Metzler.
Höffe, O. (Hg.) (1994): Klassiker der Philosophie. 2 Bände. 3. Aufl. München: C. H. Beck.
Hügli, A. / Lübcke, P. (Hg.) (1992): Philosophie im 20. Jahrhundert. 2 Bände. Reinbek: Rowohlt.
Kunzmann, P. / Burkard, F.-P. / Wiedmann, F. (1998): dtv-Atlas Philosophie. 7. Aufl. München: dtv.
Röd, W. (Hg.) (1976 ff.): Geschichte der Philosophie. 12 Bände. München: C. H. Beck.
Röd, W. (1994): Der Weg der Philosophie. 2 Bände. München: C. H. Beck.
Speck, J. (Hg.) (1972 ff.): Grundprobleme der großen Philosophen. 12 Bände. Göttingen: UTB Vandenhoeck & Ruprecht.

Zu einzelnen Themen

Angehrn, E. (1991): Geschichtsphilosophie. Stuttgart: Kohlhammer.
Bayertz, K. (Hg.) (1991): Praktische Philosophie. Reinbek: Rowohlt.
Forschner, M. (1989): Mensch und Gesellschaft. Darmstadt: Wiss. Buchgesellschaft.
Geisen, R. (1995): Grundwissen Ethik. Stuttgart: Klett.

Haeffner, G. (1982): Philosophische Anthropologie. Stuttgart: Kohlhammer.

Hauk, F. (1998): Faszination Philosophie: Stationen der Erkenntnis. Reinbek: Rowohlt.

Honnefelder, L. / Krieger, G. (Hg.) (1994): Philosophische Propädeutik. Bd. 1: Sprache und Erkenntnis. Paderborn: Schöningh.

Lenk, H. / Ropohl, G. (Hg.) (1993): Technik und Ethik. 2. Aufl. Stuttgart: Reclam.

Pieper, A. (1991): Einführung in die Ethik. Tübingen: Francke.

Schaeffler, R. (1980): Einführung in die Geschichtsphilosophie. Darmstadt: Wiss. Buchgesellschaft.

Runggaldier, E. (1990): Analytische Sprachphilosophie. Stuttgart: Kohlhammer.

Weissmahr, B. (1985): Ontologie. Stuttgart: Kohlhammer.

Wiegerling, K. (1998): Medienethik. Stuttgart / Weimar: Metzler.

Wuchterl, K. (1987): Methoden der Gegenwartsphilosophie. 2. Aufl. Bern / Stuttgart: Haupt.

Wuketits, F. M. (1984): Evolution, Erkenntnis, Ethik. Darmstadt: Wiss. Buchgesellschaft.

Sach- und Personenregister

a priori 52
Abgrenzung 15
AGRICOLA, GEORG 150
Aktualität 68
Akzidenzien 65 f.
ALEXANDER DER
GROSSE 99
Allgemeinbegriffe 33, 59
allgemeines Gesetz 133
Allgemeinwohl 107
ALTHAUS, PETER PAUL 64
analog 34
ANSELM VON CANTER-
BURY 34
Anthropologie 76 ff.
Aporie 25
äquivok 34
Arbeit 99, 128, 162
ARISTOTELES 9, 11, 18,
36, 65 f., 69, 89, 91, 111,
117, 119, 125, 127 ff.
Assoziation 56
Ästhetik 158
Aufklärung 17
Aussagen 32, 60
Außenwelt 54
äußere Sinne 51
Autarkie 114
Autonomie 131, 158

BAUDRILLARD, JEAN 171
Bedeutung 44, 71, 103 f.,
168
Bedürfnislosigkeit 130
Begriffe 11, 32 f.
Begründung 48, 121, 125
BENTHAM, JEREMY 134
BERKELEY, GEORGE 93
Bewegung 38
Beziehung 111
Bildungswesen 156
Biologie 78 ff.
BLOCH, ERNST 106
böse 125

CAMUS, ALBERT 20 f.,
154
CAPURRO, RAFAEL 171
CÄSAR 99
COMTE, AUGUST 97

DARWIN, CHARLES 18,
81
Deduktion 47
Definitionen 33 f.
DESCARTES, RENÉ 15,
53 f., 56, 60, 74, 92
Deutung 103
Deutungsmuster 44
Dialektik 38 ff.
Ding an sich 57
Diskurse 158
Diskursethik 137 f.
Disziplinarmacht 159
Disziplinen der
Philosophie 30
Dualismus 91 f.

Egoismus und Altruismus
84
Ehrfurcht vor dem Leben
151
Einbildungskraft 54
Einheit des Ich 51
Einheitskultur 160
Einmaligkeit 147
Embryo 79, 148
Empirismus 55 f.
Entfremdung 99, 155
Entscheidung 124
EPIKUR 129 f.
Erfahrung 10
Erkenntnis 18, 54, 57,
59, 82
Erkenntnisinteresse 19
Erschlossenheit der Welt
72, 105
Erzeugung von Wirklich-
keit 167
Ethik 121 ff., 150, 158
Eudaimonie 127
Evolution 81 ff.
Experten 164

falsifizieren 48
FICHTE, JOHANN
GOTTLIEB 125
Flexibilität 162
Folgen 134, 141
Form und Inhalt 123
Form 32, 69
Forschung 143

Fortschrittsoptimismus
97
FOUCAULT, MICHEL
158 ff., 171
Fragen 23 ff.
Freiheit 98, 131
Freiheitsrechte 118
Freizeit 128
FREUD, SIGMUND 18
FRIEDRICH, VOLKER 167
Funktion 154, 156 f.

GADAMER, HANS-
GEORG 46
GALILEI, GALILEO 49
Ganzheit 51
GEHLEN, ARNOLD 86
Geist und die Sinne 87
Geistseele 91
Gemeinschaft 115
Genmanipulation 145
Genomanalyse 145 f.
Gentechnologie 145 ff.
Gerechtigkeit 119 f.
Geschichte 96 ff.
Geschichtlichkeit 21,
101 f., 105
Gesellschaft 111 ff., 162
Gesellschaftsvertrag 116
Gesetz 131
Gesetzmäßigkeit 97
Gesinnung 133
Gespräch 26
Gewissheit 14
Gleichheit 119
Glück 134
Glückseligkeit 127
GOETHE, JOHANN
WOLFGANG 31, 140
GORGIAS 13
Gott 34, 92
Grenzen 57
Grenzsituationen 21
Grundrechte 136
Grundsätze 153
gut 125

HABERMAS, JÜRGEN 19,
63, 125, 137 f.
HALL, JERRY 145
Hand 89

Handeln 30
Handlung 72, 124
Harmonie 128
HEGEL, GEORG FRIE-
DRICH WILHELM 34,
39 f., 96, 98 ff., 117
HEIDEGGER, MARTIN 5,
28, 43, 73
hermeneutischer Zirkel
45
Herr und Knecht 40
Herrschaftsformen 114
Herstellung 143
Hervorbringen 30
HOBBES, THOMAS 116 f.
höchstes Gut 127
Hoffnung 106
HOPPER, EDWARD 31
HUME, DAVID 56
HUSSERL, EDMUND 41
HUXLEY, THOMAS 81
Hypothesen 47

Idealbilder 106
Ideen 52, 54 f.
Identität 93, 114
In-der-Welt-sein 19
Individualbegriffe 33
Individualismus 115
Individuum 115
Induktion 47
Informationen 142, 144,
154, 164
Inhalt 32
Innenperspektive 76
Instinkte 79
Institutionen 159
Internet 170

JASPERS, KARL 21 f.

KAFKA, FRANZ 154
Kampf 21
KANT, IMMANUEL 17,
56 f., 59, 60, 110, 117,
125, 131 ff., 147, 151
Kapitalismus 100
Kategorien 58, 65, 74
kategorischer Imperativ
131
KEPLER, JOHANNES 49
KLAGES, LUDWIG 18
Klassengegensätze 100
Klonen 145, 148
Kognitionswissenschaft
59

Kohärenztheorien 63
KOHLBERG, LAWRENCE
122
Kommunikation 114, 170
Komplexität 156
Konsenstheorie 63
kontradiktorisch 36
konträr 35
Kooperation 114
KOPERNIKUS, NIKOLAUS
18, 49
Korrespondenztheorien
63
Kritik 15
Kultur 76, 88 f., 155 f.

LA METTRIE, JULIEN OF-
FRAY DE 92
Lachen und Weinen 88
LACHES 24
Lebensführung 11, 26,
156
Lebenswelt 72
Leib 86
Leiblichkeit 42
Leiden 21
LENK, HANS 143
LESSING, THEODOR 101
Liberalismus 116
LOCKE, JOHN 55 f., 116
Logik 32 ff.
Logisches Quadrat 35
LUHMANN, NIKLAS 156
Lust 129

Macht 158
MALEBRANCHE,
NICOLE 92
MARX, KARL 40, 99 f.,
117
Materialismus 92
Materie 69
MCLUHAN, MARSHALL
171
Medien 167 ff.
Mensch als Maß 151
Menschen 78 f., 88, 91
Methoden 31, 159
MILL, JOHN STUART 134
MINSKY, MARVIN 163
Mitleid 151
Modalität 59
Moderne 154, 160
Monismus 92
MONTAIGNE, MICHEL
DE 14

Moral 14, 113, 121 f., 125
MORGENSTERN, CHRISTI-
AN 64
MORUS, THOMAS 107
MUSIL, ROBERT 27
Muße 128, 130
Mythos 15, 52

Natur 86
Naturgesetz 132
Natürlichkeit 67, 147
Naturwissenschaften 29,
47, 91
Naturzustand 116
Navigation 166
NEURATH, OTTO 63
Neuzeit 91
NIKIAS 24, 26
Nominaldefinitionen 34

Öffentlichkeit 141, 170
Ohnmacht 157
Okkasionalisten 92
Ontologie 65
Ordnung 51
Organisation 162
Orientierung 165
ORWELL, GEORGE 108

Paradigma 49
Pflanze 78, 91
Pflichten 131
Phänomenologie 41
Philosophen 9, 106
PICO DELLA
MIRANDOLA 76
PIERCE, CHARLES SAN-
DERS 63
PLATON 8 f., 11, 17, 23 f.,
26, 38, 46, 52 ff., 90 f.,
106 f., 117
PLESSNER, HELMUTH
78 f., 86, 88, 112
Pluralismus 161
Poiesis 11
Politik 156
POPPER, KARL RAIMUND
48
PORPHYRIOS 33
PORTMANN, ADOLF 79
Positionalität 78
Postmoderne 154, 160
Potentialität 68
Praxis 11
Produktionsverhältnisse
99, 117

175

Produktivkräfte 100
Publikum 169
PYRRHON 13 f.

Qualität 59
Quantität 59

Rationalismus 52
Raum und Zeit 58
RAWLS, JOHN 120
Realdefinitionen 34
Recht 14, 113 f.
reflexiv 26
Regeln 74, 136
Relation 59, 142
Res cogitans 92
Res extensa 92
RIEDL, RUPERT 82
Rolle 112
ROPOHL, GÜNTER 142
Ruhe 130
RYLE, GILBERT 74

SARTRE, JEAN-PAUL 43, 96
SCHAPP, WILHELM 105
Schlüsse 32, 36, 47
Schuld 21
SCHWEITZER, ALBERT 151
Seele 90 ff.
Seelenruhe 14
Selbstbeobachtung 170
Selbstbewusstsein 78, 100
Selbstbildung 12
Selbstethik 160
selbstreferentiell 168
Selbstverständnis 122, 157
Selbstzwecklichkeit 133
Selektion 165
Sinn 20, 97, 101
Sinnenwesen 129
Sinneswahrnehmung 54
Sisyphos 20
Sittengesetz 131
Skepsis 13
SMITH, ADAM 116
SOKRATES 9, 17 f., 23 ff., 36
Solidarität 114
Sophisten 16
Sozialbezüge 111
Sozialismus 117
Soziobiologie 83

Speziesismus 152
Spiel 74
Sprache 32, 70 ff., 77, 89, 111
Sprachspiele 74 f.
Sprechakt 72
Staat 106, 114 ff.
Staunen 9
Strebensethik 127 ff.
Stufenbau des Lebendigen 78
subaltern 36
subkonträr 36
Substanz 65 f.
Suche 164
Syllogismus 36
Systeme 154, 156

Tapferkeit 24
TARSKI, ALFRED 61, 63
Technik 160
Technikethik 142 f.
Technikfolgen-abschätzung 144
TELLER, EDWARD 141
Theorie 11, 48, 62
THOMAS VON Aquin 60, 63
Tiere 78 f., 91
Tod 21 f.
transzendental 57
Tugend 24, 127 f.

Übereinkunft 49
Übereinstimmung 60 ff.
Überinformation 164
Überprüfung 15
Unabhängigkeit 130 f.
univok 34
Unlust 129
Unparteilichkeit 120
Urbilder der Welt 52
Ursachen 66 f.
Ursachenhypothese 82
Ursprung 69
Urteile 35, 60
Utilitarismus 134 f.
Utopien 106 ff.

Veränderung 66
Verantwortung 141 ff.
Vereinheitlichung 160
Vergleichshypothese 82
Verkindlichung 157
Vermittler 167
VERNE, JULES 109

Vernunft 9, 25, 89, 98, 127
Vernunfterkenntnis 14 f.
Vernunftwesen 131
Versprechen 132
Verstandestugenden 128
Verstehen 43
Vertragstheorie 116
VICO, GIAMBATTISTA 97
Vielfalt 160
Vorsokratiker 16
Vorstellungen 93
Vorverständnis 44

Wahrheit 60 ff.
Wahrnehmung 13
Wahrscheinlichkeitshypothese 82
Wege 26
Weisheit 11 f.
Weiterentwicklung 15
Weltoffenheit 79
Weltseele 90
Wertehierarchie 121, 144
Wertvorstellungen 122
Widersprüche 98
Widerspruchsfreiheit 62
WILBERFORCE, SAMUEL 81
Wirklichkeit und Möglichkeit 68
Wirtschaft 114, 142, 156, 165
Wissen 9, 30, 164
Wissenschaft 47, 49, 160
Wissenschaftstheorie 47
WITTGENSTEIN, LUDWIG 64, 74 f.
WOLF, URSULA 151
Würde 133

XENOPHANES 16

ZAMJATIN, EVGENIJ 108
Zeichen 70
Zeit 58
Zeitlichkeit 101
Zukunft 108
Zweck 147
Zweckhypothese 82
Zweckursache 67
Zweideutigkeit 168
Zweifel 12, 14, 53